辽代斡鲁朵研究

杨 逍 著

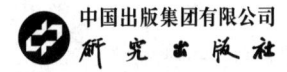

中国出版集团有限公司
研究出版社

图书在版编目（CIP）数据

辽代斡鲁朵研究 / 杨逍著 . -- 北京：研究出版社，2024.9

ISBN 978-7-5199-1603-9

Ⅰ. ①辽… Ⅱ. ①杨… Ⅲ. ①中国历史—研究—辽代 Ⅳ. ① K246.107

中国国家版本馆 CIP 数据核字 (2023) 第 224635 号

出 品 人：陈建军
出版统筹：丁　波
责任编辑：孔煜华

辽代斡鲁朵研究
LIAODAI WOLUDUO YANJIU

杨　逍 著

研究出版社 出版发行

（100006　北京市东城区灯市口大街 100 号华腾商务楼）
北京中科印刷有限公司印刷　新华书店经销
2024 年 9 月第 1 版　2024 年 9 月第 1 次印刷
开本：710 毫米 × 1000 毫米　1/16　印张：15.25
字数：200 千字
ISBN 978-7-5199-1603-9　定价：78.00 元
电话：（010）64217619　64217652（发行部）

版权所有 • 侵权必究
凡购买本社图书，如有印制质量问题，我社负责调换。

目 录

绪 论

第一章 斡鲁朵的渊源与演变

- 第一节 斡鲁朵的初置时间 /023
- 第二节 辽初斡鲁朵与"腹心部"的关系 /027
- 第三节 辽初斡鲁朵与"皮室军"的关系 /029
- 第四节 辽初斡鲁朵的职能 /036

第二章 行宫

- 第一节 行宫的结构与人户构成 /041
- 第二节 行宫的职能 /045
  - 一、供给物资 /045
  - 二、宿卫安全 /058
  - 三、侍奉起居 /076
  - 四、礼仪活动 /084
- 第三节 斡鲁朵的管理机构 /086
  - 一、宫官的构成 /087
  - 二、宫官的职能 /092

第三章 隶宫部族

第一节 隶宫部族的人户构成 /097

一、"正户" /097

二、"蕃户" /100

三、"瓦里""闸撒"户 /102

第二节 隶宫部族的驻牧地 /107

一、隶宫部族不跟随辽帝捺钵 /108

二、隶宫部族的组织形式 /114

三、隶宫部族的分布特征 /123

第三节 隶宫部族的管理机制 /132

一、"石烈"与"抹里" /133

二、"先离闵览官" /137

三、"瓦里"与"闸撒" /138

第四节 宫分军 /140

第四章 隶宫州县

第一节 隶宫提辖司 /149

一、隶宫提辖司的早期形态 /150

二、隶宫提辖司的人户构成 /154

三、隶宫提辖司的管理机制 /157

四、隶宫提辖司的职能 /163

第二节 隶宫州县 /167

一、隶宫州县的早期形态 /168

二、隶宫州县的人户构成　/174

　　三、隶宫州县的管理机制　/178

　　四、隶宫州县管理制度的改革　/184

　　五、隶宫州县的职能　/189

● 第三节　奉陵邑　/191

　　一、奉陵邑的设置原则　/192

　　二、奉陵官　/204

　　三、奉陵邑的职能　/208

余　论

参考文献

附　表

绪 论

斡鲁朵是辽代极富民族特色的一项政治制度，共十二宫一府，存在时间贯穿辽代始终。辽代斡鲁朵由"行宫"、"隶宫部族"和"隶宫州县"三部分构成。本书以辽代斡鲁朵为研究对象，对斡鲁朵的各组成部分进行考证，探讨斡鲁朵的结构与功能，揭示辽朝政局嬗变对斡鲁朵的影响。本书共分六个部分：

绪论。介绍本书的研究缘起，梳理学界的研究现状。

第一章，斡鲁朵的渊源与演变。辽代首个斡鲁朵，是在耶律阿保机"化家为国"过程中发挥过重要作用的"腹心部"。耶律阿保机设置"腹心部"的目的，是为了解决辽朝建国初期来自内部与外部的各种政治、经济、军事矛盾。"皮室军"与"腹心部"并无继承与发展关系，并非斡鲁朵的渊源。耶律阿保机颁布"斡鲁朵法"后，辽代斡鲁朵被划分为"行宫"、"隶宫部族"和"隶宫州县"三部分。

第二章，行宫。行宫是辽帝及其家眷的居所，还包括一套服务于他们日常生活的机构。行宫的创制时间早于斡鲁朵，由耶律阿保机的行营发展而来，作为其统治正统性、合法性的权威象征。行宫在结构上可分为小禁围和大禁围两部分，具备供给日常物资、宿卫行宫安全、侍奉帝后起居、举行礼仪活动四项主要职能。斡鲁朵的管理机构是宫官系统，该机构跟随辽帝"捺钵"，对行宫、隶宫部族和隶宫州县均有管理职能。

第三章，隶宫部族。隶宫部族是辽代特有的一种部族组织，由"石烈"、"抹里"、"瓦里"和"闸撒"四种基层组织构成。辽代中期以前，辽帝通过"析分"原有契丹部族，建立隶属于斡鲁朵的石烈、抹里组织和将犯"反逆"罪的契丹贵族"籍没"为奴隶的方式削弱契丹部族势力。辽代中期以后，受到自然环境恶化和契丹部族势力式微等因素的影响，隶宫部族被逐渐迁离"契丹故地"，转向对奚人的镇戍。

第四章，隶宫州县。隶宫州县是辽代特有的一种地方行政区划，地位介于南面州县与"私城"之间。隶宫州县的前身是隶宫提辖司管理下的"私城"。辽太宗朝以后，隶宫提辖司被纳入州县体制内进行管理，其辖区内的"私城"逐步向隶宫州县转化。隶宫州县接受朝廷和斡鲁朵的双重管理，且演变过程与管理方式具有明显的阶段性特征。奉陵邑是一种特殊形式的隶宫州县，负责辽代帝后陵寝的祭祀事务，同时也是辽朝举行礼仪活动和处理政治事务的场所。

余论部分对辽代斡鲁朵的组织结构进行了总结，阐述了各构成部分在斡鲁朵体系内发挥的功能，分析了辽朝政局的嬗变对斡鲁朵制度带来的影响。

一、选题缘起

斡鲁朵又称宫卫，是辽朝政治生活中的一种特殊制度。在不同语境下，斡鲁朵一词有着不同的内涵。《辽史·营卫志上》载："居有宫卫，谓之斡鲁朵。"[1]《辽史·国语解》载："斡鲁朵，宫也。"[2]《金史·金国语解》载：斡鲁朵，"官府治事之所"[3]。武玉环据此将辽代斡鲁朵一词归纳为三层含义：一为"宫卫之意"；二为"宫、行宫之意"；三为"管理斡鲁朵户民的官府"[4]。当然，斡鲁朵一词有时还可指代隶宫

---

1 （元）脱脱等：《辽史》卷31《营卫志上》，中华书局2016年标点本，第409页。
2 （元）脱脱等：《辽史》卷116《国语解》，中华书局2016年标点本，第1701页。
3 （元）脱脱等：《金史》卷135《金国语解》，中华书局2020年标点本，第3050页。
4 武玉环：《辽代斡鲁朵探析》，《历史研究》，2000年第2期，第51页。

部族。[1] 从广义上讲，斡鲁朵由行宫、隶宫部族和隶宫州县三部分构成，还包含一套维持这些组织运行的管理机制。

斡鲁朵的存在与辽朝历史相始终，牵动着辽朝政治、经济、军事、文化发展的神经。综合分析，斡鲁朵具有鲜明的民族特点和社会功能。

首先，斡鲁朵是契丹皇族特权的象征。有辽一代，每位辽帝皆有自己的斡鲁朵。皇太后、宗室和大臣中仅应天、承天两位皇太后各建一宫，孝文皇太弟耶律隆庆建有一宫，韩德让"拟诸宫例"建文忠王府，可视为一宫。这些斡鲁朵的所有者，或为辽帝，或为执政太后，或为亲王，或为位极人臣的大丞相。其所居的斡鲁朵，"可以说是辽朝统治者的大本营"[2]。这种特权，决定了斡鲁朵在辽代社会生活中始终处于中心位置。很多辽朝历史上的重大事件，如"察割之乱""重元之乱"等皆发生在斡鲁朵内。

其次，斡鲁朵又是辽代重要的经济生产组织。行宫本身具有生产职能，为斡鲁朵主及其家眷提供饮食。隶宫州县是辽代重要的手工业制品产地，为行宫提供所需手工业产品，共同维持辽朝政治中心的日常运行。

再次，斡鲁朵是一支由辽帝亲自支配的军事力量。由隶宫部族人户组成的宫分军是辽帝维持统治的重要军事支撑。辽代中期以后，宫分军在对邻国作战中起到了重要作用。宫分军又是宿卫辽朝北疆的一支重要的军事力量。隶宫提辖司人户是辽代汉军的重要来源，以"家

---

1 《辽史·营卫志一》中各斡鲁朵位置即隶宫部族的游牧范围。参见李锡厚：《论辽朝的政治体制》，《历史研究》，1988年第3期，第129页。
2 杨若薇：《契丹王朝政治军事制度研究》，中国社会科学出版社1991年版，第3页。

丁"的形式配合宫分军作战。因此，对斡鲁朵进行全方位、多角度研究，有助于对辽代社会的进一步认知，值得深入探讨。

从目前学界对辽代斡鲁朵的研究成果来看，多偏重对斡鲁朵机构做"静态"的考据，且在一些问题上分歧较大。有鉴于此，本书首先将针对目前斡鲁朵研究中分歧较大的问题进行深入探讨；其次，在对斡鲁朵各组成部分进行深入考证的同时，着眼于分析斡鲁朵各组成部分在斡鲁朵整体中发挥的作用；再次，对不同时段内斡鲁朵整体及各组成部分在形态及功能上的变化做历时性的研究，分析导致这些变化的背后因素，以期尽最大可能还原辽代斡鲁朵的历史本相，从中管窥不同时期辽代社会形态及性质发生的变化。

二、学术史回顾

对辽代斡鲁朵问题的研究向来受到海内外辽史研究者的重视。20世纪初，日本学者津田左右吉的《辽の制度の二重体系》在斡鲁朵组织形式、主管官吏和提辖司等问题上进行初步探讨，对斡鲁朵相关问题的研究起到开创性作用。此后，箭内亘、岛田正郎、田村实造等学者又针对斡鲁朵所在地、隶宫州县和隶宫部族等问题提出各自观点，继续将研究推向深入。国内学者中，陈述着眼于对斡鲁朵各组成部分人户来源和性质的研究。张正明侧重于对斡鲁朵经济职能、人口和赋税等问题的研究。费国庆的研究较为全面，在行宫演变、宫分军和斡鲁朵继承原则等问题上做出全面分析，其成果具有较高学术价值。20世纪80年代以来，又有杨若薇、武玉环、李桂芝、余蔚、杨军等学者对斡鲁朵的管理组织、机构流变、运行机制等问题进行讨论，深化了既有研究。其中杨若薇在斡鲁朵官制及行政制度方面的研究尤其突出，其成果对相关问题的研究至今仍具有巨大的启迪意义。

（一）对斡鲁朵渊源的研究

学界对斡鲁朵渊源问题的研究由来已久，且分歧较大。大致形成辽代斡鲁朵"腹心部"起源说和"皮室军"起源说两种观点。

以罗继祖为代表的部分学者认为辽代斡鲁朵源自"腹心部"。罗继祖梳理了辽代斡鲁朵的创制过程。他认为，契丹宫卫组织源自契丹酋长的"亲兵群"，至耶律阿保机时期，亲兵群发展成"腹心部"。此后，耶律阿保机在"腹心部"的基础上，扩大编制，建立辽代最早的宫卫制度。而"皮室军"则是因宫卫人数编制过大，"分编"而成。[1] 张国庆认为，辽代斡鲁朵制度源自部落酋长的"亲兵群"制度。"亲兵群"由部落酋长的贴身侍卫组成。耶律阿保机登上汗位之后，其"亲兵群"逐步发展为"腹心部"，并以结"宴答"、交盟友的方式，将部分部落将领招归"腹心部"。此外，耶律阿保机还通过收养"假子"的契丹传统生活习俗培养了一批青年将领，以此扩充"腹心部"实力。辽朝建国后，"腹心部"改称"斡鲁朵"，且"填充进了州县土地、著帐（亦作"着帐"）人口、侍卫亲军等等"，丰富了斡鲁朵的内涵。[2] 杨军从契丹部族结构的视角入手，认为耶律阿保机"利用契丹诸部之'家'可

---

[1] 罗继祖：《耶律阿保机的"腹心部"》，参见陈述主编：《辽金史论集》第一辑，上海古籍出版社1987年版，第8—13页。

[2] 张国庆：《论辽代初期的"腹心部"与智囊团》，《社会科学战线》，2002年第1期，第158—164页。

以进入其他'族'分地、可以将所属部落迁入本'族'游牧地的契丹旧俗",挑选各部落中忠于其本人的青年部族户,以此组建"腹心部","随同自己迁徙,以起到安全保卫的作用"。[1]并以平定"诸弟之乱"为契机,趁势大量占有霞濑益石烈的牧场,为其扩编亲卫组织提供了可能。"腹心部"经扩编、完善制度后,始更名为斡鲁朵。[2]此外,费国庆、高井康典行等学者亦持类似观点。[3]

以杨若薇为代表的部分学者主张辽代斡鲁朵源自"皮室军"。杨若薇将天赞元年(922)斡鲁朵法的颁行视为辽代斡鲁朵初置的标志。"皮室军"源自耶律阿保机所置的"腹心部","腹心部"的设立时间远早于"斡鲁朵法"的颁行。"斡鲁朵法"颁行时"腹心部"早已改名为"皮室军"。因此,"腹心部"是"皮室军"的起源。"斡鲁朵"只是"心腹之卫","与'腹心部'毕竟不是一回事"。[4]唐统天认为,"腹心部"源自耶律阿保机即位后组建的"心腹亲军",其设置的目的"一来作为政治上的可靠支柱,二来组成强大的军事力量,以巩固新生政权"。平定"诸弟之乱"后,"腹心部"更名"皮室军"。因此"皮室军"就是"腹心部","腹心部"就是"皮室军"。除在"腹心部"到"皮室军"

---

1 杨军:《"变家为国":耶律阿保机对契丹部族结构的改造》,《历史研究》,2012年第3期,第18—28页。

2 杨军:《牧场与契丹人的政治》,《首都师范大学学报》(社会科学版),2017年第2期,第1—5页。

3 费国庆:《辽代斡鲁朵探索》,《历史学》,1979年第3期,第34—36页;[日]高井康典行撰,何天明译:《辽代斡鲁朵的存在形态》,《蒙古学信息》,2001年第4期,第11页。

4 杨若薇:《契丹王朝政治军事制度研究》,中国社会科学出版社1991年版,第228页。

的转化时间上尚存分歧，其观点与杨氏的观点基本一致。[1]此外，关树东、郑毅等学者亦持有相似的观点。[2]

（二）对斡鲁朵管理机构的研究

《辽史·百官志》关于斡鲁朵官署、职官的记载是比较详细的。当前学界对斡鲁朵管理机构的研究主要集中在对都部署职官的考论上。津田左右吉认为，诸行宫都部署院是行宫的最高管理机关，长官称诸行宫都部署。其下辖契丹行宫都部署司，负责管理斡鲁朵中的契丹人；汉人行宫都部署司，负责管理斡鲁朵中的汉人。诸宫最高长官为该宫宫使，下辖该宫契丹、汉儿都部署司，分管该宫契丹人、汉人。[3]箭内亘大体继承了津田氏的观点，认为诸宫宫官"只于皇帝崩后有之"，由此推测宫使及其属官或为辽帝崩后所设，执掌本斡鲁朵。而诸行宫都部署院及其属官，掌管当朝辽帝斡鲁朵的日常事务。[4]岛田正郎认为，诸行宫都部署院及以下职官皆属于辽朝国家官吏，机构皆属于辽朝国家官府。宫官受国家委派，管理辽帝私产。他指出，诸行宫都部署院为辽圣宗朝以后设置的机构，此时辽朝已确立君主权威，斡鲁朵机构已日趋国家机关化。[5]针对日本学界的观点，杨若薇提出新的认识：首

---

[1] 唐统天：《辽代的禁军》，《军事历史研究》，1990年第1期，第79—87页。

[2] 关树东：《辽朝的中央宿卫军》，《内蒙古社会科学》（文史哲版）1995年第6期，第48—54页；郑毅：《略论辽初中央军制的演变》，《黑龙江民族丛刊》，2010年第2期，第106—114页。

[3] [日]津田左右吉：《津田左右吉全集》第12卷，岩波书店1964年版，第345—347页。

[4] [日]箭内亘著，陈捷、陈清泉译：《元朝怯薛及斡耳朵考》，山西人民出版社2015年版，第128—129页。

[5] [日]岛田正郎著，何天明译：《大契丹国：辽代社会史研究》，内蒙古人民出版社2007年版，第111—116页。

先，通过对"诸行宫都部署院"机构的考证，她认为该机构的长官诸行宫都部署是汉人行宫都部署的异称，契丹行宫都部署称为契丹诸行宫都部署，二者皆可称"都宫使"。而"行宫诸部署司"机构并不存在。其次，诸宫长官为某宫都部署和某宫汉儿渤海都部署，二者皆可称某宫使，可互换使用。她主张辽帝在其生前就设有宫官，管理本宫事务，将宫使的职能总结为"统领禁卫""掌管版图、民政司法事务"。[1] 余蔚认同杨氏的观点，并进一步指出宫官需跟随辽帝出行，因此于地方设置提辖司，作为处理斡鲁朵地方事务的长官。[2] 武玉环整理了大量考古石刻资料，她认为辽朝存在"诸行宫都部署院"，与"契丹行宫都部署司"和"汉人行宫都部署司"非同一机构。其职能为"掌契丹、汉人诸行宫之事，总管诸斡鲁朵的军事、民政、行政等事宜"。在宫官系统中，各宫最高长官为该宫都部署，"其职责范围要高于某宫使"。某宫汉人行宫都部署全称为某宫汉人（儿）渤海都部署，掌管该宫蕃汉转户。[3] 黄为放从职能角度对辽代诸行宫都部署院做了较为详细的分析，他肯定了辽代诸行宫都部署院的存在，认为该机构属北面官系统，是契丹、汉人行宫都部署司的上级机关。其职能除主管斡鲁朵系统内的军事、生产、民政等相关事务，"还要扈从圣驾、负责宿卫，守土戍边，防止外族入侵"，富有契丹民族特色。[4]

1　杨若薇：《辽代斡鲁朵官制探讨》，《中国史研究》，1986第4期，第153—171页。
2　余蔚：《辽代斡鲁朵管理体制研究》，《历史研究》，2015年第1期，第64页。
3　武玉环：《辽代斡鲁朵探析》，《历史研究》，2000年第2期，第60—62页。
4　黄为放：《诸行宫都部署院初探》，《黑河学院学报》，2010年第3期，第88页。

（三）对行宫的研究

1. 对行宫结构的研究

费国庆首先对行宫的渊源做了考据，他认为行宫源自部落酋长的行营，是为满足游牧民族迁徙需要设置的。耶律阿保机即位后建立卫兵制，以行营设置的"腹心部"就是辽代最早的行宫。[1]杨若薇依据王易《燕北录》中的记载，认为行宫应分为"小禁围"和"大禁围"两部分。其中，"小禁围"内是辽帝的行宫，"大禁围"内是前朝辽帝的行宫。她指出，前朝辽帝的后妃并非如《辽史》所载守护皇陵，而是跟随当朝辽帝捺钵。[2]武玉环考证了辽帝御帐的具体形式，认为御帐"实际上是用鹿皮、毛毡木柱、竹榥搭盖而成的帐篷"，其职能是"皇帝宫殿、寝殿与朝廷百司之所在"，随帐人户包括契丹兵士守卫，契丹北、南面官员及应役次人。[3]

2. 对行宫职能的研究

对行宫内人户的物资供给。学界对斡鲁朵内人户性质认识的分歧较大，因此观点迥异。漆侠认为，斡鲁朵是辽代独立的经济体，以"畋渔为生"的方式为辽帝提供生活资料，蕃汉转户及俘掠来的财产被安置在辽帝的领地上，其产出亦是行宫内人户日常消费的重要来源。[4]杨若薇认为宫分户在斡鲁朵周围组成一个庞大的游牧集团，为行宫及

---

1 费国庆：《辽代斡鲁朵探索》，《历史学》，1979年第3期，第34—35页。
2 余蔚：《辽代斡鲁朵管理体制研究》，《历史研究》，2015年第1期，第57页。
3 武玉环：《辽代斡鲁朵探析》，《历史研究》，2000年第2期，第56—57页。
4 漆侠：《契丹斡鲁朵（宫分）制经济分析——辽社会经济结构研究之一》，《河北大学学报》（哲学社会科学版），1989年第4期，第1页。

随行亲兵提供饮食补给。而隶宫州县的赋税、财政皆归辽朝政府，不输送至行宫。[1]针对杨若薇的观点，武玉环提出不同的观点，她认为行宫并非生产组织，行宫人户一般承担的是行宫内的各种杂役。供给辽帝及其家眷日常生活所需的各种物资，是从辽南京道、上京道等产地，通过车马运送至行宫的。[2]杨军认为，捺钵地消费的畜牧业产品应由捺钵地附近的契丹部落供应，其余物资则由其他地区供应。[3]

行宫的宿卫。杨若薇认为，辽代前期承担行宫宿卫任务的机构是皮室军，此后皮室军逐渐完成由禁军到常备军的演变，其原有职能由殿前都点检接管。《百官志》中记载的宿卫司并不存在。[4]关树东提出，辽代的行宫宿卫军，"前期以皮室军为主，中、后期以宫分军为主"，而行宫宿卫之职由殿前都点检执掌。[5]在另一篇文章中，他对辽代御帐官系统进行了全面的考证，认为辽代御帐官承担"宿卫行宫、侍候帝后、执掌宫中杂务诸职责"。"侍卫司、宿卫司、禁卫局都是辽朝御帐宿卫机构的代称"，系"附会《辽史》纪、传而来"。另外，祗候郎君也应属于御帐官的一部分。[6]张宁提出将辽代行宫的宿卫体系分内、外两层。其中，北面御帐官中的侍卫机构和殿前都点检司负责贴身保护辽帝，属于行宫内层宿卫机构，守护辽帝的御帐。宫分军和皮室军

---

1 杨若薇：《契丹王朝政治军事制度研究》，中国社会科学出版社1991年版，第30页。
2 武玉环：《辽代斡鲁朵探析》，《历史研究》，2000年第2期，第57页。
3 杨军：《辽代捺钵三题》，《史学集刊》，2016年第3期，第150—151页。
4 杨若薇：《契丹王朝政治军事制度研究》，中国社会科学出版社1991年版，第235—236页。
5 关树东：《辽朝的中央宿卫军》，《内蒙古社会科学》（文史哲版）1995年第6期，第48—54页。
6 关树东：《辽朝御帐官考》，《民族研究》，1997年第2期，第65—69页。

是辽帝的中央常备军、宿卫军，属于行宫的外层宿卫机构，守护行宫外围。[1]

著帐官。行宫北面近侍机构称"北面著帐官"，由"著帐郎君院"和"著帐户司"机构管理。关于著帐户，学界多认为属于奴隶。[2]李锡厚认为，著帐户由仆役、侍从、警卫等人户组成，主要来源于遭籍没的罪犯的家属。媵臣是"后妃的陪嫁者"，同样属于著帐户，而非服务于行宫者。[3]姚家积认为，著帐户属于"承担非生产性劳动的宫廷奴仆"，有时也会使用宫户作为补充。[4]著帐户服务于行宫时称小底，其身份属奴婢。[5]关于小底的身份，唐统天有不同的观点。他认为小底属于官吏而非奴隶，是契丹百官子弟仕进的途径。[6]行宫南面近侍机构为内侍省，由宦官充任。目前学界对辽代宦官的研究成果较少，王茜的硕士论文对辽朝宦官制度做了较为全面的研究，探讨了辽代宦官群体的机构和执掌。[7]

---

1 张宁：《辽朝行宫宿卫制度》，吉林大学硕士学位论文，2009年，第14—23页。
2 陈述：《契丹社会经济史稿》，生活·读书·新知三联书店1978年版，第55、61页。舒焚：《辽史稿》，湖北人民出版社1984年版，第180页。佟佳江：《契丹的社会性质》，《内蒙古民族师院学报》（社会科学汉文版），1988年第3期，第50页。
3 李锡厚：《辽代诸宫卫各色人户的身分》，《北京师院学报》（社会科学版），1985年第4期，第22—23页。
4 姚家积：《辽代的蕃汉转户》，参见中国社会科学院历史研究所宋辽金元史研究室主编：《宋辽金史论丛》第二辑，中华书局1991年版，第299—300页。
5 漆侠：《从对〈辽史〉列传的分析看辽国家体制》，《历史研究》，1994年第1期，第85页。
6 唐统天：《辽金时代的小底官》，《辽金及契丹女真史研究》，1987年第2期，第12—13页。
7 王茜：《辽金宦官研究》，吉林大学硕士学位论文，2012年，第6—19页。

（四）对隶宫部族的研究

隶宫部族是斡鲁朵内的部族人户的组织，亦是斡鲁朵组织中最富有争议的问题。目前学界对于隶宫部族的研究主要集中在以下几个方面：

1. 对隶宫部族所在地的研究

关于隶宫部族是否随帐捺钵及其所在地问题一直受到学界的广泛关注，且分歧较大。岛田正郎认为，隶宫部族人户是被从原有契丹人部族组织中析分出来，转隶斡鲁朵的人户，而斡鲁朵所在地即隶宫部族放牧的地区。[1] 李锡厚的主张与岛田氏相似，他认为斡鲁朵是宫卫的组成部分，由析分自契丹部族的隶宫部族组成。而隶宫部族"平时要从事游牧，所以不可能有固定的地点"，因此，《辽史·营卫志上》中对某斡鲁朵位置的记载，"应当理解为指该斡鲁朵游牧的范围"。[2] 岛田氏、李氏仅在对斡鲁朵名词内涵的理解上有差异，但均认为隶宫部族有相对固定的驻牧地点。杨若薇认为，隶宫部族需随帐捺钵，在辽帝行宫周围形成"一个军事兼生产集团"，为行宫提供保卫安全的武装力量及经济来源。[3] 高井康典行的观点介于岛田氏和杨氏之间，他认为新设的隶宫部族，除一部分人户，其余皆需随帐迁徙。辽帝死后，其隶宫部族被指定于固定的驻牧地放牧。[4] 费国庆分析了隶宫部族人户的来

---

1 [日]岛田正郎著，何天明译：《大契丹国：辽代社会史研究》，内蒙古人民出版社2007年版，第118页。
2 李锡厚：《论辽朝的政治体制》，《历史研究》，1988年第3期，第129页。
3 杨若薇：《契丹王朝政治军事制度研究》，中国社会科学出版社1991年版，第37页。
4 [日]高井康典行撰，何天明译：《辽代斡鲁朵的存在形态》，《蒙古学信息》，2001年第4期，第11页。

源后，认为隶宫部族由契丹本户和俘获户组成。其中，契丹本户是自由民，是宫卫骑军的构成人户。此类人户一般居住于内地，农牧并举。俘获户源自辽朝周边部族的人户，此类人户被安置在边疆地区，为辽朝戍守边境。[1]

2. 对隶宫部族组织形式的研究

隶宫部族由部族户组成，其中"正户"的基层组织与契丹部族基本一致，设置"石烈"和"抹里（弥里）"两级组织管理。此外，还有"瓦里""得里""闸撒"等特殊的行政组织。白鸟库吉认为，瓦里、抹里、得里、闸撒的内涵都是"村"的意思。[2] 任爱君认为，石烈相当于县，而弥里是相当于乡的行政组织。[3] 杨军从语言学角度，认为抹里（没里）原意是"河流经过的地方"，后被引申为河流两岸优质牧场；[4] "得里"从对音上看，应是抹里的异译。[5] 闸撒的起源较为复杂，其性质及职能至今尚无定论。杨军认为，闸撒性质与抹里类似，其名称是"有人名特征的词素"。[6] 余蔚推测，闸撒是"著帐户"的管理机构，设"闸撒狘"进行管理。[7] 关于"瓦里"，王善军做了较为详细的研究，

---

[1] 费国庆：《辽代斡鲁朵探索》，《历史学》，1979年第3期，第46—48页。

[2] ［日］白鸟库吉：《东胡民族考》，《白鸟库吉全集》（第4卷），岩波书店1970年版，第271页。

[3] 任爱君：《契丹辽朝前期（907—982）契丹社会历史面貌解析》，内蒙古大学博士学位论文，2005年，第67页。

[4] 杨军：《牧场与契丹人的政治》，《首都师范大学学报》（社会科学版），2017年第2期，第1页。

[5] 杨军：《辽代斡鲁朵研究》，《学习与探索》，2015年第5期，第153页。

[6] 杨军：《牧场与契丹人的政治》，《首都师范大学学报》（社会科学版），2017年第2期，第5页。

[7] 余蔚：《辽代斡鲁朵管理体制研究》，《历史研究》，2015年第1期，第62—63页。

他认为"瓦里"是专门管理被"籍没"奴隶的组织。"被籍入斡鲁朵者均进入其中的瓦里",成为辽帝的私人奴婢。[1]

3. 对宫分军的研究

隶宫部族人户有出任宫分军的义务。对于宫分军的研究已出现一些比较有代表性的成果。陈述认为,宫分军是可汗的"头下军",具有双重性质,既是行宫的"禁旅",又是中央的"武备"。[2]杨树森认为,宫卫骑军由"正户"和"蕃汉转户"构成。宫卫骑军散布在各地,由提辖司负责将其集结起来。[3]其观点显然是受到《辽史·兵卫志》的影响。唐统天的观点与陈述基本类似,他从斡鲁朵的性质出发,探讨了宫分军的性质,认为宫分军即辽帝的头下军,有亲军的性质,其统帅多为宗室贵戚,并总结了宫分军有宿卫、驻守京师和军事重地、四向出征作战和边防四条职能。[4]关树东分析了宫分军护卫行宫的规则,认为宫分军自诸宫分中征集,其设置目的为取代皮室军的地位。宫分军的长官是诸宫宫使,负责率领宫分军宿卫行宫。宿卫行宫的宫分军每次约一万人左右,实行轮番宿卫。除负责护卫行宫,宫分军还需出征和屯戍。[5]

---

1 王善军:《辽代籍没法考述》,《民族研究》,2002年第2期,第64—65页。
2 陈述:《契丹军制史稿》,载刘宁主编:《辽金历史与考古》(第三辑),辽宁教育出版社2011年版,第5页。
3 杨树森:《辽史简编》,辽宁人民出版社1984年版,第72—76页。
4 唐统天:《辽代的禁军》,《军事历史研究》,1990年第1期,第83—85页。
5 关树东:《辽朝的中央宿卫军》,《内蒙古社会科学》(文史哲版),1995年第6期,第50—52页。

（五）对隶宫提辖司的研究

有关辽代提辖司问题的研究，目前尚无专门论著，而隶宫提辖司的相关研究成果更加稀少。最早关注辽代提辖司问题的是日本学者津田左右吉。津田氏认为提辖司所辖汉人、渤海人皆是战争俘户，为辽帝的"部曲"。在向内地迁移过程中，因其人数不足以设置州县，方设置提辖司加以管理。因此，提辖司应为部族与州县以外的另一种属民机构。[1]此说为岛田正郎所继承。[2]杨若薇在津田氏观点的基础上，进一步提出提辖司所辖人户应为《辽史·营卫志》中记载的"蕃汉转户"，不著"宫籍"，非宫分户，不跟随行宫捺钵；提辖司兼有民政和军政两项职能。[3]李锡厚认为，提辖司是纯粹的军事机构，负责点集辖区内的兵马，不参与辖区内民政事务的管理。[4]近年来，学界将关注点转移到提辖司职官、职掌及运行方式等问题上。李桂芝通过分析碑刻资料，重新统计了辽代提辖司的数量，裨补史料缺漏，并对提辖司的职能进行全面探讨，提出提辖使即制置使，是斡鲁朵内私属人户的管理者。[5]余蔚更多关注提辖司的管理和运行机制，认为提辖司是辖区内石烈以下各级机构的长官，负责管理辖区内全部斡鲁朵户，并总结出提辖司机构内存在一纵一横两条管理路径："诸宫提辖制置司—某宫提辖司—某宫某京（州）提辖司；行宫都部署司—某宫都部署司—某宫

1　[日]津田左右吉：《津田左右吉全集》第12卷，岩波书店1964年版，第331—342页。
2　[日]岛田正郎著，何天明译：《大契丹国：辽代社会史研究》，内蒙古人民出版社2007年版，第154页。
3　杨若薇：《契丹王朝政治军事制度研究》，中国社会科学出版社1991年版，第65页。
4　李锡厚、白滨：《辽金西夏史》，上海人民出版社2003年版，第312—313页。
5　李桂芝：《辽朝提辖司考》，《学习与探索》，2005年第2期，第131—135页。

某京（州）提辖司。"[1]

（六）对隶宫州县的研究

目前学界对于辽代隶宫州县问题的研究主要集中在对隶宫州县的性质、人口来源、职能等几个问题的讨论上，现分述之：

1. 对隶宫州县性质问题的研究

隶宫州县的性质一直是学界探讨的热点问题。日本学者在该问题的研究上起步较早，津田左右吉认为：隶宫州县与头下军州有着相同的起源，其人户源自战争中掠夺的俘户，是辽帝禁卫军的兵源。辽帝生前，隶宫州县税收归辽帝所有；辽帝死后，隶宫州县税收作为未继承皇位的诸皇子们的收入和帝陵的山陵费。[2] 箭内亘在津田氏结论的基础上进一步指出，隶宫州县应为斡鲁朵之一种"采邑"。隶宫州县户平日里承担斡鲁朵所需的费用，战时编成军队，协同辽帝的禁卫军共同出征。[3] 田村实造将辽朝的京、府、州、军、城分为五类，其中隶宫州县单独划为一类。田村氏认为，头下州是臣下的私领地、私民。在辽代皇帝也具有同样的私领地、私属民，即隶宫州县。[4] 岛田正郎对辽代州县的划分方法与田村氏相同，对箭内氏的结论做出修正，认为隶宫州县仅具有"采邑"职能。岛田氏对隶宫部族研究的重点着眼于州县

---

[1] 余蔚：《辽代斡鲁朵管理体制研究》，《历史研究》，2015年第1期，第64—68页。
[2] ［日］津田左右吉：《津田左右吉全集》第12卷，岩波书店1964年版，第333—334页。
[3] ［日］箭内亘著，陈捷、陈清泉译：《元朝怯薛及斡耳朵考》，山西人民出版社2015年版，第128页。
[4] ［日］田村实造：《辽代的移民政策和州县制的建立》，刘俊文主编：《日本学者研究中国史论著选译》（第五卷）1993年版，第498页。

人户在辽代前后期性质的变化，他认为在"私城"到州县演变的过程中，隶宫州县人户的性质也由奴隶转化为部曲。[1] 总之，日本学者在隶宫州县性质的问题上观点较为一致，即隶宫州县是辽帝的"采邑"，其人户是辽帝的部曲，是斡鲁朵的经济来源。国内学者中，陈述接受了日本学者的观点，认为斡鲁朵即"皇帝私人之头下兵，与大首领部族军、头下州军相同"[2]。林荣贵在划分辽朝行政建制时将隶宫州县和头下州系政区归为一类，认为两者皆非朝廷"公有"的行政组织，而是由某些群体"私有"的行政组织，二者的区别在于隶宫州县归辽帝私有，头下州归契丹贵族私有。[3] 可见，在对隶宫州县性质的认识上，林氏的观点与田村氏基本一致。李锡厚认为，由于传统版本的《辽史·营卫志·上》在标点上存在错误，导致学界对隶宫州县性质的理解存在误区。他主张斡鲁朵仅指代宫卫中的契丹人的组织，是宫卫的一部分而非全部，其性质与头下无关，但认同作为构成宫卫另一部分的隶宫州县有头下的性质。[4]

而后，杨若薇在隶宫州县性质的问题上提出了与以往不同的观点。杨氏认为，隶宫州县人户并非全部来自战争掠夺，战争期间新置的州县也非全部属于隶宫州县。因此隶宫州县不属于辽帝的"私城"，其人户亦非辽帝部曲。隶宫州县人户除需向捺钵地提供徭役，在人事、赋

---

[1] [日]岛田正郎著，何天明译：《大契丹国：辽代社会史研究》，内蒙古人民出版社2007年版，第153—154页。
[2] 陈述：《头下考（上）》，《历史语言研究所集刊》（第8册）1987年版，第396—397页。
[3] 林荣贵：《辽朝经营与开发北疆》，中国社会科学出版社1995年版，第65—67页。
[4] 李锡厚：《关于"头下"研究的两个问题》，《中国史研究》，2001第2期，第83—87页。

税、军事等方面与南面州县并无明显差异。[1] 杨军持有相似的观点,他认为管理战争中俘获农业人口的机构是隶宫提辖司,而非隶宫州县。隶宫州县与南面州县一样,直接接受辽廷的管理,[2] 他还采用历时性分析方法,强调了辽太宗时期,中原州县制度的引入对隶宫州县性质变化的影响。[3] 在对隶宫州县管理的问题上,任仲书认为,辽代斡鲁朵因其自身的特殊性质,虽然不纳入辽朝国家体系,但因隶宫州县与辽朝南面地方行政机构联系密切,因此,隶宫州县除接受斡鲁朵系统的管理,还应接受隶宫州县所在地地方行政机关的管理,"承担地方州县统一调发的赋税徭役"。[4]

高井康典行提出异于津田氏和杨若薇的观点。他主张,辽代州县制受到唐末以来"藩镇"制度的影响。"隶宫州县受斡鲁朵、'国家'、藩镇三方面力量的控制"。在行政上,隶宫州县除接受斡鲁朵与枢密院的双重管理,"藩帅"通过掌握隶宫州县内部分官吏的人事权,以此参与到对隶宫州县日常事务的管理中,使隶宫州县"犹如自己的领地";在财政上,隶宫州县税收除分属斡鲁朵与辽朝政府,藩镇还可以"通过各种途径获得合法与不合法的收入"。[5]

---

1 杨若薇:《契丹王朝政治军事制度研究》,中国社会科学出版社1991年版,第39—62页。
2 杨军:《辽代斡鲁朵研究》,《学习与探索》,2015年第5期,第154页。
3 杨军:《辽代州县体制的形成及演变》,《学习与探索》,2018年第1期,第163—173页。
4 任仲书:《辽朝的地方制度建设与机构设置》,《内蒙古社会科学》(汉文版),2010年第6期,第51页。
5 [日]高井康典行撰,尤李译:《斡鲁朵与藩镇》,张希清、田浩、黄宽重、于建设主编:《10—13世纪中国文化的碰撞与融合》,上海人民出版社2006年版,第514页。

2. 对隶宫州县人户来源的研究

关于隶宫州县人户的来源，津田左右吉认为，隶宫州县与契丹贵族的头下军州有着相同的渊源，皆为头下主的"私城"，初置时的人户源自战争中俘掠的汉人，是辽帝的私人部曲。[1] 李锡厚认为，定居在隶宫州县中的汉人、渤海人，从性质上看虽是州县的编户，但他们有别于南面州县人户，"是转徙而来的"，故称"蕃汉转户"，"其性质相当于客户"。[2] 武玉环在前人观点的基础上，提出辽代隶宫州县户的来源可以概括为四大类：一是俘户；二是从原有的隶宫州县中析分出的人户；三是"没入"宫分的契丹贵族"私城"人户；四是流配的罪犯。[3] 辛鹏龙在武玉环成果的基础上，进一步提出皇帝死后留下的斡鲁朵户除"扈从后妃宫帐，以奉陵寝"，大部分由继任皇帝继承，成为当朝皇帝的斡鲁朵人户，所以继承自前朝皇帝的斡鲁朵户也是隶宫州县人员的来源之一。[4]

3. 对隶宫州县人户职能的研究

田村实造认为，斡鲁朵所辖州县的人户通过提辖司与斡鲁朵建立起关系，对头下主负担有特殊的义务，平时承受有关该斡鲁朵的一切负担，有事则编成宫卫骑军。[5] 漆侠的观点与田村氏相似，他认为隶宫

---

1 [日]津田左右吉：《津田左右吉全集》第12卷，岩波书店1964年版，第336—338页。
2 李锡厚：《关于"头下"研究的两个问题》，《中国史研究》，2001第2期，第83—87页。
3 武玉环：《辽代斡鲁朵探析》，《历史研究》，2000年第2期，第57—58页。
4 辛鹏龙：《辽朝斡鲁朵户试探》，《东北史地》，2009年第2期，第72—73页。
5 [日]田村实造：《辽代的移民政策和州县制的建立》，刘俊文主编：《日本学者研究中国史论著选译》（第五卷）1993年版，第507—508页。

州县人户为"蕃汉转户",由战争中俘获的汉、渤海和室韦等族人组成。这些人户多来自农业地区,或在辽帝的领地上从事农业生产,或从事纺织等多种手工业活动。其产品为辽帝占有,供辽帝及其家眷享用。[1] 杨若薇提出了不同的观点,她认为辽朝对隶宫州县采用了与南面州县相似的管理方式。隶宫州县所承担的兵役和赋税与南面州县无不同,且赋税上缴国家财政。隶宫州县与普通州县的不同在于需承担捺钵地徭役。[2] 余蔚对杨若薇的观点做了部分修正,他认为辽朝统治者为保持其游牧传统,除"少数徭役须征用周边州县民力",捺钵地的大部分徭役由捺钵随行人员承担;"隶宫州县与斡鲁朵的关系,应在于提供财政支助"。[3]

4. 对奉陵邑的研究

奉陵邑是辽朝统治者对中原陵寝制度积极借鉴与模仿的产物。目前学界对奉陵邑的讨论主要集中在州县隶属关系和功能的问题上。岛田正郎认为,奉陵邑接受南枢密院的管理,这一点与南面州县无明显差异,其人户也不服务于陵寝,仅以租税来承担陵寝维持费用。[4] 杨若薇观点与岛田氏基本一致,她认为奉陵邑与南面州县人户的租赋虽都向朝廷交纳,但区别在于前者的租赋被用于侍奉陵寝的支出。因此奉

---

1 漆侠:《契丹斡鲁朵(宫分)制经济分析——辽社会经济结构研究之一》,《河北大学学报》(哲学社会科学版),1989年第4期,第5—6页。
2 杨若薇:《契丹王朝政治军事制度研究》,中国社会科学出版社1991年版,第51—59页。
3 余蔚:《辽代州制研究》,中国地理学会历史地理专业委员会《历史地理》编辑委员会编:《历史地理》第24辑,上海人民出版社,2010年,第69—70页。
4 [日]岛田正郎著,何天明译:《大契丹国:辽代社会史研究》,内蒙古人民出版社2007年版,第153—154页。

陵户的身份与地位和辽南面州县户无显著差异，"只是他们所贡纳的具体对象不同罢了"[1]。孙伟祥、高福顺对辽代奉陵邑做了详细的考证，其关注点在于对奉陵邑整体而非奉陵户的研究，他们认为奉陵州县的功能体现在：政治上是"辽朝进行礼法活动及处理重大政务主要场所"；经济上是"辽朝辽帝捺钵途中重要后勤保障地"；军事上是"辽朝军备体系中战略一环"[2]。郑承燕从考古角度出发，考证奉陵邑的地理分布及考古挖掘情况。[3]

---

1 杨若薇：《契丹王朝政治军事制度研究》，中国社会科学出版社1991年版，第59—60页。
2 孙伟祥、高福顺：《辽朝奉陵邑初探》，《古代文明》，2016年第1期，第80页。
3 郑承燕：《辽代贵族丧葬制度研究》，南开大学博士学位论文，2012年，第14—39页。

第一章
斡鲁朵的渊源与演变

斡鲁朵又名宫卫，是辽代重要的政治制度。"居有宫卫，谓之斡鲁朵"。[1] 辽代斡鲁朵的起源可追溯至"诸弟之乱"前就已存在的"腹心部"。"腹心部"虽与后世斡鲁朵在人员构成、组织形式、运行机制等方面存在较大差异，然而作为辽代斡鲁朵的滥觞，是"一支直属于皇帝的力量和管理这支力量的机构与制度"[2]，已具备后世斡鲁朵的基本属性。

● 第一节　斡鲁朵的初置时间

在研究辽代斡鲁朵渊源的问题时，至今普遍被研究者视为首选的可靠史料为《辽史·兵卫志中》的记载：

> 太祖以迭剌部受禅，分本部为五院、六院，统以皇族，而亲卫缺然。乃立斡鲁朵法，裂州县，割户丁，以强干弱支。诒谋嗣续，世建宫卫。入则居守，出则扈从，葬则因以守陵。[3]

分析这条史料可知，耶律阿保机在接受遥辇氏痕德堇可汗禅让后不久，即将其所属的迭剌部析分为五院、六院两部。此举带来的后果是其自身的"亲卫缺然"。所谓"亲卫"，当是由值得信赖的族人组成，用来保护自身安全的心腹武装。被析分以后的迭剌部虽分为两大部分，但

---

1 （元）脱脱等：《辽史》卷31《营卫志上》，中华书局2016年标点本，第409页。
2 余蔚：《辽代斡鲁朵管理体制研究》，《历史研究》，2015年第1期，第54页。
3 （元）脱脱等：《辽史》卷35《兵卫志中》，中华书局2016年标点本，第458页。

在生产和军事实力方面，仍然是契丹部族中实力最强的。掌握五、六院部大权的贵族拥有对部族的统领权，但他们并不是直接服为辽太祖的"亲卫"。为解决这一问题，辽太祖由是创建一套"斡鲁朵法"以巩固其统治。故一些研究者将此条史料视为辽代斡鲁朵形成的标志，以此将斡鲁朵的初置时间确定在天赞元年（922）。[1]然而，若将此条史料与《辽史》其他一些记载相比勘就会发现，是否可以将其作为辽朝初置斡鲁朵的佐证还需进一步探讨，史载：

> 太祖始置宫分以自卫，欲稳率门客首附宫籍。帝益嘉其忠，诏以台押配享庙廷。及平剌葛等乱，以功迁奚迭剌部夷离堇。[2]

在此条史料中，有两个值得注意的问题：一是辽太祖"始置宫分"的时间是在"平剌葛等乱"之前；另一是史料中的"宫分"所指是否就是斡鲁朵。辨析这两个问题，对更恰切地确定辽太祖初置斡鲁朵的时间应当有所帮助。

检索《辽史》，与耶律欲稳有关的记载还有："耶律胡吕，字苏撒，弘义宫分人。其先欲稳，佐太祖有功，为迭烈部夷离堇。父杨五，左监门卫大将军。"[3]将此条史料与《耶律欲稳传》对比可知，耶律胡吕便是辽太祖初建宫分时率领其门客最早依附宫籍者耶律欲稳的后人。其

---

1 杨若薇：《契丹王朝政治军事制度研究》，中国社会科学出版社1991年版，第228页。
2 （元）脱脱等：《辽史》卷73《耶律欲稳传》，中华书局2016年标点本，第1352页。
3 （元）脱脱等：《辽史》卷98《耶律胡吕传》，中华书局2016年标点本，第1559—1560页。

间历经数朝，耶律欲稳的子孙耶律胡吕仍然是"弘义宫分人"。可见，《耶律欲稳传》中太祖所置的"宫分"就是"弘义宫"。关于弘义宫，史载：

> 有辽始大，设制尤密。居有宫卫，谓之斡鲁朵……辽国之法：天子践位，置宫卫，分州县，析部族，设官府，籍户口，备兵马。……太祖曰弘义宫。[1]

"宫卫"即"斡鲁朵"，其始置于辽太祖"践位"或"践位"以后不久。耶律欲稳率领其门客依附的就是耶律阿保机"始置"的弘义宫，是辽代历史上首个斡鲁朵，其初置的时间早于平定耶律剌葛等人的叛乱，当在公元911年以前。

然而，若将耶律阿保机始置宫卫（分）即斡鲁朵的时间确定在"诸弟之乱"（911—913）以前，就有必要对前文所引《兵卫志中》的记载给予进一步辨析。按照此条史料记载的顺序，"析分迭剌部"显然是在"立斡鲁朵法"之前，也没有涉及诸弟之乱，但事实并非如此。关于耶律阿保机析分迭剌部为五院部、六院部的时间，天赞元年（922）十月，"以萧霞的为北府宰相。分迭剌部为二院：斜涅赤为北院夷离堇，绾思为南院夷离堇"。[2] 又天赞元年"以（迭剌部）强大难制，析五石烈为五院，六爪为六院，各置夷离堇"。[3]

---

1 （元）脱脱等：《辽史》卷31《营卫志上》，中华书局2016年标点本，第409—410页。
2 （元）脱脱等：《辽史》卷2《太祖本纪下》，中华书局2016年标点本，第20页。
3 （元）脱脱等：《辽史》卷33《营卫志下》，中华书局2016年标点本，第436页。

结合以上两条史料可以看出，耶律阿保机拆分迭剌部为五院部和六院部的时间应在天赞元年（922），而析分原因则是其"强大难治"。对初掌契丹政权的耶律阿保机来说，"强大难治"的迭剌部的势力不利其统治的巩固。为提防部族内异己势力对权力的觊觎，耶律阿保机以自己亲卫设置了斡鲁朵。其后发生的叛乱也证实了耶律阿保机的预见性。"太祖宫行营始置腹心部，选诸部豪健二千余充之，以曷鲁及萧敌鲁总焉。已而诸弟之乱作，太祖命曷鲁总领军事，讨平之。"[1]文献中提到的"诸弟之乱作"，史称"诸弟之乱"。这一叛乱自辽太祖五年（911）起至辽太祖七年（913）止，其间共历经三次，最终成为辽太祖拆分迭剌部的诱因。叛乱领导者耶律辖底临刑前，耶律阿保机曾问其曰："事有便国者，宜悉言之"。耶律辖底曰："迭剌部人众势强，故多为乱，宜分为二，以弱其势。"[2]耶律阿保机最终以析分的办法，解决了迭剌部难治的问题。

　　不难看出，事件发生的时间先后，应当是辽太祖初置斡鲁朵、"诸弟之乱"、析分迭剌部，也就是说耶律阿保机创设斡鲁朵的时间应当在"诸弟之乱"爆发以前，而析分迭剌部为五院部、六院部则在平定"诸弟之乱"以后。因此，《辽史·兵卫志上》将析分迭剌部置于"立斡鲁朵法"之前的逻辑排序是不能作为辽代斡鲁朵初建制时间的。

---

1 （元）脱脱等：《辽史》卷73《耶律曷鲁传》，中华书局2016年标点本，第1347页。
2 （元）脱脱等：《辽史》卷112《逆臣传上·耶律辖底传》，中华书局2016年标点本，第1649页。

● 第二节　辽初斡鲁朵与"腹心部"的关系

"腹心部"是辽朝初年存在过的重要的机构，在耶律阿保机"变家为国"的过程中甚至起到过决定性的作用，在研究斡鲁朵的渊源问题时，"腹心部"也是不可回避的问题，以往研究者多有涉及。对"腹心部"的界定，比较有代表性的看法是罗继祖的"亲兵群说"，和张国庆的"假子说"等。关于"腹心部"与斡鲁朵之间的关系，持有"腹心部"是斡鲁朵的渊源这一看法的学者较多。张国庆认为"腹心部"通过"填充进了州县土地、著帐人口、侍卫亲军而演变成后世之'斡鲁朵'"，承担着宿卫耶律阿保机"御帐"的职能。[1] 此认知表明从"腹心部"到斡鲁朵存在着一个演变过程。任爱君认为"腹心部"本是耶律阿保机"个人的护卫军系统"，属于其本人帐分范围，后来不断壮大成为算斡鲁朵。[2] 这些研究成果，都对今天继续深入研究有着很好的启迪。

关于"腹心部"，"时制度未讲，国用未充，扈从未备，而诸弟剌葛等往往觊非望。太祖宫行营始置腹心部，选诸部豪健二千余充之，以曷鲁及萧敌鲁总焉"。[3] 与此条记载相对应的还有："初，太祖以行营为宫，选诸部豪健千余人，置为腹心部。"[4] 以上两条史料所指都

---

[1] 张国庆：《论辽代初期的"腹心部"与智囊团》，《社会科学战线》，2002年第1期，第164页。
[2] 任爱君：《辽朝斡鲁朵的渊源》，《内蒙古社会科学》（汉文版），2005年第1期，第49页。
[3] （元）脱脱等：《辽史》卷73《耶律曷鲁传》，中华书局2016年标点本，第1347页。
[4] （元）脱脱等：《辽史》卷46《百官志二》，中华书局2016年标点本，第828页。

是"腹心部"的源头,而且都与"宫"和"行营"相联系。那么,这里的"宫"和"行营"就与"腹心部"和斡鲁朵之间存在着值得辨析的关系。《辽史·营卫志上》对"行营"的解释为"出有行营,谓之捺钵",[1]即"行营"可以称为"捺钵"。《辽史·国语解》对"宫"的解释为:"斡鲁朵,宫也。"[2]由此可知,文献中所谓"太祖宫行营"指代的就是斡鲁朵和捺钵。二者之间的关系,杨军认为:"在耶律阿保机时期斡鲁朵(宫)与捺钵(行营)还是一回事。"[3]如前所述,耶律阿保机于"诸弟之乱"前就已设置了辽代首个斡鲁朵。那么,这里的"太祖宫"与《营卫志上》的"弘义宫"就应当是同一事物。可见,辽代斡鲁朵的创制时间应当不晚于"腹心部"初置之时。所以,辽代斡鲁朵来源于"腹心部"的观点,也就值得进一步探讨了。

关于"腹心部"与斡鲁朵之间的关系。"算斡鲁朵,太祖置。国语心腹曰'算',宫曰'斡鲁朵'。是为弘义宫。"[4]不难看出,耶律阿保机设置的斡鲁朵的汉语宫名"弘义宫",契丹语名"算斡鲁朵"。然而,学界对史料的理解也不尽一致。李锡厚认为:"按照契丹语,'心腹'曰'算',与汉语宫名'弘义'无涉。其余各宫卫的汉语名称与该宫卫的斡鲁朵名,均不相合。"[5]此处不免让人产生疑惑,既然"弘义宫"与"算斡鲁朵"同指一物,为何意义却不同。史载:"算,腹心

---

[1] (元)脱脱等:《辽史》卷31《营卫志上》,中华书局2016年标点本,第409页。
[2] (元)脱脱等:《辽史》卷116《国语解》,中华书局2016年标点本,第1701页。
[3] 杨军:《辽代斡鲁朵研究》,《学习与探索》,2015年第5期,第152页。
[4] (元)脱脱等:《辽史》卷31《营卫志上》,中华书局2016年标点本,第410页。
[5] 李锡厚:《关于"头下"研究的两个问题》,《中国史研究》,2001年第2期,第84页。

拽剌也。"[1] "拽剌"一词,"走卒谓之拽剌"。[2] 此外还有"壮士""健儿"之意。[3] 这与《耶律曷鲁传》有关"腹心部"的记载,"选诸部豪健二千余充之"的意思相近。由此看来,"算斡鲁朵"为耶律阿保机斡鲁朵的契丹语名,"腹心部"当是对"算斡鲁朵"的汉语意译,而"弘义宫"则为"斡鲁朵法"实行后耶律阿保机斡鲁朵的正式汉语称谓。

◉ 第三节 辽初斡鲁朵与"皮室军"的关系

关于斡鲁朵与"皮室军"之间的关系,学界观点也是众说纷纭,莫衷一是。杨若薇认为,"腹心部"设立的时间远早于斡鲁朵。辽太祖"算斡鲁朵"设立于辽太祖天赞元年(922),此时的"腹心部"早已改名为"皮室军"。所以"腹心部"是"皮室军"的渊源,而"斡鲁朵"只是"心腹之卫",而非"腹心部"。[4] 余蔚认为,"皮室军"在辽太祖朝时,由其斡鲁朵军构成。至辽太宗时,"皮室军"与斡鲁朵已完成分流。[5]

文献对"腹心部"的始置时间没有明确的记载。杨若薇根据《耶律曷鲁传》中"太祖宫行营始置腹心部"的记载,将"腹心部"的设置时间确定在辽太祖元年(907),这个结论显然是值得商榷的。如前所述,"腹心部"就是对"算斡鲁朵"的汉语意译。至于"皮室军"的

---

[1] （元）脱脱等:《辽史》卷116《国语解》,中华书局2016年标点本,第1701页。
[2] （元）脱脱等:《辽史》卷46《百官志二》,中华书局2016年标点本,第829页。
[3] 王立:《〈诸史夷语音义〉研究》,中央民族大学博士学位论文,2018年,第340页。
[4] 杨若薇:《契丹王朝政治军事制度研究》,中国社会科学出版社1991年版,第228页。
[5] 余蔚:《辽代斡鲁朵管理体制研究》,《历史研究》,2015年第1期,第57页。

初置时间，杨若薇亦认为"史无明文，尚不能确指"。由此看来，斡鲁朵、"腹心部"和"皮室军"三者虽未能确定具体的创制时间，但均不晚于平定"诸弟之乱"，不会在杨若薇所言的"天赞元年（922），远在腹心部设置之后"。

至于"皮室军"与"腹心部"之间的关系，《辽史》有一条记载是必须注意的："太宗选天下精甲三十万为皮室军。初，太祖以行营为宫，选诸部豪健千余人，置为腹心部，耶律老古以功为右皮室详稳。则皮室军自太祖时已有，即腹心部是也。太宗增多至三十万耳。"[1] 这段史料经常被学者们引用，证明"皮室军"就是从耶律阿保机时期的"腹心部"发展而来。然而，细作推敲，则可以发现其中的问题。首先，辽太宗时期的皮室军人数仅为三万人，远远没有文中所说的三十万，此处当系抄录之误，邓广铭已有相关文章论述。[2] 其次，耶律老古在平定"诸弟之乱"过程中立下汗马功劳，因功被授予右皮室详稳一职。有研究者推断耶律老古应是担任皮室详稳的第一人。[3] 如果推断无误的话，那么耶律老古出任这一职务的时间就应该是"皮室军"的初创时间。对此，《辽史·耶律老古传》载："刺葛之乱也，欲乘我不备为掩袭计，绐降。太祖将纳之，命老古、耶律欲稳严号令，勒士卒，控礜以防其变。逆党知有备，惧而遁。以功授右皮室详稳，典宿卫。"[4]

1　（元）脱脱等：《辽史》卷46《百官志二》，中华书局2016年标点本，第828页。
2　邝又铭（邓广铭）：《辽史兵卫志"御帐亲军""大首领部族军"两事目考源辨误》，《北京大学学报》（人文科学），1956年第2期，第72页。
3　王欣欣：《辽朝皮室详稳探析》，《黑龙江民族丛刊》，2012年第5期，第103页。
4　（元）脱脱等：《辽史》卷73《耶律老古传》，中华书局2016年标点本，第1351页。

与此记载相对应,辽太祖七年(913)正月甲寅,"王师次赤水城,弟刺葛等乞降。上素服,乘赭白马,以将军耶律乐姑、辖刺仅阿钵为御,解兵器、肃侍卫以受之,因加慰谕。刺葛等引退,上复数遣使抚慰"。[1] 据考证,此处提到的乐姑,就是耶律老古,译音用字不同。如耶律欲稳字辖刺干,而"阿钵"应为一种称号,所以辖刺仅阿钵指的就是耶律欲稳。耶律刺葛等发动的叛乱共三次,此处记载的应为第二次,时间是在辽太祖六年(912)十月,推断耶律老古被授职右皮室详稳的时间应不晚于太祖七年(913)正月,而耶律刺葛等发动第三次叛乱且被彻底平定就在当年五月甲寅。[2]

关于皮室详稳司一职,辽代皮室军有左、右、北、南、黄五皮室详稳司。据考证,其中北、南皮室详稳司系左、右皮室详稳司的重出。[3] 那么耶律老古所担任的右皮室详稳就应该是辽朝大帐皮室军两位统帅长官中的一位。此处不免让人心生疑窦:辽太祖年间出任过皮室军详稳一职的共有五人,分别是耶律老古、耶律安抟、耶律颇德、耶律古和耶律朔古。考证五人平生,竟无一人曾供职于"腹心部"。作为辽初卫戍部队——御帐亲军主力的皮室军若果真是从"腹心部"发展而来,其最高长官在其前身"腹心部"若无任何履职记载,显然是说不通的。而且,若是"腹心部"当真为"皮室军"的前身,那么其于耶律老古被任命为右皮室详稳之时应当已完成由"腹心部"到"皮室军"的转化。而"腹心部"原有的职官亦当被转移至"皮室军"内任

---

[1] (元)脱脱等:《辽史》卷1《太祖本纪上》,中华书局2016年标点本,第6页。
[2] 唐统天:《辽代的禁军》,《军事历史研究》,1990年第1期,第80页。
[3] 杨若薇:《契丹王朝政治军事制度研究》,中国社会科学出版社1991年版,第228页。

职。查阅相关文献,在"腹心部"有过任职经历的官员有:

太祖官行营始置腹心部,选诸部豪健二千余充之,以曷鲁及萧敌鲁总焉。已而诸弟之乱作,太祖命曷鲁总领军事,讨平之,以功为迭剌部夷离堇。[1]

又:

太祖为于越时,以材勇充任使。既即位,与敌鲁总腹心部。剌葛之乱也,淳钦皇后军黑山,阻险自固。[2]

又:

太祖即位,掌腹心部。天赞初,分迭剌部为北、南院,斜涅赤为北院夷离堇。[3]

按照杨若薇等人的观点,辽代"皮室军"是由"腹心部"发展而来,且一直存在至辽末。那么,这四位曾经"掌腹心部",又在平定"剌葛之乱"中立下赫赫战功的功臣,在戡乱过程中,不仅无职务上的变动,平乱后亦无一人在"皮室军"任职,这于情于理都是说不通的。不仅

---

1 (元)脱脱等:《辽史》卷73《耶律曷鲁传》,中华书局2016年标点本,第1347页。
2 (元)脱脱等:《辽史》卷73《萧阿古只传》,中华书局2016年标点本,第1349页。
3 (元)脱脱等:《辽史》卷73《耶律斜涅赤传》,中华书局2016年标点本,第1350页。

如此，若将耶律老古与耶律曷鲁等人的官职迁转做一下比较还可以发现，耶律老古因在平定第二次"诸弟之乱"中有军功而被"授右皮室详稳，典宿卫"，也就是说，耶律老古到此时方才进入统领耶律阿保机宿卫部队的行列中来。相比之下，早在"腹心部"始置之初，耶律阿保机即"以曷鲁及萧敌鲁总焉"。至"诸弟之乱"爆发时，耶律阿保机则命耶律曷鲁"总领军事"，将军国大事托付给他。查阅另外几位功臣的记载，萧敌鲁与其弟萧阿古只在耶律阿保机即位之初即"偕总宿卫"，与耶律斜涅赤"总腹心部"。如此看来，这四位耶律阿保机时期的功臣，总掌"腹心部"的时间当在"诸弟之乱"爆发以前，更当远早于耶律老古出任右皮室详稳之时。若皮室军当真是从"腹心部"演变而来，那么在平叛过程中，这四位总掌"腹心部"的要臣，其官位岂非居于此前在"腹心部"中无履职经历的耶律老古之下？这显然是有违史实的。所以，"腹心部"是"皮室军"的渊源是没有事实依据的。

余蔚认为，"皮室军"在太祖朝应由其斡鲁朵军构成，并引用《续资治通鉴长编》记载宋琪上疏中的内容对该结论加以论证，[1]但未做深入考证。在此，对其观点和引证史料做进一步讨论。

有关宋琪上疏，可见于《续资治通鉴长编》卷27"雍熙三年（986）正月戊寅"条：

> 晋末契丹主头下兵，谓之大帐，有皮室兵约三万人骑，皆精甲也，

---

1 余蔚：《辽代斡鲁朵管理体制研究》，《历史研究》，2015年第1期，第57页。

为其爪牙。[1]

先循余蔚观点,辽帝的"头下兵"称"大帐",构成"大帐"的"皮室兵约三万人骑",显然与《辽史·兵卫志中》"御帐亲军"条下记载的"大帐皮室军"为同一支军队。另外,关于"大帐"还有另一种解释,"斡鲁朵,宫帐名"。[2] 因此,"大帐"应为辽帝斡鲁朵的别称。在耶律阿保机时期,"大帐"应特指其"算斡鲁朵"。"大帐"军一词,按《辽史》记载,某帐下军可记作某"糺",如《辽史·国语解》:"遥辇糺:遥辇帐下军也。其书永兴宫分糺……仿此。"[3] 据考证,"糺"是契丹语对汉语"军"字的直接借用,其音、义都是指军,"是对军队的通称"。[4] 那么,遥辇帐下军也可以被称为遥辇军。同理,某宫分帐下军也可以写作某宫分糺(军),如文献中提到的永兴宫分糺也可以被写作永兴宫帐下军。因此,将耶律阿保机时期的"皮室军"解释为其斡鲁朵军似乎也是合理的。

然而,宋琪上疏中的内容不足以证明"皮室军"系来源于斡鲁朵。首先,宋琪上疏中有关辽朝军事实力的内容,只是限于辽太宗在石晋末年举兵南侵时的情况。据考证,宋琪上疏开头处首先冠以"晋末"二字。这一点从下文记载中可以加以印证:"国母述律氏头下……是先

---

1 (宋)李焘撰,上海师范大学古籍整理研究所、华东师范大学古籍研究所点校:《续资治通鉴长编》卷 27,"雍熙三年(986)春正月戊寅"条,中华书局 2004 年版,第 605 页。

2 (元)脱脱等:《辽史》卷 116《国语解》,中华书局 2016 年标点本,第 1698 页。

3 (元)脱脱等:《辽史》卷 116《国语解》,中华书局 2016 年标点本,第 1705 页。

4 杨若薇:《契丹王朝政治军事制度研究》,中国社会科学出版社 1991 年版,第 264 页。

戎主耶律阿保机牙将,半已老矣。"[1]此处既称耶律阿保机为"先戎主",那么前文中记载的"晋末契丹主"显然指的是辽太宗耶律德光而非耶律阿保机。[2]因此,"契丹主头下兵"所指也不会是耶律阿保机所置的"算斡鲁朵"。

其次,斡鲁朵军即宫分军,是由宫分人组成的军队。辽朝制度,宫分人尽隶属宫籍。所谓"宫籍",就是斡鲁朵众人户的户籍。宫分人一旦隶宫籍,就意味着从其原属的部落中脱离出来,成为斡鲁朵主的私有人户。除非有特殊原因,经斡鲁朵主特许方可"出宫籍",脱离与斡鲁朵主的人身依附关系,否则宫分人及其子孙就要世代归属斡鲁朵的管辖。如梁援在辽道宗朝虽历任节度使、知枢密院事等高官,但其身份仍为宫分人。后因功得以"诏免本属之宫籍,移隶于中都大定县",且规定"余人不以为例,示特宠也"。[3]可见,在辽代脱离宫籍并非易事。所以,是否身在宫籍就成为判断其人是否是宫分户的标准。在辽代宫分人有出任保卫斡鲁朵的军队——宫分军的义务。宫分军的主力是"正军"。据考证,"正军"是由斡鲁朵内的正户组成的军队,有今日"正规军"的意思,宫卫骑军指的就是这支军队。循余蔚观点,"皮室军"在辽太祖朝,应由其斡鲁朵军构成。那么,"皮室军"在此时与宫分军中的"正军"应指同一支军队。与宫分军一样,"皮室

---

1 (宋)李焘撰,上海师范大学古籍整理研究所、华东师范大学古籍研究所点校:《续资治通鉴长编》卷27,"雍熙三年(986)春正月戊寅"条,中华书局2004年版,第605页。
2 邝又铭(邓广铭):《辽史兵卫志"御帐亲军""大首领部族军"两事目考源辨误》,《北京大学学报》(人文科学),1956年第2期,第75页。
3 《梁援墓志》(乾统元年),参见向南:《辽代石刻文编》,河北教育出版社1995年版,第522页。

军"也有户籍。"女直军攻春州，东北面诸军不战自溃，女古、皮室四部及渤海人皆降，复下泰州。"[1]可见，在辽代"皮室军"与女古部等部族一样，是自成一部的，自当有户籍的存在。又寿昌元年（1095）二月戊辰，"赐左右二皮室贫民钱"。[2]若"皮室军"非自成一部，而是一支由国家提供军需供给的职业军队，又为何会出现贫民？如果"皮室军"在辽太祖朝由其宫分军构成，至辽太宗时完成分流，则耶律阿保机宫分中的"正户"也当在辽太宗朝转隶皮室军军籍。然而，如前所述，耶律欲稳在耶律阿保机始置宫卫时即率领其门客依附宫籍，一直到其后代耶律胡吕时仍身属弘义宫，由此可见，不仅在辽太祖朝已有宫籍制度的存在，而且耶律阿保机的弘义宫在辽太宗朝未经历拆分转隶，而辽代宫分军和"皮室军"也从来不是同一支军队。所以辽初斡鲁朵与"皮室军"不存在继承与发展的关系。

第四节　辽初斡鲁朵的职能

史载，耶律阿保机即位可汗之初，"时制度未讲，国用未充，扈从未备，而诸弟剌葛等往往觊非望"。[3]通过对此条史料的分析可以看出，在契丹国家向君主制制度发展的过程中，耶律阿保机面临着来自政权内部与外部的双重挑战。其中，内在矛盾有三：第一，从政治方面看，契丹新政权的"制度未讲"，尚无"规矩"可循。辽朝草创之初，契丹

---

[1]（元）脱脱等：《辽史》卷28《天祚皇帝二》，中华书局2016年标点本，第375页。
[2]（元）脱脱等：《辽史》卷26《道宗本纪六》，中华书局2016年标点本，第345页。
[3]（元）脱脱等：《辽史》卷73《耶律曷鲁传》，中华书局2016年标点本，第1347页。

政权旧有的以"世选制"为代表的家族政治形势仍对新生政权构成巨大影响，而与新兴制度相适应的官僚体系及以皇权制度为核心的统治秩序尚未能确定下来。耶律辖底在解释叛乱原因时指出："始臣不知天子之贵，及陛下即位，卫从甚严，与凡庶不同。臣尝奏事，心动，始有窥觎之意。"[1] 第二，从经济方面看，契丹新政权的"国用未充"。在耶律阿保机建国前，契丹国家的经济仍保持着"马逐水草，人仰湩酪，挽强射生，以给日用"的游牧经济形态。耶律阿保机建国后，面临的局面为"制度日增，经费日广，上下相师，服御浸盛"，因此"食货之用斯为急矣"。[2] 显然，"国用"指代的并非旧制度下契丹国家固有的经济资源，而是与耶律阿保机所建构的政治制度相适应的新经济体制。第三，从军事方面看，耶律阿保机本人的"扈从未备"。此时的契丹军事主力依旧是迭剌部部族兵，武装力量的主导权尚不能牢牢控制在耶律阿保机的手中，而为耶律阿保机本人所掌握的亲卫军队的力量有限。这一点通过耶律曷鲁让职迭剌部夷离堇一事可以证明。史载，耶律阿保机在担任于越时，曾想委任耶律曷鲁出任迭剌部夷离堇一职，被耶律曷鲁以"贼在君侧，未敢远去"为由，加以推辞。通过与《太祖本纪》中的记载相对照，可知该事件应当发生在唐天复四年（904），距离耶律阿保机即可汗位尚有时日。那么，对于想要"变家为国"的耶律阿保机来说，本部军事首领一职是何等重要，此时却旁落他人之手。时至辽太祖五年（911），待平定诸弟初次作乱后，耶律阿保机尚对叛

---

1 （元）脱脱等：《辽史》卷112《耶律辖底传》，中华书局2016年标点本，第1648页。
2 （元）脱脱等：《辽史》卷59《食货志上》，中华书局2016年标点本，第1025页。

乱的发动者耶律剌葛给予"出为迭剌部夷离堇"[1]的处理。此处虽然用了一个"出"字，但耶律剌葛仍然掌握着迭剌部的实权，可见此时耶律阿保机对部落军事力量的掌握依然不够稳固。直至平定第三次"诸弟之乱"后，其心腹耶律曷鲁才"以功为迭剌部夷离堇"，完成对迭剌部的有效控制。那么，究其外在原因，则是耶律阿保机诸弟及族人对其部落联盟长的位置觊觎已久，常有从中作梗之嫌。这一点从平定"诸弟之乱"所牵涉的人数中可以看出来。辽太祖八年（914）七月丙申，"有司上诸帐族与谋逆者三百余人罪状，皆弃市"。[2]足见叛乱所涉及的范围之广、人数之多。因此，掌握一支直属于辽帝之军事力量是必要的。

斡鲁朵是为适应当时政治形势需要而创制的一项新制度，耶律阿保机创设斡鲁朵的初衷正是为解决来自新生政权内部与外部的各种政治、经济、军事矛盾，建立隶属于其本人的"部族"组织，以取代原有迭剌部的功能，而并非建立纯粹的军事组织。至耶律阿保机天赞元年（922）始行"斡鲁朵法"，"置宫卫，分州县，析部族，设官府，籍户口，备兵马"。[3]将其原有"宫分"分置为行宫、隶宫部族、隶宫州县三部分，并成为后世斡鲁朵的定制。而辽初斡鲁朵虽与"斡鲁朵法"颁行后的斡鲁朵存在诸多差异，然而，已初建为"一支直属于皇帝的力量和管理这支力量的机构与制度"[4]，已具备后世斡鲁朵的基本属性，可视为辽代斡鲁朵制的滥觞。

---

1 （元）脱脱等：《辽史》卷64《皇子表》，中华书局2016年标点本，第1067页。
2 （元）脱脱等：《辽史》卷1《太祖本纪上》，中华书局2016年标点本，第10页。
3 （元）脱脱等：《辽史》卷31《营卫志上》，中华书局2016年标点本，第410页。
4 余蔚：《辽代斡鲁朵管理体制研究》，《历史研究》，2015年第1期，第54页。

第二章
行宫

行宫在契丹语中为移动的斡鲁朵，前身是契丹可汗居住的行营。[1]《辽史·太祖纪上》载："剌葛遣其党寅底石引兵径趋行宫，焚其辎重、庐帐，纵兵大杀。"[2]可知，行宫于"斡鲁朵法"颁行前就已存在，此时的"行宫"是耶律阿保机的营帐。"斡鲁朵法"颁行后，行宫逐渐发展成一套辽帝及其家眷的生活保障体制。作为以北方游牧民族为核心建立的政权，辽朝政治极富游牧文化特色。辽帝"转徙随时，车马为家"。在"转徙"过程中，行宫是辽帝及其家眷的日常居所，是辽代斡鲁朵最重要的组成部分。狭义上，行宫由大、小禁围两部分构成。其中，小禁围内居住着辽帝及其后妃、子女等家眷。大禁围内是前朝辽帝的行宫。广义上，行宫还包含诸多服务于大、小禁围的职官和管理机构。

◉ 第一节 行宫的结构与人户构成

行宫自初置起即承担宿卫辽帝及侍奉其日常起居等职能，"入则居守，出则扈从"，跟随辽帝四时捺钵。欲了解行宫人户的组成，应先明晰行宫的结构。辽道宗清宁四年（1058），宋使王易曾奉使访辽，据其记载：

> 斡鲁朵行宫小禁围在大禁围外东北角，内有毡帐二三座。大禁围每一面长一百一十步，有毡帐十座，黑毡兵幕七座。[3]

---

1 杨军：《辽代斡鲁朵研究》，《学习与探索》，2015年第5期，第153页。
2 （元）脱脱等：《辽史》卷1《太祖本纪上》，中华书局2016年标点本，第7页。
3 （宋）王易：《燕北录》，《说郛》卷38，中国书店1986年影印涵芬楼本，第16页下栏。

同为辽道宗年间出使辽朝的沈括,对行宫的记载更为详细:

> 顿程帐东南距新添帐六十里。帐西北又二十里至单于庭。有屋,单于之朝寝、萧后之朝寝凡三,其余皆毡庐,不过数十,悉东向。庭以松干表其前,一人持牌立松干之间,曰阁门……又东毡庐一,旁驻毡车六,前植纛,曰太庙,皆草莽之中。[1]

可见,行宫由大、小禁围两部分组成,其中"小禁围"内是当朝辽帝的行宫,其核心是帝、后的"朝寝"。此外的毡帐"不过数十"。杨若薇认为,"大禁围"内应为"前代诸宫之禁围",包含前朝辽帝的"行宫"。其中耶律阿保机的行宫为"毡庐",其余辽帝的行宫为"黑毡"。至辽道宗时,前朝辽帝的行宫恰好七个,则"大禁围"内的黑毡兵幕应为前朝辽帝的行宫。[2]

行宫人户有狭义和广义之别。狭义上的行宫人户包含行宫服务的对象,即居住于"小禁围"中的辽帝及其家眷。广义上的行宫人户还包含服务于行宫的相关配套机构中的"应役次人"及行宫管理机构人户。此类人户因"应役"而服务于行宫,并非行宫的常驻人户。

辽帝于"小禁围"内居住的毡帐称"御帐"或"大帐"。历代辽帝中,除辽太宗及天祚帝,均崩于行宫。"维太平十一年(1031)岁次辛未六月丁丑朔三日己卯,睿文英武宗道至德崇仁广孝功成治定启元昭

---

[1] (宋)沈括:《熙宁使契丹图抄》,参见贾敬颜:《〈熙宁使契丹图抄〉疏证稿》,《文史》(第22辑),1984年,第151页。
[2] 杨若薇:《契丹王朝政治军事制度研究》,中国社会科学出版社1991年版,第16页。

圣神赞天辅皇帝，崩于大福河之行宫。"[1] 又"维寿昌七年（1101）岁次辛巳正月壬戌朔十三日甲戌，大行天佑皇帝崩于韶阳川行在所"。[2] 又寿昌七年（1101）正月甲戌，"上崩于行宫，年七十"。[3] 可知，除出征等特殊时期，辽帝的日常生活主要在行宫中度过。

辽代后妃居住在行宫内，需跟随行宫四时移动。如辽太宗皇后"性聪慧洁素，尤被宠顾，虽军旅、田猎必与"。[4] 辽世宗皇后甄氏"与参帷幄，密赞大谋，不果用"。[5] 可见，辽代皇后在大多数时候应与辽帝同居行宫。据沈括记载，行宫中有"萧后之朝寝凡三"。可见，皇后"朝寝"亦为行宫"小禁围"的重要组成部分。

辽帝的子女居住在行宫内。乾亨四年（982）九月壬子，"景宗崩"。癸丑，圣宗"即皇帝位于柩前"。[6] 辽圣宗即位距离辽景宗驾崩仅隔一日。又太平十一年（1031）六月己卯，"圣宗崩，即皇帝位于柩前"。[7] 重熙二十四年（1055）八月己丑，"兴宗崩，即皇帝位于柩前"。[8] 寿昌七年（1101）正月甲戌，"道宗崩，奉遗诏即皇帝位于柩前"。[9] 可见，辽兴宗、辽道宗、天祚帝的即位时间均在先帝驾崩当日。据此推

---

1 《圣宗皇帝哀册》（太平十一年），参见向南：《辽代石刻文编》，河北教育出版社1995年版，第193页。
2 盖之庸：《内蒙古辽代石刻文研究》，内蒙古大学出版社2007年版，第753页。
3 （元）脱脱等：《辽史》卷26《道宗本纪六》，中华书局2016年标点本，第345页。
4 （元）脱脱等：《辽史》卷71《太宗靖安皇后萧氏传》，中华书局2016年标点本，第1321页。
5 （元）脱脱等：《辽史》卷71《世宗妃甄氏传》，中华书局2016年标点本，第1322页。
6 （元）脱脱等：《辽史》卷10《圣宗本纪一》，中华书局2016年标点本，第115页。
7 （元）脱脱等：《辽史》卷18《兴宗本纪一》，中华书局2016年标点本，第239页。
8 （元）脱脱等：《辽史》卷21《道宗本纪一》，中华书局2016年标点本，第285页。
9 （元）脱脱等：《辽史》卷27《天祚皇帝一》，中华书局2016年标点本，第355页。

测，皇子（孙）平日起居应不远离辽帝的行宫。这一点，在辽代皇子的日常活动中亦有体现。"时宫中见读书者辄斥，敖卢斡尝入寝殿，见小底茶剌阅书，因取观。"[1] 此处的"寝殿"位于"宫中"，应特指辽帝的御帐而非陵寝建筑。耶律敖卢斡为天祚帝长子，平日可出入御帐，可见，辽帝诸子应居于行宫内。又"金兵围辎重于青冢，硬寨太保特母哥窃梁王雅里以遁，秦王、许王、诸妃、公主、从臣皆陷没"。[2] 硬寨即辽帝的御帐，硬寨太保为辽帝御帐的宿卫官员。由此可知，辽帝诸子、公主、后妃等的居所应临近御帐，因此，被金兵围困时方能由辽帝御帐的宿卫官护送突围。

除当朝辽帝的家眷，前朝辽帝的后妃亦居住在行宫内，跟随当朝辽帝迁徙。"维大康二年（1076）岁次丙辰三月丙辰朔六日辛酉，大行皇太后崩于韶阳川之行在所，旋殡于庆州北别殿之西阶。"[3] 可知，仁懿皇太后卒于"韶阳川"。据考证，"韶阳川"即混同江，为辽道宗的春捺钵地。[4] 可见，仁懿皇太后应卒于辽道宗于春捺钵地的行宫中。又"维清宁三年（1057）岁次丁酉十二月癸卯朔二十七日己巳，大行太皇太后崩于中会川行宫之寿安殿，旋殡于庆州北别殿之西阶"。[5] 又清宁三年十二月戊辰，"太皇太后不豫，曲赦行在五百里内囚"。己巳，"太

---

[1] （元）脱脱等：《辽史》卷72《耶律敖卢斡传》，中华书局2016年标点本，第1341页。

[2] （元）脱脱等：《辽史》卷29《天祚皇帝三》，中华书局2016年标点本，第389页。

[3] 《兴宗仁懿皇后哀册》（大康二年），参见向南：《辽代石刻文编》，河北教育出版社1995年版，第375页。

[4] 傅乐焕：《辽代四时捺钵考五篇》，载《辽史丛考》，中华书局1984年版，第71—72页。

[5] 《圣宗钦哀皇后哀册》（清宁四年），参见向南：《辽代石刻文编》，河北教育出版社1995年版，第282页。

皇太后崩"。[1] 可见，钦哀皇太后不仅卒于"中会川行宫"内，还与辽道宗同处一地。总之，辽帝去世后，皇太后应跟随当朝辽帝四时迁徙，且居住于行宫内。

综上可知，当朝辽帝及其后妃、皇子、公主等家眷及前朝皇太后是行宫人户最重要的组成部分。

第二节 行宫的职能

辽代行宫，"入则居守，出则扈从，葬则因以守陵"。[2] 可见，辽代行宫的职能，主要体现在"居守"、"扈从"及"守陵"三个方面。然而，辽帝死后，其行宫不固定于其陵域内，而是继续跟随继任辽帝的行宫移动，故言其"守陵"并不确切。除这三个方面，为辽帝及其家眷提供日常消费的物资亦是行宫的重要职能。

一、供给物资

从自然地理角度看，契丹人发祥地西拉木伦河流域，"属于生态敏感地带，干旱缺雨的气候条件与脆弱的地表植被，即使在自然条件较好的地方长期从事农业开垦也会对环境造成一定扰动"[3]，不适合大面积地长期从事农业生产。

因此契丹人选择"顺寒暑，逐水草畜牧"的游牧生产方式，以适

---

1 （元）脱脱等：《辽史》卷21《道宗本纪一》，中华书局2016年标点本，第290页。
2 （元）脱脱等：《辽史》卷35《兵卫志中》，中华书局2016年标点本，第458页。
3 韩茂莉：《辽代西拉木伦河流域聚落分布与环境选择》，《地理学报》，2004年4期，第545页。

应草原生态环境。其日常生活亦围绕游牧进行。史载：

> 大漠之间，多寒多风，畜牧畋渔以食，皮毛以衣，转徙随时，车马为家。此天时地利所以限南北也。辽国尽有大漠，浸包长城之境，因宜为治。秋冬违寒，春夏避暑，随水草就畋渔，岁以为常。[1]

辽朝建立后，辽帝不常居五京，而是沿袭契丹人游牧传统，逐水草迁徙，靡无定所。史载：

> 有辽始大，设制尤密。居有宫卫，谓之斡鲁朵；出有行营，谓之捺钵；分镇边围，谓之部族。有事则以攻战为务，闲暇则以畋渔为生。无日不营，无在不卫。[2]

捺钵的核心是行宫，因其终年处于移动状态，故对行宫饮食的供给存在多种方式。

游牧经济生产方式影响了契丹人的饮食结构。契丹人日常饮食以牲畜产品为主，以渔猎产品为辅。史载：契丹人"马逐水草，人仰湩酪，挽强射生，以给日用，糗粮刍茭，道在是矣。"[3]可见，契丹人日常生活对牲畜有着极强的依赖性。而畜牧产品如"湩酪"，由于难以长期保存，不易长途运输，因此，契丹人日常所需的畜牧业产品应源自其

---

1 （元）脱脱等：《辽史》卷32《营卫志中》，中华书局2016年标点本，第423页。
2 （元）脱脱等：《辽史》卷31《营卫志上》，中华书局2016年标点本，第409—410页。
3 （元）脱脱等：《辽史》卷59《食货志上》，中华书局2016年标点本，第1025页。

放牧的牲畜。大康八年（1082）九月丁未，辽道宗"驻跸藕丝淀。大风雪，牛马多死，赐扈从官以下衣马有差"。[1] 藕丝淀即广平淀，为辽道宗冬捺钵地。[2] 可见，辽帝在捺钵地常畜养大量牛马等牲畜以供消费。这就对驻牧地牧场的质量提出了较高的要求。据沈括记载：

> 是时，契丹以永安山为庭，……永安山，契丹之北部，……永安地宜畜牧，畜宜马、牛、羊，草宜荔挺、梟耳，……行则乘马，食牛羊之肉酪而衣其皮。[3]

永安山于辽道宗年间为其夏捺钵地，[4] 其地"宜畜牧"，是优良的牧场。捺钵地日常食用的"牛羊之肉酪"应由行宫所畜养的牲畜供应。如裹潭"始有柳，而水草丰美，有息鸡草尤美而本大，马食不过十本而饱"。[5] 裹潭是耶律德光的夏捺钵地[6]，因此，辽帝的捺钵地常择草场丰美之处。这些牧场并非归辽帝一人所有。如南京道潞阴县延芳淀辽帝捺钵地，于其地"国主、皇族、群臣各有分地"。[7] 可见，捺钵地牧场的归属有明确的划分。由此推知，辽帝行宫消费的畜牧产品应产自其本

---

1 （元）脱脱等：《辽史》卷24《道宗本纪四》，中华书局2016年标点本，第325页。
2 傅乐焕：《辽代四时捺钵考五篇》，载《辽史丛考》，中华书局1984年版，第66页。
3 （宋）沈括：《熙宁使契丹图抄》，参见贾敬颜：《〈熙宁使契丹图抄〉疏证稿》，《文史》（第22辑），1984年，第121—124页。
4 杨军、王成名：《辽代捺钵考》，《安徽史学》，2017年第2期，第46页。
5 （宋）欧阳修撰：《新五代史》卷73《四夷附录二》，中华书局2015年标点本，第1024页。
6 杨军、王成名：《辽代捺钵考》，《安徽史学》，2017年第2期，第41页。
7 （元）脱脱等：《辽史》卷40《地理志四》，中华书局2016年标点本，第564页。

人于捺钵地的"分地"。

除游牧，渔猎亦是行宫饮食的重要供给方式。渔业是契丹人传统的生产方式，也是辽代重要的产业。据宋绶记载：

> 蕃俗喜罩鱼，设毡庐于河冰之上，密掩其门，凿冰为窍，举火照之，鱼尽来凑，即垂钓竿，罕有失者。[1]

为满足行宫对牲畜产品的需求，"辽帝"常于捺钵地畜牧大量牲畜，这就对捺钵地牧场的质量提出了较高的要求。而草原上优质牧场往往分布于河流流经的地方，[2]因此，辽帝的捺钵地多分布于河湖沿岸。"太祖于此（永州）置南楼。乾亨三年（981），置州于皇子韩八墓侧。东潢河，南土河，二水合流，故号永州。冬月牙帐多驻此，谓之冬捺钵。"[3]可见，捺钵地对水源依赖度很高，这也为捕鱼活动提供了客观条件。有学者统计，有辽一代，辽帝曾先后24次"如鱼儿泺""幸鱼儿泺"。"鱼儿泺"，即辽帝的春捺钵地"鸭子河泺"。[4]"（春捺钵地）曰鸭子河泺。皇帝正月上旬起牙帐，约六十日方至。天鹅未至，卓帐冰上，凿冰取鱼。"[5]

---

1 （宋）宋绶：《契丹风俗》，参见赵永春辑注：《奉使辽金行程录》（增订本），商务印书馆2017年版，第34页。
2 杨军：《牧场与契丹人的政治》，《首都师范大学学报》（社会科学版），2017年第2期，第3页。
3 （元）脱脱等：《辽史》卷37《地理志一》，中华书局2016年标点本，第504页。
4 张国庆：《辽代牧、农经济区域的分布与变迁》，《民族研究》，2004年第4期，第90页。
5 （元）脱脱等：《辽史》卷32《营卫志中》，中华书局2016年标点本，第424页。

可知，捕鱼是辽帝捺钵期间的一项重要内容。关于该活动，据程大昌记载：

挞鲁河东与海接，岁正月方冻，至四月而泮。其钩是鱼也，虏主与其母皆设帐冰上。先使人于河上下十里间，以毛网截鱼，令不得散逸。又从而驱之，使集虏帐。其床前预开冰窍四，名为冰眼，中眼透水，旁三眼环之不透，第斫减令薄而已。薄者所以候鱼，而透者将以施钩也。鱼虽水中之物，若久闭于冰，遇可出水之处，亦必伸首吐气，故透水一眼，必可以致鱼。而薄不透水者，将以伺视也。鱼之将至，伺者以告虏主，即遂于斫透眼中，用绳钩掷之，无不中者。即中，遂纵绳令去。久，鱼倦，即曳绳出之，谓之得头鱼。头鱼既得，遂相与出冰帐，于别帐作乐上寿。[1]

在春捺钵捕鱼过程中，捕获头鱼后还要举行"头鱼宴"并"作乐上寿"。关于头鱼宴，史载："上岁时钩鱼，得头鱼，辄置酒张宴，与头鹅宴同。"[2] 可见，鱼产品是除牲畜产品行宫内饮食消费的重要补充。

狩猎是契丹人重要的经济生产方式。契丹人的生活区域内兼有草原、山林，其间分布的野生动物种群繁多且规模巨大。"一望无垠的草原上生活着鹿、黄羊、貔狸等中小型动物；平地松林和千里松林内奔跑着虎、熊、獐、貂、狼、野猪、野兔等野生动物。"[3] 这种生存环境为

---

1 （清）厉鹗：《辽史拾遗》卷 23《国语解》，商务印书馆 1936 年版，第 426—427 页。
2 （元）脱脱等：《辽史》卷 116《国语解》，中华书局 2016 年标点本，第 1697 页。
3 夏宇旭：《地理环境与契丹人四时捺钵》，《社会科学战线》，2015 年第 2 期，第 121 页。

契丹人进行狩猎活动提供了客观条件。史载：

> （契丹）父母死悲哭者，以为不壮。但以其尸置于山树之上，经三年，后乃收骨而焚之。因酹酒而祝曰："冬月时，向阳食。若我射猎时，使我多得猪、鹿。"[1]

可见，契丹人的狩猎习俗于辽朝建国前就已存在。其中，野鹿是契丹人最重要的狩猎对象。"契丹人猎鹿，多在每年的夏秋两季。"[2] 猎鹿所获的鹿肉常被制成"鹿脯"，即鹿肉干，以便保存。据路振记载：

> 木器盛庖食，先荐骆糜，用杓而啖焉。熊肪、羊、豚、雉、兔之肉为濡肉，牛、鹿、雁、鹜、熊、貉之肉为腊肉。[3]

"鹿脯"是契丹人重要的饮食来源。猎鹿亦是辽帝秋捺钵期间之重要活动。史载：

> 七月中旬自纳凉处起牙帐，入山射鹿及虎。……每岁车驾至，皇族而下分布泺水侧。伺夜将半，鹿饮盐水，令猎人吹角效鹿鸣，既集

---

[1] （唐）李延寿：《北史》卷94《契丹传》，中华书局1974年标点本，第2076页。

[2] 谷文双、吴天喜：《契丹族狩猎经济考略》，《黑龙江民族丛刊》，2003年第4期，第64页。

[3] （宋）路振：《乘轺录》，参见赵永春辑注：《奉使辽金行程录》（增订本），商务印书馆2017版，第15页。

而射之。谓之"舐碱鹿",又名"呼鹿"。[1]

据统计,辽帝于西辽河流域及其附近地区捺钵期间有44次猎鹿的记载。[2] 辽帝猎鹿有专属之猎所,"太祖尝思鹿醢解醒,以山林所有,问能取者"。[3] 鹿醢即鹿肉制成的酱。而耶律阿保机猎鹿之山林应归其本人所有。史载:

诸帐郎君等于禁地射鹿,决三百,不征偿;小将军决二百以下;及百姓犯罪者,罪同郎君论。[4]

辽帝的猎所为"禁地",未得辽帝应允而射鹿其中会受到相应惩罚。由此推知,辽帝于捺钵地的游猎活动应是在其私人"禁地"内进行。除前引耶律阿保机以"鹿醢解醒",史载:

九月重九日,天子率群臣部族射虎,少者为负,罚重九宴。射毕,择高地卓帐,赐蕃、汉臣僚饮菊花酒。兔肝为臡,鹿舌为酱。又研茱萸酒,洒门户以袯禳。国语谓是日为"必里迟离",九月九日也。[5]

---

1 (元) 脱脱等:《辽史》卷32《营卫志中》,中华书局2016年标点本,第425页。
2 夏宇旭:《地理环境与契丹人四时捺钵》,《社会科学战线》,2015年第2期,第126页。
3 (元) 脱脱等:《辽史》卷112《耶律迭里特传》,中华书局2016年标点本,第1649页。
4 (元) 脱脱等:《辽史》卷19《兴宗本纪二》,中华书局2016年标点本,第258页。
5 (元) 脱脱等:《辽史》卷53《礼志六》,中华书局2016年标点本,第975页。

此处的"帐"即辽帝的行宫。可见，辽帝于捺钵地狩猎所获的牲畜也是其行宫饮食供给的一部分。

此外，行宫的日常消费中，还包括部分农产品。据沈括记载："中京始有果蓏而所植不蕃。契丹之粟果蓏，皆资于燕。粟车转，果蓏以马，送之虏廷。"[1] 粟即粮食，果蓏即水果和蔬菜。这段文献记载反映了两个问题：其一，行宫对粮食和蔬菜等农产品有一定需求；其二，此类产品需从捺钵地以外的产地输入。[2] 契丹人从事农业起步较早，"皇祖匀德实为大迭烈府夷离堇，喜稼穑，善畜牧，相地利以教民耕"。[3] 可见，辽朝建国以前就有契丹人从事农业活动。行宫消费的粮食，辽朝前期源自隶宫提辖司人户的供应，辽朝后期完善了转运制度，"粟车转"，由辽南京道以车运送至行宫。行宫消费的蔬果亦多由南京道输入，其原因主要是受地理环境及栽培技术的限制。[4] 辽南京地区寺院庄园盛产瓜果蔬菜。如位于辽南京道涿州的超化寺寺内有"果木二千余根"。[5] 涿州永泰军位于今河北省涿州市，[6] 为南京道下辖的刺史州。又观鸡寺寺内有"增山林余百数顷，树果木七千余株"。[7] 景州清安军位于今河

---

1 （宋）沈括：《熙宁使契丹图抄》，参见贾敬颜：《〈熙宁使契丹图抄〉疏证稿》，《文史》（第22辑），1984年，第127页。
2 隶宫提辖司人户为农耕人户，其租税中包含粮食。辽代早期行宫消费的粮食应由隶宫提辖司供应。《熙宁使契丹图抄》中记载应为辽代中期以后的情况。详见第四章第一节《隶宫提辖司的职能》。
3 （元）脱脱等：《辽史》卷59《食货志上》，中华书局2016年标点本，第1026页。
4 韩茂莉：《辽代农作物地理分布与种植制度》，《中国农史》，1998年第4期，第27页。
5 《涿州超化寺诵法华经沙门法慈修建实录》（清宁二年），参见向南：《辽代石刻文编》，河北教育出版社1995年版，第277页。
6 余蔚：《中国行政区划通史·辽金卷》，复旦大学出版社2012年版，第315页。
7 《景州陈宫山观鸡寺碑铭》（大安九年），参见向南：《辽代石刻文编》，河北教育出版社1995年版，第453页。

北省遵化市，[1]同为南京道下辖的刺史州。又演教院于景福年间"开土田以具馈粥，植林木以供果实"。[2]演教院所在的涞水县为易州高阳军属县，位于今河北省涞水县，属辽南京道。这些蔬果类种植为寺产，"属于自足性质的，但因其种植面积之大，剩余部分也会投入市场"。[3]

除寺院，南京道地区的私人庄园亦是辽代蔬果等经济作物的重要产地。如辽南京道张义绚夫妇将其家庄园捐赠给谷积山院，"乃将县北公村别墅一所，田土园林约近陆柒顷，庄院房舍依旧住佃。据所收地利斛粟果实等，并元买券契，共壹拾陆道，并分付院司常住收附，以充逐岁荟流蒲塞之费"。[4]其中，"斛粟果实"等为捐献物资，说明在张氏夫妇经营庄园期间即有产出。而辽帝四时捺钵过程中，有相当长时间游徙于契丹腹地的草原地带，其地果蔬"所植不蕃"，因"资于燕"，通过马运输送至行宫，以保证运输的时效性。

食物除用于饮食，还被用于支付随行官吏的俸禄。关于辽代官吏的俸禄，"时北院大王耶律室鲁以俸羊多阙，部人贫乏，请以羸老之羊及皮毛易南中之绢，上下为便"。[5]其中，"羊是为了供给管理者的俸禄而使用，所以把这些叫作'俸羊'"。[6]支付随行官吏俸禄的食物还有

---

1 余蔚：《中国行政区划通史·辽金卷》，复旦大学出版社2012年版，第320页。
2 《金山演教院千人邑记》（乾统三年），参见向南：《辽代石刻文编》，河北教育出版社1995年版，第533页。
3 程嘉静：《辽代商业研究》，吉林大学博士学位论文，2015年，第33页。
4 《谷积山院读藏经之记碑》（大康四年），参见向南、张国庆、李宇峰辑注：《辽代石刻文续编》，辽宁人民出版社2010年版，第165页。
5 （元）脱脱等：《辽史》卷60《食货志下》，中华书局2016年标点本，第1032页。
6 [韩]罗永男：《契丹的社会构造和两种支配体制的确立》，载姜锡东主编：《宋史研究论丛》（第15辑），河北大学出版社2014年版，第585页。

"獐鹿"。"先是，俸秩外，给獐鹿百数，皆取于民，观音奴奏罢之。"[1] 此外，支付随行汉人官吏俸禄还含有米麦。[2] 据此推测，行宫食物供给除被直接用于饮食，还是支付宫官俸禄的方式之一。

除饮食，行宫消费的辎重主要源自隶宫州县。史载：

燕节仪：皇帝即位，凡征伐叛国俘掠人民，或臣下进献人口，或犯罪没官户，皇帝亲览间田，建州县以居之，设官治其事。及帝崩，所置人户、府库、钱粟，穹庐中置小毡殿，帝及后妃皆铸金像纳焉。节辰、忌日、朔望，皆致祭于穹庐之前。又筑土为台，高丈余，置大盘于上，祭酒食撒于其中，焚之，国俗谓之"燕节"。[3]

隶宫州所属"府库"中的财物是辽帝的私产，供辽帝个人支配。以丝织品为例，祖州为耶律阿保机的弘义宫所属的隶宫州，城中设置绫锦院。"内南门曰兴圣，凡三门，……东为州廨及诸宫廨舍，绫锦院。"[4] "绫锦院是辽朝官营丝织生产场所"，[5] 宋朝亦有设置。"绫锦院，掌织纴锦绣，以供乘舆凡服饰之用。"[6] 绫锦院的职能为向辽帝及其家眷提供丝织服饰。由此推知，辽代绫锦院所产的丝织品应供行宫内人户使用，蚕丝等原材料由隶宫州县供应。据路振记载："沿灵河有灵、锦、显、

---

1 （元）脱脱等：《辽史》卷85《萧观音奴传》，中华书局2016年标点本，第1446页。
2 武玉环：《辽代职官俸禄制度初探》，《学习与探索》，2017年第3期，第169页。
3 （元）脱脱等：《辽史》卷49《礼志一》，中华书局2016年标点本，第932页。
4 （元）脱脱等：《辽史》卷37《地理志一》，中华书局2016年标点本，第500页。
5 张国庆：《辽朝手工业门类与生产场所考述——以石刻文字资料为中心》，《辽宁工程技术大学学报》（社会科学版），2015年第5期，第456页。
6 （元）脱脱等：《宋史》卷165《职官志五》，中华书局1977年标点本，第3918页。

霸四州，地生桑、麻、贝、锦，州民无田租，但供蚕织，名曰'太后丝蚕户'。"[1]据考证："是四州之民，初亦承天太后之头下军州人户也。"[2]可见，行宫消费的丝织品应由隶宫州县供应。

内库是储藏辽帝私藏的特殊机构，所藏财物供辽帝私人支配。唐长安城中设有内库，称"琼林库""大盈库"，属皇帝之私库，藏国家常赋以外的"非征税物"。[3]唐元和十年（815）十一月戊辰，"诏出内库缯绢五十五万匹供军"。[4]辽承唐制亦设置内库，其中部分内库设置于斡鲁朵下辖的隶宫州内。辽兴宗年间张可兔曾出任"乾州内库都监"一职。[5]乾州是承天皇太后的崇德宫的隶宫州，该州所产物资由该州内库保存，而行宫消费的物资需以人力由隶宫州内库运输至捺钵地。统和四年（986）六月乙巳，"以夷离毕侄里古部送辎重行宫，暑行日五十里，人马疲乏，遣使让之"。[6]反映了由地方向行宫输送物资的过程。

除隶宫州县，通过行宫市场交易亦是行宫获取物资的重要手段。据沈括记载：

---

1 （宋）路振：《乘轺录》，参见赵永春辑注：《奉使辽金行程录》（增订本），商务印书馆2017年版，第20页。
2 贾敬颜：《路振〈乘轺录〉疏证稿》，载《五代宋金元人边疆行记十三种疏证稿》，中华书局2004年版，第68页。
3 许超雄、张剑光：《唐代中期两税法"定额支用"下的国库与内库》，《南都学刊》，2016年第2期，第23—24页。
4 （后晋）刘昫等：《旧唐书》卷15《宪宗本纪下》，中华书局1975年版，第454页。
5 《张思忠墓志》（重熙八年），参见向南：《辽代石刻文编》，河北教育出版社1995年版，第216页。
6 （元）脱脱等：《辽史》卷11《圣宗本纪二》，中华书局2016年标点本，第131页。

帐西北又二十里至单于庭。有屋,单于之朝寝、萧后之朝寝凡三,其余皆毡庐,不过数十,悉东向。……其北山,庭之所依者,曰犊儿。过犊儿北十余里,曰市场,小民之为市者,以车从之于山间。[1]

文献中单于与萧后的"朝寝"即行宫,"市场"即行宫市场。行宫市场由辽朝政府管理,统和三年(985)十一月癸巳,"禁行在市易布帛不中尺度者"。[2] 行宫市场还设置专职管理官吏,辽圣宗年间王悦曾出任"行宫市场巡检使"。[3] 又天祚帝年间的鲜于氏曾出任"大辽随驾市巡都监"。[4] 二职不见于《辽史·百官志》,应为文献佚载,然而,从其官名看,应为行宫市场的管理职务。行宫市场交易商品包括"除酒、布、帛、绢等,还有薪、炭等生火、御寒之物品和治病疗伤之药",[5] 是行宫日常消费的重要来源。

此外,行宫消费物资还有一部分源于臣属进贡及国外输送。辽制,辽之属国属部需定期向辽朝进贡财物。据余靖记载:"自耶律阿保机而下,每主嗣立即立宫置使,领臣僚,每岁所献生口及打虏外国所得之物尽隶宫使。每宫皆有户口、钱帛,以供虏主私费,犹中国之内藏

---

1 (宋)沈括:《熙宁使契丹图抄》,参见贾敬颜:《〈熙宁使契丹图抄〉疏证稿》,《文史》(第22辑),1984年,第151—152页。

2 (元)脱脱等:《辽史》卷10《圣宗本纪一》,中华书局2016年标点本,第124页。

3 《王悦墓志》(统和二十三年),参见向南:《辽代石刻文编》,河北教育出版社1995年版,第113页。

4 《鲜于氏墓志》(保大元年),参见向南:《辽代石刻文编》,河北教育出版社1995年版,第684页。

5 肖爱民、李潇:《辽朝境内市场探析》,《河北大学学报》(哲学社会科学版),2007年第6期,第109页。

也。"[1]这笔财物归辽帝私有,由诸宫长官管理。如耶律涤鲁曾"私取回鹘使者獭毛裘,及私取阻卜贡物,事觉,决大杖,削爵免官"。[2]又统和十五年(997)十月壬辰朔,"驻跸驼山,罢奚王诸部贡物"。[3]驼山为辽圣宗冬捺钵地。[4]据此可知,辽帝行宫物资部分源自属国属部的贡物。

行宫内亦置内库,存储行宫日常消费的物资。如辽道宗年间的杜匡辅曾任"随驾内库都监",[5]说明行宫内有内库机构的存在。行宫内库下辖诸多下属机构,以储藏不同种类的物资。如天祚帝年间的杜叔长曾任"随驾内库丝锦库使"。[6]丝锦库应为随驾内库的下属机构,存储行宫供消费的丝锦织物。又同为天祚帝年间的马内温曾出任"前随驾锦透背皮毛库副使"。[7]锦透背皮毛库亦为随驾内库的下属机构,存储行宫所需兽皮制品。如天祚帝年间的蔡志顺曾任"知随驾生料副使"。[8]金代尚食局下设有生料库,有"都监、同监各一员,掌给受生料物色"。[9]此机构应职司行宫消费的食材。又蔡志顺曾任"随驾针线院都

---

1 (宋)余靖:《武溪集》卷18《契丹官仪》,《影印文渊阁四库全书》,第1089册,台湾商务印书馆1986年版,第175页。
2 (元)脱脱等:《辽史》卷82《耶律涤鲁传》,中华书局2016年标点本,第1424页。
3 (元)脱脱等:《辽史》卷14《圣宗本纪四》,中华书局2016年标点本,第162页。
4 杨军、王成名:《辽代捺钵考》,《安徽史学》,2017年第2期,第45页。
5 《显州北赵太保寨白山院舍利塔石函记》(清宁四年),参见向南:《辽代石刻文编》,河北教育出版社1995年版,第290页。
6 《杜悆墓志》(天庆十年),参见向南、张国庆、李宇峰辑注:《辽代石刻文续编》,辽宁人民出版社2010年版,第306页。
7 《为先内翰侍郎太夫人特建经幢记》(天庆元年),参见向南:《辽代石刻文编》,河北教育出版社1995年版,第617页。
8 《蔡志顺墓志》(乾统八年),参见向南、张国庆、李宇峰辑注:《辽代石刻文续编》,辽宁人民出版社2010年版,第261页。
9 (元)脱脱等:《金史》卷56《百官志二》,中华书局2020年标点本,第1346页。

监"。[1]宋朝亦置针线院,"旧有裁造院、针线院、杂卖场,后省并之"。[2]为殿中省下辖机构,掌天子衣帽缝纫诸事。该机构在辽代应掌行宫"织纫工作的监督与管理",[3]将供给行宫的物资制成产品,供行宫消费。

由上可知,除饮食,行宫所需的原材料主要是由隶宫州县供应,少部分由行宫市场交易及属国属部进贡获得。其中隶宫州县生产的物资由设置在各隶宫州的内库存储,以人力运输至行宫。行宫日常所需原材料存储在行宫内库之中,最终由行宫内置作坊制成产品,供辽帝及其家眷消费。

二、宿卫安全

与中原农耕民族不同,北方游牧民族受其游牧经济生产方式的影响,需定期迁徙,变更牧场。"这种迁移既有冬夏之间季节性牧场的变更,也有同一季节内水草营地的选择。"[4]其部落首领亦然。出于对个人安全的考虑,部落首领常于自己身边设置"侍从"集团。"侍从"是部落首领之私有武装,仅效忠于部落首领个人。"或冲锋陷阵,或执掌宫廷要务。"[5]如奚人"与突厥同俗,逐水草畜牧,居毡庐,环车为营。

---

1 《蔡志顺墓志》(乾统八年),参见向南、张国庆、李宇峰辑注:《辽代石刻文续编》,辽宁人民出版社2010年版,第261页。
2 (元)脱脱等:《宋史》卷164《职官志四》,中华书局1977年标点本,第3882页。
3 张国庆:《石刻所见辽朝捺钵"随驾"官考探》,《赤峰学院学报》(汉文哲学社会科学版),2014年第6期,第6页。
4 韩茂莉:《历史时期草原民族游牧方式初探》,《中国经济史研究》,2003年第4期,第92页。
5 晓克:《北方草原民族侍卫亲军制探析》,《内蒙古社会科学》(汉文版),2007年第5期,第31页。

其君长常以五百人持兵卫牙中"。[1] 这支由五百人组成的部队就是奚主的"侍从",负责持兵保卫奚主人身安全。而与奚人"异种同类"的契丹人,在辽朝建立以前亦存在类似组织。耶律释鲁当国时,耶律阿保机曾"为挞马狘沙里"。[2] 挞马,"人从也。沙里,郎君也。管率众人之官"。[3] 又"挞马,扈从之官"。[4] 可见,契丹人建国前亦有"侍从"组织存在。辽朝建立后,耶律阿保机立"斡鲁朵法",始置宫卫。然而,辽帝一年中大部分时间不居于五京,而是沿袭草原民族的游牧生活方式,居住在其本人的行宫之中,"顺寒暑,逐水草畜牧",迁徙于各捺钵驻地之间。所谓"有事则以攻战为务,闲暇则以畋渔为生。无日不营,无在不卫"。[5] 因此,与中原皇帝的宿卫制度相比,辽帝行宫宿卫制度具有鲜明的草原民族特色。关于契丹人的宿卫组织及制度,杨若薇的研究成果较有代表性。杨氏认为,辽代中期以前,承担辽帝行宫护卫任务的机构是皮室军;辽代中期以后,皮室军逐渐完成由禁军到常备军的演变,其原有职能由殿前都点检接管。[6] 此后的研究者多从其说。张宁指出:"辽朝行宫宿卫体系分内层、外层。北面御帐官的侍卫机构、殿前都点检司属于内层,他们贴身保护皇帝,负责守护皇帝御帐周围的安全。宫分军、皮室军的管理机构属于外层,他们是皇帝的

---

[1] (宋)欧阳修、宋祁:《新唐书》卷219《奚传》,中华书局1975年标点本,第6173页。
[2] (元)脱脱等:《辽史》卷1《太祖本纪上》,中华书局2016年标点本,第1页。
[3] (元)脱脱等:《辽史》卷116《国语解》,中华书局2016年标点本,第1690页。
[4] (元)脱脱等:《辽史》卷116《国语解》,中华书局2016年标点本,第1694页。
[5] (元)脱脱等:《辽史》卷31《营卫志上》,中华书局2016年标点本,第410页。
[6] 杨若薇:《契丹王朝政治军事制度研究》,中国社会科学出版社1991年版,第235—236页。

中央常备军、宿卫军,负责行宫外围守护。"[1]

承担辽帝护卫职能的机构,在不同时期,存在历时性变化,这是由辽帝面临的威胁所决定的。平定诸弟之乱前,对辽帝的护卫职能由"腹心部"承担。此时,耶律阿保机面临的威胁源自以耶律阿保机诸弟为代表的迭剌部贵族势力。耶律阿保机出任可汗后,破坏了原有的契丹汗位世选规则,因而遭到其弟及同样具有世选资格的迭剌部贵族们的强烈反对,先后爆发了三次大规模武装叛乱。此时的迭剌部已成为耶律阿保机之反对者,因置"腹心部"以取代原迭剌部的部分功能。

"斡鲁朵法"确立后,"腹心部"转化为耶律阿保机的行宫,其护卫职能由皮室军取代。其原因,一方面,源自迭剌部的威胁已不复存在,"腹心部"的功能也随之发生改变,其主要长官转任辽朝国家官吏。如曾出任"总腹心部"职务的耶律曷鲁被任命为迭剌部夷离堇,萧阿古只被任命为北府宰相,耶律斜涅赤被任命为北院夷离堇;[2]另一方面,"诸弟之乱"平定后,契丹国家的主要矛盾已由争夺部落统治权转向对外征伐,而辽帝往往身在军旅,其行宫需随军移动。因此需组建一支直接听命于辽帝的亲军,承担辽帝行宫的宿卫职能。耶律阿保机的亲军名"御帐亲军"。"御帐"即辽帝的行宫,而大帐皮室军是"御帐亲军"最重要的组成部分。[3] "皮室"一词,据余靖记载:"有左右等五北

---

[1] 张宁:《辽朝的行宫宿卫制度》,吉林大学硕士学位论文,2009年,第18页。
[2] (元)脱脱等:《辽史》卷73《耶律曷鲁传》《萧阿古只传》《耶律斜涅赤传》,中华书局2016年标点本,第1347—1350页。
[3] (元)脱脱等:《辽史》卷35《兵卫志中》,中华书局2016年标点本,第457页。

室。契丹谓金刚为北室，取其坚利之名也。"[1]"北室"即皮室。可知皮室在辽代应为特殊身份的称谓，皮室军即由皮室群体组成的军队，意为精兵。皮室军在辽代可分为大帐皮室军和部族皮室军。"皮室，军制，有南、北、左、右皮室及黄皮室，皆掌精兵。"[2]又"黄皮室军详稳司"，"黄皮室，属国名"。[3]可见，黄皮室军属属国军序列。又天显十二年（937）十月丁亥，"就遣蒲里骨皮室胡末里使其国"。[4]此处蒲里骨皮室与黄皮室类似，同属属国军序列。此外，还有敌烈部皮室、徒鲁古皮室等。此类皮室军有别于大帐皮室军，并非辽帝的御帐亲军。有关大帐皮室军之职能，"辽太祖宗室盛强，分迭剌部为二，宫卫内虚，经营四方，未遑鸠集。……太宗益选天下精甲，置诸爪牙为皮室军。"[5]可知，皮室军的设置目的有二：一是为了解决因"宫卫内虚"而导致的行宫宿卫力量不足的问题；二是旨在组建一支"经营四方"的军事力量。其中，大帐皮室军有参与行宫宿卫的职能。"老古幼养宫掖，既长，沉毅有勇略，隶太祖帐下。……以功授右皮室详稳，典宿卫。"[6]耶律颇德"弱冠事太祖。天显初，为左皮室详隐，典宿卫。"[7]"典宿卫"即负责耶律阿保机行宫宿卫的职能。此前，该职能由"腹心部"承担。

---

1 （宋）余靖：《武溪集》卷18《契丹官仪》，《影印文渊阁四库全书》，第1089册，台湾商务印书馆1986年版，第174页。
2 （元）脱脱等：《辽史》卷116《国语解》，中华书局2016年标点本，第1700页。
3 （元）脱脱等：《辽史》卷46《百官志二》，中华书局2016年标点本，第828页。
4 （元）脱脱等：《辽史》卷3《太宗纪上》，中华书局2016年标点本，第44页。
5 （元）脱脱等：《辽史》卷35《兵卫志中》，中华书局2016年标点本，第457页。
6 （元）脱脱等：《辽史》卷73《耶律老古传》，中华书局2016年标点本，第1351页。
7 （元）脱脱等：《辽史》卷73《耶律颇德传》，中华书局2016年标点本，第1351页。

耶律阿保机"既即位，兄曷鲁典宿卫"。[1]又"太祖宫行营始置腹心部，选诸部豪健二千余充之，以曷鲁及萧敌鲁总焉"。[2]可见，"斡鲁朵法"颁行以后，大帐皮室军取代了"腹心部"的宿卫职能，成为宿卫辽帝行宫职能的实际承担者。

辽太宗即位后对大帐皮室军进行了整编，并扩充了规模。"晋末契丹主头下兵，谓之大帐，有皮室兵约三万人骑，皆精甲也，为其爪牙。"[3]辽太宗时期，大帐皮室军的编制已扩大至三万人，且皆为骑军。辽制，"每正军一名，马三匹，打草谷、守营铺家丁各一人"。[4]据此计算，大帐皮室军拥有的马匹数量应在9万匹以上。根据"一片较为高产的草原，十英亩面积可供一头牲畜吃一个月"[5]的标准计算，皮室军马匹驻牧一月就需90万英亩优质草场，折合540余万亩，即3600余平方公里。且辽太宗时期，应天皇太后尚有属珊军两万，如果两支军队皆跟随行宫捺钵，则对牧场面积的需求量应更高。而辽帝春捺钵地位于鸭子河泺，"东西二十里，南北三十里"；冬捺钵地位于广平淀，"东西二十余里，南北十余里"。[6]其地不过百余平方公里，显然不足以承载扩编后全部皮室军的军马驻牧。因此，契丹人采用了一种类似"番

---

1 （元）脱脱等：《辽史》卷75《耶律觌烈传》，中华书局2016年标点本，第1365页。
2 （元）脱脱等：《辽史》卷73《耶律曷鲁传》，中华书局2016年标点本，第1347页。
3 （宋）李焘撰，上海师范大学古籍整理研究所、华东师范大学古籍研究所点校：《续资治通鉴长编》卷27，"雍熙三年（986）春正月戊寅"条，中华书局2004年版，第605页。
4 （元）脱脱等：《辽史》卷34《兵卫志上》，中华书局2016年标点本，第451页。
5 杨军：《牧场与契丹人的政治》，《首都师范大学学报》（社会科学版），2017年第2期，第3页。
6 （元）脱脱等：《辽史》卷31《营卫志上》，中华书局2016年标点本，第424—425页。

上"的制度，抽调士卒守卫辽帝行宫。[1] 据余靖记载：

> 胡人从行之兵，取宗室中最亲信者为行宫都部署以主之。其兵皆取于南、北王府（千）十宫院人充之，亦有大内点检、副点检之官，以备宿卫。北王府兵刺左臂，南王府兵刺右臂。（千）十宫院人呼小底，如官奴婢之属也。巡警者呼拽剌，逐部分各有首领及判官等，渤海亦有宿卫者。又有左右等五比室。[2]

"比室"即皮室，可知辽帝行宫护卫部队中包含皮室军。又据李信归宋后言：

> 国中所管幽州汉兵，谓之神武、控鹤、羽林、骁武等，约万八千余骑，其伪署将帅，契丹、九女奚、南北皮室当直舍利及八部落舍利、山后四镇诸军约十万八千余骑，内五千六百常卫戎主，余九万三千九百五十，即时入寇之兵也。[3]

这"五千六百常卫戎主"的部队应是辽帝的侍卫亲军，[4] 采用类似"番上"的形式，承担宿卫辽帝行宫的职能。据王易记载："大、小禁围外

---

[1] 杨军：《辽代捺钵三题》，《史学集刊》，2016年第3期，第149页。
[2] （宋）余靖：《武溪集》卷18《契丹官仪》，《影印文渊阁四库全书》，第1089册，台湾商务印书馆1986年版，第174页。
[3] （宋）李焘撰，上海师范大学古籍整理研究所、华东师范大学古籍研究所点校：《续资治通鉴长编》卷55，"咸平六年（1003）秋七月己酉"条，中华书局2004年版，第1207页。
[4] 赵光远、李锡厚：《论契丹军队的给养来源》，《学习与思考》，1984年第2期，第72页。

有契丹兵甲一万人，各执枪刀、旗鼓、弓箭等。"[1]大、小禁围外的一万契丹兵甲，数量上"可能王易的记载有些夸大"[2]，而人员上应为李信所言"番上"的契丹军队。

然而，大帐皮室军本质上是直属于辽帝的亲军，而非纯粹的"侍从"机构，其作战职能始终存在。如耶律老古在出任右皮室详稳后，曾跟随耶律阿保机出征，"太祖侵燕、赵，遇唐兵云碧店，老古恃勇轻敌，直犯其锋。战久之，被数创，归营而卒"。[3]又耶律朔古"幼为太祖所养。既冠，为右皮室详稳。从伐渤海，战有功"。[4]可见，辽代早期的皮室军不仅承担宿卫行宫的职责，还需随驾出征，这是由此时的政治环境决定的。辽初，因行宫宿卫制度尚不完善，且对外征战不息，故由辽主亲信统领的大帐皮室军暂行宿卫行宫的职能。

与皮室军类似的还有拽剌军。"拽剌"一词，本义"壮士、健儿、走卒"。[5]拽剌军始置于何时，史料无明确记载，但见天显三年（928）正月丁巳，辽太宗"阅皮室、拽剌、墨离三军"。[6]由此推知，拽剌军与大帐皮室军同为辽帝亲军，其存在时间不晚于辽太宗初年。与大帐皮室军不同，拽剌军由步卒，而非骑兵组成。"走卒谓之拽剌。"[7]又奚六部有奚拽剌详稳。陈昭衮于辽圣宗年间曾出任过奚拽剌详稳。而"别

---

1 （宋）王易：《燕北录》，《说郛》卷38，中国书店1986年影印涵芬楼本，第16页下栏。
2 杨军：《辽代捺钵三题》，《史学集刊》，2016年第3期，第149页。
3 （元）脱脱等：《辽史》卷73《耶律老古传》，中华书局2016年标点本，第1351页。
4 （元）脱脱等：《辽史》卷76《耶律屋质传》，中华书局2016年标点本，第1374页。
5 王立：《〈诸史夷语音义〉研究》，中央民族大学博士学位论文，2018年，第340页。
6 （元）脱脱等：《辽史》卷3《太宗本纪上》，中华书局2016年标点本，第30页。
7 （元）脱脱等：《辽史》卷46《百官志二》，中华书局2016年标点本，第829页。

族则有奚、霫，胜兵亦千余人，少马多步"。[1] 其中步军应指奚拽剌军。[2]

拽剌军按军种不同，可分为宿卫部队和作战部队。如契丹北面军官有"旗鼓拽剌详稳司""千拽剌详稳司""猛拽剌详稳司"，[3] 其中后两者应为作战部队。辽朝于南京置都元帅府，下辖猛拽剌详稳司，"隶元帅府，备御宋国"。[4] 又"当燕王僭号之初，汉军多而番军少，萧干建议籍东、西奚二千余人及岭外南北大王、乙室王、皮室猛拽剌司。"[5] 可知，猛拽剌应为辽朝于南京道地区设置的备宋部队。盖因契丹军多骑兵，而宋惯用步兵，故设置以步军为主的拽剌军，"针对中原战术，用步兵队伍配合骑军以适应南界坡塘地理环境和对方的强健兵种"。[6] 拽剌军中负责行宫宿卫者称旗鼓拽剌。耶律马六曾"与耶律弘古为刺血友，弘古为惕隐，荐补宿直官。重熙初，迁旗鼓拽剌详稳"。[7] 又萧乐音奴"以功迁护卫太保，改本部南剋，俄为旗鼓拽剌详稳"。[8] 从二人迁转履历看，旗鼓拽剌应为辽帝行宫的宿卫部队，辽道宗曾"为皇孙

---

[1] （宋）李焘撰，上海师范大学古籍整理研究所、华东师范大学古籍研究所点校：《续资治通鉴长编》卷27，"雍熙三年（986）春正月戊寅"条，中华书局2004年版，第605页。
[2] 陈述：《契丹军制史稿》，载刘宁主编：《辽金历史与考古》（第三辑），辽宁教育出版社2011年版，第18页。
[3] （元）脱脱等：《辽史》卷46《百官志二》，中华书局2016年标点本，第829页。
[4] （元）脱脱等：《辽史》卷46《百官志二》，中华书局2016年标点本，第837页。
[5] （宋）叶隆礼撰，贾敬颜、林荣贵点校：《契丹国志》卷11《天祚皇帝中》，上海古籍出版社1985年版，第123页。
[6] 陈述：《契丹军制史稿》，载刘宁主编：《辽金历史与考古》（第三辑），辽宁教育出版社2011年版，第18页。
[7] （元）脱脱等：《辽史》卷95《耶律马六传》，中华书局2016年标点本，第1528页。
[8] （元）脱脱等：《辽史》卷85《萧乐音奴传》，中华书局2016年标点本，第1542页。

梁王延禧设旗鼓拽剌六人卫护之"。[1] 又据余靖记载：辽帝从行之兵中"巡警者呼拽剌"。[2] 这里提到的拽剌应为旗鼓拽剌。可见，旗鼓拽剌相比皮室军更接近辽帝行宫，主要负责行宫巡逻警戒事务。

辽世宗朝以后，原有御帐亲军体制已难以满足辽帝行宫宿卫的需要。该制度虽在一定程度上满足了捺钵地宿卫的需要，却无法避免对辽帝人身安全的直接威胁。一方面，皮室军系辽帝亲军，而非"侍从"。大帐皮室军初置时，其士兵来源于"选诸部豪健千余人"[3]，至辽太宗将大帐皮室军扩编至三万人后，捺钵地牧场已无力满足饲养皮室军马匹的需求，皮室军遂与诸军类似，采用"番上"的形式抽调士卒守卫辽帝行宫。清宁二年（1056）正月己巳，"诏二女古部与世预宰相、节度使之选者，免皮室军"。[4] 可见，皮室军采用服兵役的方式征调士兵，而非专职的宿卫军。而且，一方面皮室军面临因士卒年老而导致的战斗力下降问题。"晋末契丹主头下兵，谓之大帐，有皮室兵约三万人骑，皆精甲也，为其爪牙。……是先戎主耶律阿保机牙将，半已老矣。每南来时，量分借得三五千骑。"[5] 又统和十二年（994）五月甲寅，"诏北皮室军老不任事者免役"；[6] 另一方面，捺钵地的布局情况

---

1 （元）脱脱等：《辽史》卷24《道宗本纪四》，中华书局2016年标点本，第323页。
2 （宋）余靖：《武溪集》卷18《契丹官仪》，《影印文渊阁四库全书》，第1089册，台湾商务印书馆1986年版，第174页。
3 （元）脱脱等：《辽史》卷46《百官志二》，中华书局2016年标点本，第828页。
4 （元）脱脱等：《辽史》卷21《道宗本纪一》，中华书局2016年标点本，第287页。
5 （宋）李焘撰，上海师范大学古籍整理研究所、华东师范大学古籍研究所点校：《续资治通鉴长编》卷27，"雍熙三年（986）春正月戊寅"条，中华书局2004年版，第605页。
6 （元）脱脱等：《辽史》卷13《圣宗本纪四》，中华书局2016年标点本，第156页。

也不利于行宫宿卫。耶律察割"以诸族属杂处，不克以逞，渐徙庐帐迫于行宫。右皮室详稳耶律屋质察其奸邪，表列其状"。[1] 此时辽帝的行宫尚与"诸族属"分布于同一区域，因此，耶律察割的庐帐可以轻易迁至行宫周边，为其政变提供可乘之机。而其弑辽世宗后，右皮室详稳耶律屋质"乃易衣而出，亟遣人召诸王，及喻禁卫长皮室等同力讨贼。……迟明整兵，出贼不意，围之，遂诛察割"。[2] 则大帐皮室军应分布于捺钵地外围，且距离行宫尚有一定距离。

为避免类似"察割之乱"等叛乱的发生，继任辽帝加强了针对御帐的宿卫措施。如前所述，行宫小禁围内包含辽帝的御帐，而担任保卫小禁围任务的机构是御帐官。关于御帐官，史载：

> 辽之先世，未有城郭、沟池、宫室之固，毡车为营，硬寨为宫，御帐之官不得不谨。出于贵戚为侍卫，著帐为近侍，北南部族为护卫，武臣为宿卫，亲军为禁卫，百官番宿为宿直。奉宸以司供御，三班以肃会朝，硬寨以严晨夜。[3]

辽代御帐官包含侍卫、近侍、护卫、宿卫、禁卫、奉宸、三班、硬寨诸司。然而，文献记载中纰漏之处颇多。首先，史料中涉及的部分机构并非御帐官系统的组成部分。侍卫司下辖的近侍局、近侍详稳司属

1　（元）脱脱等：《辽史》卷112《耶律察割传》，中华书局2016年标点本，第1650页。
2　（元）脱脱等：《辽史》卷77《耶律屋质传》，中华书局2016年标点本，第1388页。
3　（元）脱脱等：《辽史》卷45《百官志一》，中华书局2016年标点本，第785页。

北面著帐官系统。[1] 奉宸司，"掌供奉宸御之事。官名未详"。[2] 据考证，奉宸应为武资官，属虚衔。[3] 三班院，"掌左、右、寄班之事"，[4] 由宣徽使统领，"负责肃朝班、押起居"，[5] 属于近侍类职官，不应归于专职侍卫职官。其次，"御帐官"条目下所列举的部分机构名称应为该机构所司的职能，非职官名称。侍卫司，"掌御帐亲卫之事"。其长官有"侍卫太师、侍卫太保、侍卫司徒、侍卫司空"。[6] 然而，通检《辽史》，未发现仕任该职官的实例。因此，侍卫司"或许侍卫不过是护卫、祗候郎君等御帐官的通称"，[7] 其存在的真实性待考。宿卫司，"专掌宿卫之事"。[8] 如耶律习涅，"自大安间从仕，历左祗候郎君，越在宿卫，忠敬克笃，勋力弥盛，上乃诏同知归化州军州事，其所摘伏，自有嘉绩，次授兴复军节度副使，又言其"内备宿卫，孜孜效忠"。[9] 此处的宿卫应为祗候郎君的代称。与之类似的还有禁卫局，"总禁卫事"。[10] "景宗皇帝绍位之始，命选禁卫，端求荩臣。以公（韩瑜）壮志不群，良图可用，授控鹤都指挥使、绛州防御使、检校司空，寻授金紫崇禄大夫、

---

1 关树东：《辽朝御帐官考》，《民族研究》，1997年第2期，第66页。
2 （元）脱脱等：《辽史》卷45《百官志一》，中华书局2016年标点本，第788页。
3 王曾瑜：《辽朝官员的实职和虚衔初探》，《文史》（第34辑），1992年，第169页。
4 （元）脱脱等：《辽史》卷45《百官志一》，中华书局2016年标点本，第788页。
5 关树东：《辽朝宣徽使初探》，《昭乌达蒙族师专学报》（汉文哲学社会科学版），1994年第1期，第14页。
6 （元）脱脱等：《辽史》卷45《百官志一》，中华书局2016年标点本，第786页。
7 关树东：《辽朝御帐官考》，《民族研究》，1997年第2期，第65—66页。
8 （元）脱脱等：《辽史》卷45《百官志一》，中华书局2016年标点本，第789页。
9 《耶律习涅墓志》（天庆四年），参见向南、张国庆、李宇峰辑注：《辽代石刻文续编》，辽宁人民出版社2010年版，第282页。
10 （元）脱脱等：《辽史》卷45《百官志一》，中华书局2016年标点本，第789页。

检校太保、左羽林军大将军。"[1]此时的绛州尚归属北汉，韩氏结衔中的绛州防御使一职应为遥领。[2]检校司空为辽散官，为虚衔。[3]则韩氏所任职官中的控鹤都指挥使为其本官。如南京都元帅府下辖"侍卫控鹤都指挥使司"，且"属南面"。[4]因此，禁卫并非御帐官系统中的正式职名，不承担行宫的宿卫任务。而文献记载中以禁卫称之，由此推知，禁卫应为御帐官的职能而非职官名。

关于御帐官中的实职职官，史载：

> 太后之废也，诸舅满朝，权势灼奕，帝惧内难，乃与殿前都点检耶律喜孙、护位太保耶律刘三等定谋废后，召硬寨拽剌护位（卫）等凡五百余人，帝立马于行宫东之二里小山上，喜孙等直入太后宫，驱后登黄布车，幽于庆州。[5]

可见，辽兴宗发动宫廷政变时依靠的兵力主要为硬寨、拽剌、护卫三司，约五百人。其中硬寨、护卫二司属御帐官系统。又：

> 戊午，皇太叔重元与其子楚国王涅鲁古及陈国王陈六、同知北院

---

1 《韩瑜墓志》（统和九年），参见向南：《辽代石刻文编》，河北教育出版社1995年版，第94页。
2 《韩瑜墓志》（统和九年），参见向南：《辽代石刻文编》，河北教育出版社1995年版，第96页。
3 王曾瑜：《辽朝官员的实职和虚衔初探》，《文史》（第34辑），1992年，第164—165页。
4 （元）脱脱等：《辽史》卷46《百官志二》，中华书局2016年标点本，第836页。
5 （宋）叶隆礼撰，贾敬颜、林荣贵点校：《契丹国志》卷13《后妃传》，上海古籍出版社1985年版，第145页。

枢密使事萧胡睹、卫王贴不、林牙涅剌溥古、统军使萧迭里得、驸马都尉参及弟术者、图骨、旗鼓拽剌详稳耶律郭九、文班太保奚叔、内藏提点乌骨、护卫左太保敌不古、按答、副宫使韩家奴、宝神奴等凡四百人，诱胁弩手军犯行宫。时南院枢密使许王仁先、知北枢密院事赵王耶律乙辛、南府宰相萧唐古、北院宣徽使萧韩家奴、北院枢密副使萧惟信、敦睦宫使耶律良等率宿卫士卒数千人御之。涅鲁古跃马突出，将战，为近侍详稳渤海阿厮、护卫苏射杀之。……壬戌，以仁先为北院枢密使，进封宋王，加尚父，耶律乙辛南院枢密使，萧韩家奴殿前都点检，封荆王。萧惟信、耶律冯家奴并加太子太傅。宿卫官萧乙辛、回鹘海邻、裹里、耶律挞不也、阿厮，宫分人急里哥、霞抹、乙辛、只鲁并加上将军。诸护卫及士卒、庖夫、弩手、伞子等三百余人，各授官有差。[1]

参与镇压反叛的"宿卫士卒"共千余人，其中包含射杀涅鲁古的护卫苏，亦可证明宿卫应为承担保卫行宫的众"士卒"的泛称。综合可知，御帐官系统中的基层官吏是护卫，人数约有数百人。关于护卫，如耶律隆运，"未几，改封晋王，授尚书令，赐以几杖，入朝不拜，上殿不趋，左右护卫特置百人。北法，护卫惟国主有之"。[2] 又耶律独攧曾于清宁元年(1055)，"召为皇太后左护卫太保"。[3] 可见，护卫是辽朝帝后的专属宿卫

---

[1] （元）脱脱等：《辽史》卷22《道宗本纪二》，中华书局2016年标点本，第298—299页。

[2] （宋）叶隆礼撰，贾敬颜、林荣贵点校：《契丹国志》卷18《耶律隆运传》，上海古籍出版社1985年版，第175页。

[3] （元）脱脱等：《辽史》卷92《耶律独攧传》，中华书局2016年标点本，第1508页。

群体，韩德让因恩宠得配护卫并置文忠王府，可见，护卫的设置或与斡鲁朵有关。目前文献中有关辽朝护卫最早的记载为辽景宗年间的耶律斡腊，史载：

> 保宁初，补护卫。车驾猎频山，适豪猪伏丛莽，帝射中，猪突出。御者托满舍辔而避，厩人鹤骨翼之，斡腊复射而毙。帝嘉赏。及猎赤山，适奔鹿奋角突前，路隘不容避，垂犯跸。斡腊以身当之，鹿触而颠。帝谓曰："朕因猎，两濒于危，赖卿以免，始见尔心。"迁护卫太保。[1]

耶律斡腊两次护驾，皆在辽景宗身旁，则护卫的职能应类似辽帝的贴身保镖。[2] 又清宁元年（1055）九月庚申，"诏除护卫士，余不得佩刃入宫"。[3] 联系上下文可知，此处的"宫"应指代辽帝的行宫。则护卫应执勤于行宫小禁卫以内。护卫分左、右两院，其长官称左、右护卫太保。"辽人习惯以北、南代称左、右。"[4] 因此左、右护卫又称北、南面护卫。辽道宗年间的萧袍鲁"子二人。长曰挞烈，北面护卫。……女二人。……次曰移信，适北面护卫耶律王七"。[5] 其中北面护卫应为左护卫的别称。

---

1 （元）脱脱等：《辽史》卷94《耶律斡腊传》，中华书局2016年标点本，第1520页。
2 关树东：《辽朝御帐官考》，《民族研究》，1997年第2期，第67页。
3 （元）脱脱等：《辽史》卷21《道宗本纪一》，中华书局2016年标点本，第286页。
4 关树东：《辽朝御帐官考》，《民族研究》，1997年第2期，第67页。
5 《萧袍鲁墓志》（大安六年），参见向南：《辽代石刻文编》，河北教育出版社1995年版，第425页。

宿直司，"掌轮直官员宿直之事"。[1] 宿直的品阶高于护卫。古迭"本宫分人，不知姓氏。好戏狎，不喜绳检。膂力过人，善击鞠。重熙初，为护卫，历宿直官"。[2] 又重熙三年（1034）耶律仁先"补护卫。帝与论政，才之。仁先以不世遇，言无所隐。授宿直将军，累迁殿前副点检，改鹤剌唐古部节度使，俄召为北面林牙"。[3] 从二人职官迁转的履历上看，宿直的品阶应高于普通护卫。又耶律斡特剌于"大康中，为宿直官，历左、右护卫太保"。[4] 可见，宿直的品阶不及护卫太保。《辽史·百官志》对宿直职务的记载语焉不详。乾统六年（1106），耶律章奴在出任宿直期间，"以直宿不谨，降知内客省事"。[5] 可知，宿直的主要职能应为"直宿"，即值夜。又契丹小字《萧敌鲁副使墓志铭》（大安六年）载：

父 尺災 主 王雨 兆朱 几尺卡 尺火 尤宊及丕 今丞北 今杏 灭关 穴 伤关

汉语译为：天赞皇帝之时于近侍职△△夜日之官补。[6] 其中天赞皇帝即辽景宗，墓主萧挞凛曾于辽景宗保宁初年，"为宿直官"。[7] 与墓志中记载其任"夜日之官"相符合，则宿直应为辽帝行宫的值夜之官。值得注意的是，宿直官在文献中的首次出现时间是在辽景宗年间，与护卫出现时间基本是在同一时期。

---

1 （元）脱脱等：《辽史》卷45《百官志一》，中华书局2016年标点本，第789页。
2 （元）脱脱等：《辽史》卷114《古迭传》，中华书局2016年标点本，第1665页。
3 （元）脱脱等：《辽史》卷96《耶律仁先传》，中华书局2016年标点本，第1535页。
4 （元）脱脱等：《辽史》卷97《耶律斡特剌传》，中华书局2016年标点本，第1547页。
5 （元）脱脱等：《辽史》卷100《耶律章奴传》，中华书局2016年标点本，第1574页。
6 康鹏：《契丹小字〈萧敌鲁副使墓志铭〉考释》，载辽宁省辽金契丹女真史研究会编：《辽金历史与考古》（第四辑），辽宁教育出版社2013年版，第269页。
7 （元）脱脱等：《辽史》卷85《萧挞凛传》，中华书局2016年标点本，第1445页。

硬寨司，"掌禁围枪寨、下铺、传铃之事"。[1]硬寨即辽帝的御帐。"皇帝牙帐以枪为硬寨，用毛绳连系。每枪下黑毡伞一，以庇卫士风雪。枪外小毡帐一层，每帐五人，各执兵仗为禁围。"[2]前引《辽史·道宗本纪二》中记载参与平定重元之乱的人员中"伞子"应为硬寨司。可见，该机构并非侍卫系统，然而，同样起到一定的宿卫作用。硬寨司的长官为硬寨太保。保大三年（1123）四月戊戌，"金兵围辎重于青冢，硬寨太保特母哥窃梁王雅里以遁，秦王、许王、诸妃、公主、从臣皆陷没"。[3]由此推知，硬寨司应为御帐的宿卫机构。

护卫司、宿直司和硬寨司共同组成了行宫内御帐的宿卫系统，驻守在行宫内外，护卫诸行宫的安全。关于诸司的运行机制，《辽史·营卫志中》有详细的记载：

皇帝牙帐以枪为硬寨，用毛绳连系。每枪下黑毡伞一，以庇卫士风雪。枪外小毡帐一层，每帐五人，各执兵仗为禁围。

官用契丹兵四千人，每日轮番千人祗直。禁围外卓枪为寨，夜则拔枪移卓御寝帐。周围拒马，外设铺，传铃宿卫。[4]

"皇帝牙帐"即辽帝的御帐，而守卫行宫的卫士应源自侍卫司，白日立于"黑毡伞"下，"各执兵仗为禁围"。入夜后，由宿直司"拔枪移卓御寝帐"。"周围拒马，外设铺，传铃宿卫"诸事由硬寨司负责，与《百

---

1 （元）脱脱等：《辽史》卷45《百官志一》，中华书局2016年标点本，第790页。
2 （元）脱脱等：《辽史》卷32《营卫志中》，中华书局2016年标点本，第425页。
3 （元）脱脱等：《辽史》卷29《天祚皇帝三》，中华书局2016年标点本，第389页。
4 （元）脱脱等：《辽史》卷32《营卫志中》，中华书局2016年标点本，第425页。

官志》对硬寨司的记载相吻合。这些宿卫皆为步卒而非骑兵，与"番上"的大帐皮室军等骑兵显然不属于同一军种。

行宫宿卫系统的主管机构为殿前都点检司，长官称殿前都点检。《辽史》将该机构置于"南面军官"条下。据考证，该机构应属"北面御帐官"或"北面军官"系统，或为修史者"不明其执掌所致"。[1] 殿前宿卫机构于五代时期已有之。"天福初，累迁奉德军校，再转殿前散指挥都虞候、领蒙州刺史。"[2] 又乾祐二年（949）十月丙戌，"以殿前都部署、江州防御使李建为遂州节度使，充侍卫马军都指挥使"。[3] 后周时期又置殿前都指挥使，"以殿前都指挥使李重进领泗州防御使"。[4] "亲军之号，始于明宗，其后又有殿前都指挥使，亦亲军也。"[5] 可知，殿前都指挥使一职为亲军长官。殿前都点检一职初见于《旧五代史·周世宗本纪第三》：后周显德三年（956）十二月壬申，"以滑州节度使兼殿前都指挥使、驸马都尉张永德为殿前都点检。"[6] 是比殿前都指挥使级别更高的殿前宿卫机构的长官。辽朝设有殿前司机构，其长官称殿前都点检。清宁九年（1063），"国家既平重元之乱，其党郭九等

---

[1] 杨若薇：《契丹王朝政治军事制度研究》，中国社会科学出版社1991年版，第233页。
[2] （元）脱脱等：《宋史》卷255《王彦超传》，中华书局1977年标点本，第8911页。
[3] （宋）薛居正等：《旧五代史》卷102《汉隐帝本纪中》，中华书局2015年标点本，第1588页。
[4] （宋）薛居正等：《旧五代史》卷113《周太祖本纪四》，中华书局2015年标点本，第1741页。
[5] （宋）欧阳修撰：《新五代史》卷27《康义诚传》，中华书局2015年标点本，第338页。
[6] （宋）薛居正等：《旧五代史》卷116《周世宗本纪三》，中华书局2015年标点本，第1800页。

亡，诏迂鲁追捕，获之，迁护卫太保"，[1] 咸雍元年（1065），"使宋议边事，称旨，知殿前副点检事"。[2] 可见，殿前都点检品级高于左、右护卫太保。辽朝殿前都点检一职在文献中的记载首见于《辽史·耶律夷腊葛传》："应历初，以父任入侍。数岁，始为殿前都点检。"[3] 文中虽未言明殿前都点检的正式设置时间，但应不早于后周显德三年，即应历六年（956）。殿前都点检一职的设置原因，在《辽史·耶律夷腊葛传》的记载中亦有体现："时上新即位，疑诸王有异志，引夷腊葛为布衣交，一切机密事必与之谋。"[4] 辽世宗遇弑后，辽穆宗由大臣公推即位，其统治地位并不稳固。如应历二年（952），耶律倍次子耶律娄国等人发动的叛乱。[5] 次年，耶律李胡子耶律宛，太平王罨撒葛等人发动的叛乱。[6] 在"诸王有异志"的情况下，辽穆宗与宫分人耶律夷腊葛结"布衣交"，引入中原地区官制以构建直接隶属于皇帝本人的亲信宿卫系统，亦可被视为契丹由部族官制向中原王朝官制借鉴的标志之一。

综上，"斡鲁朵法"颁行后，受时局影响，辽代行宫宿卫机制在不同时段有着不同的侧重点。辽穆宗朝以前，辽帝因频繁参与对外征战，其行宫宿卫职能主要由御帐亲军系统负责。辽穆宗朝以后，受政变频仍的影响，行宫宿卫"工作"更侧重于对辽帝人身的保护，建立起一

---

1 （元）脱脱等：《辽史》卷93《萧迂鲁传》，中华书局2016年标点本，第1514页。
2 （元）脱脱等：《辽史》卷93《萧迂鲁传》，中华书局2016年标点本，第1515页。
3 （元）脱脱等：《辽史》卷78《耶律夷腊葛传》，中华书局2016年标点本，第1395页。
4 （元）脱脱等：《辽史》卷78《耶律夷腊葛传》，中华书局2016年标点本，第1395页。
5 （元）脱脱等：《辽史》卷6《辽穆宗本纪上》，中华书局2016年标点本，第78页。
6 （元）脱脱等：《辽史》卷6《辽穆宗本纪上》，中华书局2016年标点本，第80页。

套由殿前都点检掌管的御帐官体系，体现了行宫宿卫功能的完善及宿卫机构的细化。

三、侍奉起居

侍奉辽帝及其家眷的日常起居是行宫的重要职能。早在耶律阿保机时期，辽代已有近侍的存在。"太祖谓近侍曰：'此子目若风驼，面有反相。朕若独居，无令入门。'"[1] 然而，此时的近侍非专职官吏，往往身兼多职。天显元年（926）正月丙子，"遣近侍康末怛等十三人入城索兵器，为逻卒所害"。[2] 此后，随着斡鲁朵制度日趋完善，逐渐形成了北、南两套承担行宫近侍职能的专门机构。其中，北面官系统中的近侍系统为承应小底局、祗候郎君班，南面官系统中的近侍系统为内侍省。

承应小底局是承应小底的管理机构。关于辽代"小底"的身份，学界众说纷纭，莫衷一是。部分学者受到余靖记载的"十宫院人呼小底，如官奴婢之属也"[3] 的影响，认为其身份为奴隶。[4] 另有学者认为小底为官名，是"辽代百官子弟、宗室戚属们仕进的重要途径之一"，而非奴隶。[5] 从现有史料记载来看，"小底"一职应始于五代时期的后汉。

---

1 （元）脱脱等：《辽史》卷112《耶律察割传》，中华书局2016年标点本，第1649—1650页。

2 （元）脱脱等：《辽史》卷2《太祖本纪下》，中华书局2016年标点本，第24页。

3 （宋）余靖：《武溪集》卷18《契丹官仪》，《影印文渊阁四库全书》，第1089册，台湾商务印书馆1986年版，第174页。

4 张正明《契丹史略》，中华书局1979年版，第123页；陈述：《契丹社会经济史稿》，生活·读书·新知三联书店1963年版，第56页。

5 唐统天：《辽代仕进补议》，《社会科学辑刊》，1990年第3期，第86页。

后汉乾祐三年（950）十一月丙子，"甲士数十人由广政殿出。……又诛弘肇弟小底军都虞候弘朗"。[1] 可见，小底最初身份应为军士。后周亦存在小底军，属禁军序列。后周广顺二年（952）七月丙子，"以小底都指挥使、汉州刺史李重进为大内都点检兼马步都军头，领恩州团练使；以内殿直都知、驸马都尉张永德领和州刺史，充小底第一军都指挥使"。[2] 此后，小底军曾数次更名，宋代禁军捧日军，"旧号小底，周改为铁骑，太平兴国二年改为日骑，雍熙四年改今名"。[3] 除军士，小底还是宋代内侍的官阶。"王仁睿，不知何许人。年十余岁，事太宗于晋邸，服勤左右，甚淳谨；及即位，宣传指挥颇称旨。历入内小底都知、洛苑副使。命典宫闱出纳之命，最居亲近。"[4] 又："王继恩，陕州陕人。周显德中为内班高品。初养于张氏，名德钧。开宝中求复本宗，太祖召见，许之，因赐名焉。累为内侍行首。会讨江南，与窦神兴等部禁兵及战船抵采石。九年春，改里面内班小底都知，赐金紫。"[5] 可见，小底在中原王朝兼有军士和内侍官的双重内涵。

小底在辽代史料中最早的记载，见于《辽史·女里传》："应历初，为习马小底，以母忧去。"[6] "习马小底"一职为承应小底局下属官，属近侍官。[7] 与中原史书记载比勘，可知小底在辽代出现的时间虽晚于

1　（宋）薛居正等：《旧五代史》卷103《汉隐帝本纪下》，中华书局2015年标点本，第1597页。
2　（宋）薛居正等：《旧五代史》卷112《周太祖本纪三》，中华书局2015年标点本，第1727—1728页。
3　（元）脱脱等：《宋史》卷187《兵志一》，中华书局1977年标点本，第4585页。
4　（元）脱脱等：《宋史》卷466《王仁睿传》，中华书局1977年标点本，第13602页。
5　（元）脱脱等：《宋史》卷466《王继恩传》，中华书局1977年标点本，第13602页。
6　（元）脱脱等：《辽史》卷79《女里传》，中华书局2016年标点本，第1403页。
7　（元）脱脱等：《辽史》卷45《百官志一》，中华书局2016年标点本，第795页。

中原王朝，但以近侍官形式出现的时间却更早。同时，辽代小底的内涵亦不唯一。辽有东、西班小底。高为裘于开泰七年（1018），"由祖父荫寄班祗候，授西班小底、银青崇禄大夫、兼监察御史、武骑尉"。[1]又天祚帝年间的刘慈"以祖荫调入三班院，屡经监督，不染脂膏，以公勤□名，超授东班小底，□天积库，考满未五旬而课最焉"。[2]据考证，辽代东、西班小底为武资官，非实职。[3]另《饶州安民县经幢记》（大安三年）载有"天德军小底"[4]一职，不知其职司为何，从其官名分析，应属地方官。可知，此二类小底非近侍，亦非奴隶。作为近侍官的小底称承应小底。耶律良，"重熙中，补寝殿小底，寻为燕赵国王近侍"。[5]寝殿小底属承应小底，隶属于承应小底局治下诸司。[6]耶律良初为寝殿小底，后为燕赵国王近侍，其身份应为近侍官。承应小底的性质，是由其著帐户身份决定的。如承应小底局隶属著帐户司。[7]著帐户司是著帐户的管理机构。"著帐为近侍。"[8]可知，著帐户是行宫近侍人户的重要来源，有服务于辽帝及其家眷的义务。然而，著帐户并非官职，而是一种特殊的契丹部族人户身份，平时有相对固定的驻牧地点，

---

[1] 《高为裘墓志》（乾统十年），参见向南：《辽代石刻文编》，河北教育出版社1995年版，第609页。

[2] 《刘慈墓志》（天庆四年），参见向南、张国庆、李宇峰辑注：《辽代石刻文续编》，辽宁人民出版社2010年版，第284页。

[3] 杨军：《辽朝南面官研究——以碑刻资料为中心》，《史学集刊》，2013年第3期，第5页。

[4] 《饶州安民县经幢记》（大安三年），参见向南、张国庆、李宇峰辑注：《辽代石刻文续编》，辽宁人民出版社2010年版，第199页。

[5] （元）脱脱等：《辽史》卷96《耶律良传》，中华书局2016年标点本，第1538页。

[6] （元）脱脱等：《辽史》卷45《百官志一》，中华书局2016年标点本，第794页。

[7] （元）脱脱等：《辽史》卷45《百官志一》，中华书局2016年标点本，第794—795页。

[8] （元）脱脱等：《辽史》卷45《百官志一》，中华书局2016年标点本，第785页。

不跟随辽帝捺钵。因此,"著帐户"需分批赴行在服役,"充尚饮、尚衣等小底,在辽帝、皇太后、皇太妃著帐诸局服杂役"。[1]而"著帐释宥、没入,随时增损,无常额"。[2]承应小底因出身著帐户,非"释宥"不可更改身份。如辽道宗朝的耶律良,因"密告重元变,命籍横帐夷离堇房",[3]得以变更其著帐户身份。可见,诸承应小底非普通职官,应为奴隶出身的专职近侍官,即余靖所谓"官奴婢之属"。值得注意的是,前耶律良本"著帐郎君之后"。至重熙中,"补寝殿小底,寻为燕赵国王近侍"。[4]可见,著帐户与著帐郎君在出任承应小底这一点上是无差异的。承应小底的职能,以其职司不同,可分为"司藏、鹰坊、汤乐(药)、尚饮、盥漱、尚膳、尚衣、裁造等役"。[5]此外还有"笔砚小底"、"寝殿小底"、"佛殿小底"和"习马小底"四目。[6]可见,承应小底主要负责承担行宫的杂役,其职名应为其所从事的具体事务。

《辽史·百官志一》"北面著帐官"条有"祗候郎君班详稳司"。[7]"祗候"一词最初为恭候之意。唐天祐二年(905)十二月辛丑,敕"今后每遇延英坐朝日,只令小黄门祗候引从,宫人不得擅出内门,庶循典仪,免至纷杂"。[8]"祗候"被用作官名最早见于五代时期。赵匡胤陈

---

1 乐日乐:《辽朝郎君考述》,载辽宁省博物馆、辽宁省辽金契丹女真史研究会编:《辽金历史与考古》(第九辑),科学出版社2018年版,第99页。
2 (元)脱脱等:《辽史》卷31《营卫志上》,中华书局2016年标点本,第419页。
3 (元)脱脱等:《辽史》卷22《道宗本纪二》,中华书局2016年标点本,第299页。
4 (元)脱脱等:《辽史》卷96《耶律良传》,中华书局2016年标点本,第1538页。
5 (元)脱脱等:《辽史》卷31《营卫志上》,中华书局2016年标点本,第419页。
6 (元)脱脱等:《辽史》卷45《百官志一》,中华书局2016年标点本,第794—795页。
7 (元)脱脱等:《辽史》卷45《百官志一》,中华书局2016年标点本,第791页。
8 (后晋)刘昫等:《旧唐书》卷20下《哀帝本纪》,中华书局1975年标点本,第804页。

桥兵变时，"匡义时为内殿祗候供奉官都知"。[1] "祗候"在辽代文献中最早记载可见于《辽史·圣宗本纪三》，载：统和五年（987）三月丁丑，"以谛居部下拽剌解里侦候有功，命入御盏郎君班祗候"。[2] 可见，辽代"祗候"一职应借鉴自中原王朝官制。关于辽朝祗候郎君，有学者认为：祗候郎君班详稳司应补入北面御帐官系统中。[3] 这种说法是值得商榷的。著帐官的内涵："旧制，肃祖以下宗室称院，德祖宗室号三父房，称横帐，百官子弟及籍没入称著帐。"[4] 则著帐户不仅包含"叛逆、犯罪者的家属"，还有"百官子弟"。萧撒八为晋王萧孝穆子，"七岁，以戚属加左右千牛卫大将军。重熙初，补祗候郎君。"[5] 又耶律义先为于越仁先之弟，"重熙初，补祗候郎君班详稳"。[6] 可见，祗候郎君多由贵族子弟出任，对著帐的记载并非史官臆造。值得注意的是，辽兴宗朝以后，祗候郎君的选任标准有所下降。重熙十年（1041）二月甲申，"北枢密院言，南、北二王府洎诸部节度侍卫祗候郎君，皆出族帐，既免与民戍边，其祗候事，请亦得以部曲代行"。[7] 此后，祗候郎君并非必须由贵族子弟出任。如萧陶苏斡为突吕不部人，"伯父留哥坐事免官，闻重元乱，挈家赴行在。时陶苏斡虽幼，已如成人，补笔砚小

---

1 （宋）李焘撰，上海师范大学古籍整理研究所、华东师范大学古籍研究所点校：《续资治通鉴长编》卷1，"建隆元年（960）春正月癸卯"条，中华书局2004年版，第2页。
2 （元）脱脱等：《辽史》卷12《圣宗本纪三》，中华书局2016年标点本，第139页。
3 关树东：《辽朝御帐官考》，《民族研究》，1997年第2期，第68页。
4 （元）脱脱等：《辽史》卷73《耶律颇德传》，中华书局2016年标点本，第1351页。
5 （元）脱脱等：《辽史》卷87《萧撒八传》，中华书局2016年标点本，第1467页。
6 （元）脱脱等：《辽史》卷90《耶律义先传》，中华书局2016年标点本，第1494页。
7 （元）脱脱等：《辽史》卷19《兴宗本纪二》，中华书局2016年标点本，第257页。

底。累迁祗候郎君,转枢密院侍御"。[1]笔砚小底为著帐官,是辽帝的私奴。萧陶苏斡以笔砚小底迁任祗候郎君,可见,此时贵族子弟的身份已非出任祗候郎君的必要条件,同时也反映出祗候郎君机构制度化程度的增强。

辽代祗候郎君的职能主要包含两个方面:首先,与中原王朝的祗候官相似,辽代祗候郎君具有近侍职能。宋朝入内内侍省下设祗候班[2],李神福于太平兴国六年(981),"擢入内高品押班,迁副都知、勾当翰林司,转入内内班都知,兼勾当祗候内品班"。[3]辽朝不以本族人出任宦官[4],然而,辽代祗候郎君在职能上与宋代祗候具有一定的相似性,且出现时间上较宋朝晚。辽代祗候郎君按照职司不同,可分成"笔砚、牌印、裀褥、灯烛、床幔、殿幄、车舆、御盏等局"[5],承担相应的近侍职能。如辽朝实行银牌调兵制度,"国有重事,皇帝以(银)牌亲授使者,手札给驿马若干。……所至如天子亲临,须索更易,无敢违者。使回,皇帝亲受之,手封牌印郎君收掌。"[6]可见,祗候郎君在辽代的近侍官中处于较高的地位;其次,祗候郎君有护卫辽帝的职能。耶律阿思在"清宁初,补祗候郎君。以善射,掌猎事,进渤海近侍详稳。重元之乱,与护卫苏射杀涅鲁古,赐号靖乱功臣,徙契丹行宫都部署"。[7]可见,祗候郎君虽是近侍官,但因接近辽帝,需"执事禁卫",

---

[1] (元)脱脱等:《辽史》卷101《萧陶苏斡传》,中华书局2016年标点本,第1579页。
[2] (元)脱脱等:《宋史》卷169《职官志九》,中华书局1977年,第4035页。
[3] (元)脱脱等:《宋史》卷466《李神福传》,中华书局1977年,第13605页。
[4] 王茜:《辽金宦官研究》,吉林大学硕士学位论文,2012年,第9页。
[5] (元)脱脱等:《辽史》卷45《百官志一》,中华书局2016年标点本,第792—793页。
[6] (元)脱脱等:《辽史》卷57《仪卫志三》,中华书局2016年标点本,第1017页。
[7] (元)脱脱等:《辽史》卷96《耶律阿思传》,中华书局2016年标点本,第1544页。

这体现在辽代祗候郎君的选任上。"百官子弟"出任祗候郎君，除出身，年龄及体质亦在考察范围以内。萧酬斡为国舅少父房之后，"祖阿剌，终采访使。父别里剌，以后父封赵王"，"年十四，尚越国公主，拜驸马都尉，为祗候郎君班详稳。年十八，封兰陵郡王"。[1] 又耶律室鲁"魁岸，美容仪。圣宗同年生，帝爱之。甫冠，补祗候郎君。未几，为宿直官"。[2] 可见，辽代祗候郎君普遍由贵族子弟中年轻者充任，且体质及武艺出众亦是出任祗候郎君的必要条件。如萧夺剌，"体貌丰伟，骑射绝人。由祗候郎君升汉人行宫副部署"。[3] 可见，相比于承应小底，祗候郎君应属于行宫内的高级近侍。

在南面官系统中，担任行宫近侍职能的机构是内侍省。内侍省始置于隋朝，是宦官的管理机构。"高祖既受命，改周之六官，其所制名，多依前代之法。置三师、三公及尚书、门下、内史、秘书、内侍等省。"[4] 其机构组成人员"并用宦者"[5]。唐代的内侍省基本沿用隋制，并在组织结构上做了部分调整。[6] 契丹人旧俗中并无使用宦官的传统。"晋诸司僚吏、嫔御、宦寺、方技、百工、图籍、历象、石经、铜人、明堂刻漏、太常乐谱、诸宫县、卤簿、法物及铠仗，悉送上京。"[7] 这是文

---

[1] （元）脱脱等：《辽史》卷100《萧酬斡传》，中华书局2016年标点本，第1573—1574页。

[2] （元）脱脱等：《辽史》卷81《耶律室鲁传》，中华书局2016年标点本，第1415页。

[3] （元）脱脱等：《辽史》卷92《萧夺剌传》，中华书局2016年标点本，第1505页。

[4] （唐）魏徵等：《隋书》卷28《百官志下》，中华书局1973年标点本，第773页。

[5] （唐）魏徵等：《隋书》卷28《百官志下》，中华书局1973年标点本，第775页。

[6] （唐）李林甫等撰，陈仲夫点校：《唐六典》卷12《内侍省》，中华书局1992年标点本，第355、356页。

[7] （元）脱脱等：《辽史》卷4《太宗本纪下》，中华书局2016年标点本，第64页。

献中有关契丹人使用宦官的最早记载。可见，辽代早期的宦官应源自对中原王朝宦官的俘掠。为管理这些战争中俘获的宦官，辽朝借鉴中原王朝制度设置内侍省。内侍省的设置时间较晚，王继恩曾于承天后主政时期出任"内谒者"一职。[1]《辽史·百官志三》载"内侍省"下设有"内谒者"。[2]这是有关辽代内侍省机构的最早记载。可见，辽代内侍省的设置时间应不晚于辽圣宗即位初期。

辽代宦官的主要职能为侍奉辽帝及其家眷。后晋少帝年间"及永康发离辽阳，取内官十五人、东西班十五人及皇子延煦，并令随帐上陉，陉即蕃王避暑之地也"。[3]这里的"内官"即宦官。又："帝（辽穆宗）体气卑弱，恶见妇人。居藩时，述律太后欲为纳妃，帝辞以疾；即位后，嫔御满前，并不一顾。朝臣有言椒房虚者，皆拒而不纳。左右近侍、房帷供奉率皆阉人。"[4]辽穆宗以后，随着对阉割技术的掌握，[5]辽朝开始从战争俘虏中选择男童，施以阉割，以为宦官，作为行宫内侍的补充。"睿智皇后南征，继恩被俘。初，皇后以公私所获十岁已下儿容貌可观者近百人载赴凉陉，并使阉为竖，继恩在焉。"[6]凉陉是辽帝的夏捺钵地，而王继恩应为侍奉辽帝行宫之宦官。可见，辽代宦

---

1 （元）脱脱等：《辽史》卷109《王继恩传》，中华书局2016年标点本，第631页。
2 （元）脱脱等：《辽史》卷47《百官志三》，中华书局2016年标点本，第876页。
3 （宋）薛居正等：《旧五代史》卷85《晋少帝本纪五》，中华书局2015年标点本，第1310页。
4 （宋）叶隆礼撰，贾敬颜、林荣贵点校：《契丹国志》卷5《穆宗天顺皇帝》，上海古籍出版社1985年版，第54页。
5 王茜：《辽金宦官研究》，吉林大学硕士学位论文，2012年，第14页。
6 （元）脱脱等：《辽史》卷109《王继恩传》，中华书局2016年标点本，第1630—1631页。

官在侍奉职能上与中原王朝是一致的，内侍省应为行宫近侍机构的重要组成部分。

四、礼仪活动

北方游牧民族逐水草而居，以毡帐为其居所。而在契丹人建立的辽朝，部分毡帐具有特殊的含义，是"与信仰有关的建筑"。[1]如《辽史》中多次提到"神帐"，是"奉祀祖宗神主的庐帐"。[2]辽太祖七年（913），第三次"诸弟之乱"中"刺葛引其众至乙室堇淀，具天子旗鼓，将自立"，叛军后为耶律阿保机击溃，"刺葛奔溃，遗其所夺神帐于路，上见而拜奠之"。[3]可见，"神帐"是契丹部族首领权力的象征，"在契丹部众中，殆有相当的信仰"。[4]因此，在诸弟之乱中，"神帐"是双方争夺的焦点。又会同三年（940）十二月壬辰，辽太宗"率百僚谒太祖行宫"。甲午，"燔柴，礼毕，祠于神帐"。[5]文中"燔柴"即柴册礼，是辽帝"取得正式的合法帝位"的标志。[6]辽太宗通过此举旨在宣传自身继承帝位的正统性，而此时"神帐"及"太祖行宫"已成为辽帝举行礼仪活动的场所。

辽太宗以后，先帝的行宫是祭祀其神主之所。行宫是辽帝的居所，其形态为"毡帐"式建筑。辽帝生前，行宫承担辽帝的宿卫及日

---

1 王小甫：《契丹建国与回鹘文化》，《中国社会科学》，2004年第4期，第189页。
2 田广林：《契丹礼俗考论》，哈尔滨出版社1995年版，第41页。
3 （元）脱脱等：《辽史》卷1《太祖本纪上》，中华书局2016年标点本，第7页。
4 陈述：《契丹政治史稿》，人民出版社第1986年版，第68页。
5 （元）脱脱等：《辽史》卷4《太宗本纪下》，中华书局2016年标点本，第53页。
6 朱子方：《论辽代柴册礼》，《社会科学辑刊》，1985年第1期，第86页。

常起居；辽帝死后，其行宫"继而成为在位皇帝扈从之一"。[1] 据宋绶记载：

> 又有九行宫，每宫置使及总管掌领部族，有永兴、积庆、洪义、昭敏等名。[2]

其中"洪义""昭敏"应为"弘义""彰愍"之误。宋绶使辽是在天禧四年（1020），即辽圣宗开泰九年。杨若薇认为，此处的"九行宫"应为宋氏亲眼所见。因此，先帝的行宫应跟随前朝辽帝捺钵，[3] 进而成为当朝辽帝于捺钵地举行礼仪活动的场所。如"爇节仪"是辽帝祭祀祖先的礼仪活动，祭祀地点在先帝行宫内。"及帝崩，所置人户、府库、钱粟，穹庐中置小毡殿，帝及后妃皆铸金像纳焉。节辰、忌日、朔望，皆致祭于穹庐之前。"[4]"爇节"又名"烧饭"，辽帝驾崩后"则设大穹庐，铸金为像，朔、望、节、辰、忌日辄致祭，筑台高丈余，以盆焚食，谓之'烧饭'"。[5] 辽帝驾崩后，继任辽帝会根据其生前形象铸造金像，在其行宫中设置"小毡殿"即"大穹庐"以安置之。安置金像的"小毡殿"被称为"神主室"或"神主帐"。[6]"神主室"与辽初"神帐"

---

1 杨若薇：《契丹王朝政治军事制度研究》，中国社会科学出版社1991年版，第18页。
2 （宋）宋绶：《契丹风俗》，参见赵永春辑注：《奉使辽金行程录》（增订本），商务印书馆2017年版，第35页。
3 杨若薇：《契丹王朝政治军事制度研究》，中国社会科学出版社1991年版，第15页。
4 （元）脱脱等：《辽史》卷49《礼志一》，中华书局2016年标点本，第932页。
5 （宋）叶隆礼撰，贾敬颜、林荣贵点校：《契丹国志》卷23《建宫制度》，上海古籍出版社1985年版，第224页。
6 王凯：《辽朝礼制研究》，吉林大学博士学位论文，2017年，第140页。

类似，可视为先帝的"神帐"。其功能由辽帝的日常居所转为祭祀其"神主"的场所。此外，"皇帝纳后之仪"亦于先帝的行宫中举行。"置鞍于道，后过其上。乃诣神主室三拜，南北向各一拜，酹酒。"[1] 对该礼仪的记载，景福二年（1032）七月壬申，"上谒神主帐，时奥隈萧氏始入宫，亦命拜之"。[2] 王凯认为，"皇帝纳后之仪"可被视为中原婚仪中的"成妇礼"，故祭拜前朝辽帝的"神主室"相当于"中原婚仪之见舅姑"。而新辽帝即位时，先帝已驾崩，故以其"神主帐"代之。[3] 可见，在"皇帝纳后之仪"中，"神主室"作为祭拜辽帝神主之所的功能与其在"爇节仪"中是一致的。除定期的礼仪活动，辽帝还会不定期地进谒、拜祭先帝行宫。天显四年（929）四月癸丑，"谒太祖行宫"。[4] 又同年五月戊子，"射柳于太祖行宫"。[5] 射柳是契丹人的传统风俗。"若旱，择吉日行瑟瑟仪以祈雨。前期，置百柱天棚。及期，皇帝致奠于先帝御容，乃射柳。"[6] 可见，前朝辽帝的行宫是辽代举行礼仪活动的重要场所。

● 第三节　斡鲁朵的管理机构

宫官系统作为辽代斡鲁朵的管理机构，对行宫、隶宫部族、隶宫

---

1 （元）脱脱等：《辽史》卷52《礼志五》，中华书局2016年标点本，第960页。
2 （元）脱脱等：《辽史》卷18《兴宗本纪一》，中华书局2016年标点本，第240页。
3 王凯：《辽朝礼制研究》，吉林大学博士学位论文，2017年，第140页。
4 （元）脱脱等：《辽史》卷3《太宗本纪上》，中华书局2016年标点本，第32页。
5 （元）脱脱等：《辽史》卷3《太宗本纪上》，中华书局2016年标点本，第32页。
6 （元）脱脱等：《辽史》卷48《礼志一》，中华书局2016年标点本，第929页。

提辖司和隶宫州县等斡鲁朵构成部分均起到管理作用。宫官系统的设置存在历时性变化。辽景宗朝以前，辽帝通过设置"行宫都部署"一职，管理本人的斡鲁朵。辽景宗朝，斡鲁朵的管理机构分为北、南面宫官系统。辽圣宗朝以后，宫官系统内部逐步建立起科层式管理机制，以维持诸斡鲁朵的日常运行。

一、宫官的构成

宫官系统的建置存在一个历时性的变化过程。宫官系统中最早出现的职官是"行宫都部署"。史载：

> 太宗忿石晋负恩，连年南牧，战定州，时深入，帝马陷泥泞中，珂下马奉帝出，身被数十疮，流血满体，太宗壮之。迁林牙、行宫都部署、西北路兵马招讨使。从入大梁，授同知京府事，寻授汉人枢密使，封吴王。[1]

刘氏出任"行宫都部署"一职的时间应是在辽太宗伐后晋期间。可见，此时宫官系统尚未划分南北，斡鲁朵内的日常行政事务应由"行宫都部署"负责。至辽景宗时期，宫官系统始完善。宫官系统的最高机构为契丹、汉人行宫都部署司。"（契丹）其官有契丹枢密院及行宫都总管司，谓之北面，以其在牙帐之北，以主蕃事；又有汉人枢密院、中

---

[1] （宋）叶隆礼撰，贾敬颜、林荣贵点校：《契丹国志》卷15《刘珂传》，上海古籍出版社1985年版，第157页。

书省、行宫都总管司，谓之南面，以其在牙帐之南，以主汉事。"[1] 此处都总管司应为都部署司，二司分掌诸斡鲁朵内的契丹人的军政事务和汉人渤海人的军政事务。"契丹枢密院、契丹诸行军部署、汉人枢密院、中书省、汉人诸行宫都部署印，并银铸，文不过六字。以上以银朱为色。"[2] 陈述认为，此处"契丹诸行军部署"应为"契丹诸行宫部署"之误。[3] 可见，二司地位相埒，且不隶属于北、南面朝官系统。

《辽史·百官志一》"北面宫官"条载有"诸行宫都部署院"机构，且言其"总契丹汉人诸行宫之事"。[4] 关于该机构，前辈学者已有诸多讨论。日本学者津田左右吉认为，"诸行宫都部署院"是行宫的最高管理机构，契丹、汉人行宫都部署司为其下属机构。[5] 此说为箭内亘、岛田正郎等学者继承。[6] 国内学者中，武玉环、黄为放亦持有相似的观点。[7] 然而，这种观点受到杨若薇的质疑，杨氏指出："诸行宫都部署院"条职官"纯属子虚乌有"，诸行宫都部署系汉人行宫都部署的异称。[8]

---

1 （宋）叶隆礼撰，贾敬颜、林荣贵点校：《契丹国志》卷23《建官制度》，上海古籍出版社1985年版，第224页。
2 （元）脱脱等：《辽史》卷57《仪卫志三》，中华书局2016年标点本，第1017页。
3 陈述：《辽史补注》，中华书局2018年版，第2425页。
4 （元）脱脱等：《辽史》卷45《百官志一》，中华书局2016年标点本，第804页。
5 [日] 津田左右吉：《津田左右吉全集》第12卷，岩波书店1964年版，第346—347页。
6 [日] 箭内亘：《元朝怯薛及斡耳朵考》，陈捷、陈清泉译，山西人民出版社2015年版，第128页。[日] 岛田正郎：《大契丹国：辽代社会史研究》，何天明译，内蒙古人民出版社2007年版，第111—113页。
7 武玉环：《辽代斡鲁朵探析》，《历史研究》，2000年第2期，第60页。黄为放：《诸行宫都部署院初探》，《黑河学院学报》，2010年第3期，第88页。
8 杨若薇：《契丹王朝政治军事制度研究》，中国社会科学出版社1991年版，第157页。

杨军认为："在辽代官员的结衔中，体现官员品级的应该是官。"[1]关于诸行宫都部署一职的官衔，重熙十年（1041），耶律宗正"改授诸行宫都部署，兼侍中"。[2]诸行宫都部署所对应之官应为侍中。而关于契丹行宫都部署一职的官衔，《辽史·萧惠传》载：重熙六年（1037），"复为契丹行宫都部署，加守太师，徙王赵"。[3]又重熙六年五月癸亥，以"侍中管宁行宫都部署"。[4]据考证，萧惠与管宁为同一人，[5]而行宫都部署即契丹行宫都部署，与之对应之官应为侍中。可见，契丹行宫都部署与诸行宫都部署在品级上是相同的。汉人行宫都部署亦称南面行宫都部署。[6]杨若薇将《梁援墓志》与《辽史》中的记载相比堪，她认为汉人行宫都部署与诸行宫都部署应为同一职务。[7]若进一步探讨其官衔，寿昌三年（1097）九月丁丑，"以武定军节度使梁援为汉人行宫都部署"，[8]又寿昌三年，梁氏"再授诸行宫都部署，加尚书左仆射"，[9]又太平九年（1029）十一月己未，"以夷离毕萧孝顺为南面诸行宫都

---

1 杨军：《辽朝南面官研究——以碑刻资料为中心》，《史学集刊》，2013年第3期，第5页。
2 《耶律宗政墓志》（清宁八年），参见向南：《辽代石刻文编》，河北教育出版社1995年版，第306页。
3 （元）脱脱等：《辽史》卷93《萧惠传》，中华书局2016年标点本，第1512页。
4 （元）脱脱等：《辽史》卷18《兴宗本纪一》，中华书局2016年标点本，第247页。
5 向南：《萧惠世系族属考——兼及〈大辽故皇弟秦越国妃萧氏墓志铭〉所记的几个人物》，《东北史地》，2008年第4期，第66页。
6 （元）脱脱等：《辽史》卷47《百官志三》，中华书局2016年标点本，第888页。
7 杨若薇：《契丹王朝政治军事制度研究》，中国社会科学出版社1991年版，第156页。
8 （元）脱脱等：《辽史》卷26《道宗本纪六》，中华书局2016年标点本，第348页。
9 《梁援墓志》（乾统元年），参见向南：《辽代石刻文编》，河北教育出版社1995年版，第521页。

部署，加左仆射"，[1]可知，汉人行宫都部署一职所对应的官衔应为尚书左仆射。而乾统元年（1101）六月，王师儒"改授诸行宫都部署，加尚书左仆射、兼判太常□□□"。[2]则诸行宫都部署所对应之官亦为尚书左仆射。要之，诸行宫都部署与契丹、汉人行宫都部署所对应职务的等级皆为三省长官，不存在等级差异，因此也就不存在《百官志》所言"总契丹汉人诸行宫之事"的机构。较津田氏之说法，杨若薇的观点更为合理。

关于各斡鲁朵的长官，学界观点较为一致。杨若薇认为："辽代诸宫使与诸宫都部署两种称呼是可以互换使用的，总辖各宫都部署的契丹或汉人行宫都部署则可称之为'都宫使'。……'某宫使''某宫副使'条，乃为'某宫都部署''某宫副都部署'之重出。"[3]黄为放针对杨若薇有关"都宫使"的结论做出修正，认为"某宫使在一些情况下被称为某宫都宫使或简称都宫使，二者是可以换用的"。[4]关于行宫都部署的设置，据余靖记载：

胡人从行之官……又有十宫院使，亦从行。其言"十宫"者，自耶律阿保机而下，每主嗣位即立宫置使，领臣僚，每岁所献生口及打房外国所得之物尽隶宫使。每宫皆有户口、钱帛，以供房主私费，犹中国之内藏也。十宫院名：兴圣宫、崇德宫、洪义宫、永兴宫、积庆

---

1 （元）脱脱等：《辽史》卷16《圣宗本纪七》，中华书局2016年标点本，第210页。
2 《王师儒墓志》（天庆四年），参见向南：《辽代石刻文编》，河北教育出版社1995年版，第647页。
3 杨若薇：《契丹王朝政治军事制度研究》，中国社会科学出版社1991年版，第160页。
4 黄为放：《诸行宫都部署院初探》，《黑河学院学报》，2010年第3期，第92页。

宫、长宁宫、延长宫、敦睦宫、章愍宫、延庆宫。[1]

各行宫都部署的设置时间应在"每主嗣位"之初。然而，据目前文献中有关某行宫都部署最早的记载为《王瓒墓志》（统和三年）："加积庆宫汉儿副部署、金紫崇禄大夫、检校尚书右仆射、兼御史大夫、上柱国。以统和二年春三月十二日薨于行宫之侧。"[2] 王氏出任积庆宫汉儿副部署时间虽无明确记载，然而，此职为其生前最后出任的官职，应不早于辽圣宗年间。又统和二年（984）四月壬辰，"崇德宫都部署、保义军节度使张德筠为宣徽北院使"。[3] 造成此现象的原因与斡鲁朵在不同时代性质的变化有关。景、圣朝以前，辽帝生前斡鲁朵为其私产。辽帝去世后，其斡鲁朵由其子继承。因置"行宫都部署"一职，以管理辽帝本人及其所继承的斡鲁朵。[4] 辽景宗即位后，辽朝的政治环境已发生重大变化：其一，辽穆宗死后无嗣，辽太宗子嗣式微，其"分地"由辽景宗继承。辽景宗既殁，辽代皇族的"分地"统归于辽圣宗。自此，契丹社会传统的"分地"制度完成了由氏族所有制向家族所有制的转化。其二，"分地"性质的改变必然导致其上分布的"私城"性质的改变。私有制的"旧俗"阻碍辽朝社会发展，且在一定程度上限制皇权。辽圣宗即位后，对隶宫州县制度加以改革，在行政区划上使其

---

1 （宋）余靖：《武溪集》卷18《契丹官仪》，《影印文渊阁四库全书》，第1089册，台湾商务印书馆1986年版，第175页。

2 《王瓒墓志》（统和三年），参见向南：《辽代石刻文编》，河北教育出版社1995年版，第82页。

3 （元）脱脱等：《辽史》卷10《圣宗本纪一》，中华书局2016年标点本，第121页。

4 详见附表《辽代诸宫都部署（宫使）表》，永昌宫、文忠王府宫使未见相关文献记载。

彻底南面方州化，加强南面官机构对隶宫州县的控制力。概言之，经过景、圣两朝改革，将原有分属于各辽帝家族私有的诸宫分逐步转化为归当朝辽帝所有的宫分，且设置"宫院使"作为"从行之官"，建立起科层式管理机构，使诸宫分最终归于当朝辽帝控制之下。

二、宫官的职能

宫官系统作为辽代斡鲁朵系统的管理机构，对行宫、隶宫部族、隶宫州县均起到管理作用。首先，宫官系统承担对行宫的日常管理职能。在行宫宿卫方面，"都部署司、宫使、副宫使、都承以下令史，北面主事以下随驾诸司为武官"。[1]又据余靖记载："胡人从行之官……又有十宫院使，亦从行。"[2]从职官属性上看，南、北面行宫都部署及诸宫都部署属武官序列。《耿延毅墓志》（开泰九年）载：耿氏"入授永兴宫、崇德宫都部署，兼帅武平军。……寻以风玄，不随行在，乃求医于中京贵德坊"。[3]综合以上几条文献记载可知，宫官需跟随辽帝行帐移动，耿氏因病需留中京治疗，方获准"不随行在"。又萧孝资"进永兴宫使，……服戈寝甲，无懈蚤夜，自是禁中以严密闻"。[4]可见，诸宫都部署有统领侍卫之责，负责"禁中"宿卫。然而，耶律挞不也初补祇候郎君，后累迁至永兴宫使，"以平重元之乱，遥授忠正军节度使，赐

1　（元）脱脱等：《辽史》卷51《礼志三》，中华书局2016年标点本，第943页。

2　（宋）余靖：《武溪集》卷18《契丹官仪》，《影印文渊阁四库全书》，第1089册，台湾商务印书馆1986年版，第175页。

3　《耿延毅墓志》（开泰九年），参见向南：《辽代石刻文编》，河北教育出版社1995年版，第160页。

4　《萧孝资墓志》（乾统九年），参见向南、张国庆、李宇峰辑注：《辽代石刻文续编》，辽宁人民出版社2010年版，第265页。

定乱功臣，同知殿前点检司事"，[1]可见，挞不也以永兴宫使的身份参与平叛，因功升任"同知殿前点检司事"。"同知殿前点检司事"为殿前都点检的副贰，因此，诸宫都部署在行宫宿卫官中的地位应不及殿前都点检。"契丹行宫都部署司"，"总行在行军诸斡鲁朵之政令"。[2]"行在"即捺钵地。辽帝"四时各有行在之所，谓之'捺钵'"。[3]则"契丹行宫都部署"应为主管捺钵地宿卫机构的最高长官，其职务应高于殿前都点检，且须与诸宫都部署一同跟随行宫迁徙。除行宫宿卫职能，宫官系统执掌行宫的日常生活事宜。据余靖记载："每岁所献生口及打虏外国所得之物尽隶宫使。"[4]可见，宫使应为管理该宫物资收纳和调配的最高长官。

其次，宫官系统对本宫的宫分军具有一定的统辖权。"辽建诸宫斡鲁朵，部族、蕃户，统以北面宫官。"[5]其中"部族"即"正户"，由契丹本族人户组成。契丹人在辽代有出任宫分军的义务。辽圣宗初年，高嵩在出任永兴宫都部署期间，"俄逢皇太妃专征之事，贵左右有人，南北东西，资机筹而扈跸云川云水，积劳役而成疴"。[6]宫分军在出征过程中，本宫都部署或参与指挥作战。大安十年（1094）五月戊午，

---

1 （元）脱脱等：《辽史》卷96《耶律挞不也传》，中华书局2016年标点本，第1537—1538页。
2 （元）脱脱等：《辽史》卷45《百官志一》，中华书局2016年标点本，第805页。
3 （元）脱脱等：《辽史》卷32《营卫志中》，中华书局2016年标点本，第423页。
4 （宋）余靖：《武溪集》卷18《契丹官仪》，《影印文渊阁四库全书》，第1089册，台湾商务印书馆1986年版，第175页。
5 （元）脱脱等：《辽史》卷46《百官志二》，中华书局2016年标点本，第804页。
6 《高嵩墓志》（统和十八年），参见向南、张国庆、李宇峰辑注：《辽代石刻文续编》，辽宁人民出版社2010年版，第38页。

"西北路招讨司奏敌烈等部来侵,统军司出兵与战,不利,招讨司以兵击破之,敦睦宫太师耶律爱奴及其子死之"。[1]西北路招讨司为辽朝于西北地区设置的最高军事管理机构,辽圣宗朝以后,宫分军的职能已由机动部队逐渐转为边防军,辽道宗年间在与边疆民族作战的过程中,有宫官战死的记录,说明宫官拥有对宫分军的部分指挥权。

再次,宫官系统负责本宫隶宫州县的财政、司法等事务。韩橁出任章愍宫使期间,"掌绾版图,抚绥生齿。陪四朝之羽卫,覆数郡之刑名"。[2]"掌绾版图",即掌管本宫所属的人口、土地,"覆数郡之刑名"即按覆斡鲁朵辖隶宫州县的刑狱。又高嵩在出任永兴宫都部署期间,"十年之间使宫之廪实,实如太仓,宫之库盈,盈如御府"。[3]辽代隶宫州县内设有粮仓,这条史料一方面,说明宫官系统在本宫隶宫州县的民政方面具有一定的管理权;另一方面,说明宫官对本宫隶宫州县的粮仓具有管理权。

---

[1] (元)脱脱等:《辽史》卷25《道宗本纪五》,中华书局2016年标点本,第341页。
[2] 《韩橁墓志》(重熙六年),参见向南:《辽代石刻文编》,河北教育出版社1995年版,第205页。
[3] 《高嵩墓志》(统和十八年),参见向南、张国庆、李宇峰辑注:《辽代石刻文续编》,辽宁人民出版社2010年版,第38页。

第三章
隶宫部族

隶宫部族在契丹语中称契丹人斡鲁朵，是辽代斡鲁朵的重要组成部分。辽代十二宫一府有"石烈二十三，瓦里七十四，抹里九十八，得里二，闸撒十九"。[1] 其中组成"石烈""抹里"的人户称"正户"。"诸弟之乱"平定后，耶律阿保机及继任辽帝通过"析部族"的方式，从契丹原有部族中析分出部分部族人户，以此组建隶宫部族，以削弱契丹部族的实力。"正户"有出任宫分军的义务。少部分隶宫部族人户源自战争中俘获或主动依附的游牧、渔猎人户，称"蕃户"。"蕃户"的地位不及"正户"，多被安置于边疆地区戍守。"瓦里"人户源自被"籍没"的契丹贵族人户，其身份是辽帝的私奴。"闸撒"是"著帐郎君""著帐户"的管理机构，其人户是行宫近侍人户的重要来源。隶宫部族人户有相对固定的驻牧地，不跟随辽帝捺钵。

● 第一节　隶宫部族的人户构成

　　隶宫部族人户由"正户""蕃户""瓦里"和"闸撒"户构成。"正户"源自对契丹原有部族人户的析分，由文献中记载的"石烈""抹里"户构成。"蕃户"由战争俘获或主动依附的游牧、渔猎部族人户构成。"瓦里"由犯"籍没之法"而被没入宫分的契丹贵族人户构成。"闸撒"由"著帐郎君""著帐娘子"和"著帐户"人户构成。

一、"正户"

　　关于隶宫部族人户的来源，"辽国之法：天子践位，置宫卫，分州

---

[1]（元）脱脱等：《辽史》卷31《营卫志上》，中华书局2016年标点本，第410页。

县，析部族，设官府，籍户口，备兵马"。[1] 其中，"析部族"即从原有部族中析分出部分人户，划归当朝辽帝所置的斡鲁朵，作为隶宫部族人户的重要来源，即"正户"。又："古者，巡守于方岳，五服之君各述其职，辽之部族实似之。故以部族置宫卫、行营之后云。"[2] 亦可证明宫卫中的部分人户源自契丹部族人户。

关于"正户"的民族成分，《辽史》无明确记载。然而，从《金史》的记载中可见端倪：

> 金初，因辽诸抹而置群牧，抹之为言无蚊蚋、美水草之地也。天德间，置迪河斡朵、斡里保、蒲速斡、燕恩、兀者五群牧所，皆仍辽旧名，各设官以治之。又于诸色人内，选家富丁多，及品官家子、猛安谋克蒲辇军与司吏家余丁及奴，使之司牧，谓之群子，分牧马驼牛羊，为之立蕃息衰耗之刑赏。后稍增其数为九。契丹之乱遂亡其五，四所之所存者，马千余、牛二百八十余、羊八百六十、驼九十而已。[3]

辽朝灭亡后，金朝对其治下故辽居民原有的经济形式及社会组织并未更张，而是因袭辽朝原有的统治形式进行管理，其中包括对辽代群牧制度的继承。金初群牧源自"辽诸抹"，"抹"即"抹里"，为辽代契丹部族的基层组织。据考证，应天皇太后的斡鲁朵名蒲速盌；辽圣宗的女古斡鲁朵内有瓦里名蒲速盌，辽道宗的阿思斡鲁朵内有瓦里名蒲速

---

[1] （元）脱脱等：《辽史》卷31《营卫志上》，中华书局2016年标点本，第410页。
[2] （元）脱脱等：《辽史》卷33《营卫志下》，中华书局2016年标点本，第435页。
[3] （元）脱脱等：《金史》卷44《兵志》，中华书局2020年标点本，第1074页。

斡，天祚帝的阿鲁盌斡鲁朵内有抹里名蒲速盌。而辽兴宗的窝笃盌斡鲁朵、辽道宗的阿思斡鲁朵内皆有抹里名欧里本。诸群牧既"皆仍辽旧名"，有学者认为金海陵王天德年间所置的五群牧中斡里保和蒲速斡二群牧应是由辽代隶宫部族下辖的抹里发展而来的。[1] 又：

> 契丹闻男丁当尽起，于是撒八、字特补与部众杀招讨使完颜沃侧及燥合，而执耶律娜、没答涅合，取招讨司贮甲三千，遂反。议立豫王延禧子孙，众推都监老和尚为招讨使，山后四群牧、山前诸群牧皆应之。迪斡群牧使徒单赛里、耶鲁瓦群牧使鹤寿等皆遇害，语在《鹤寿传》中。五院司部人老和尚、那也亦杀节度使术甲兀者以应撒八。[2]

这次叛乱的起因是完颜亮征诸道兵以备南征，其中包含"西北路契丹丁壮"。此举激起金朝治下的契丹人的反抗，其中参与叛乱的"山后四群牧、山前诸群牧"自然包含斡里保和蒲速斡两个原属辽代斡鲁朵的群牧。叛乱的参与者主要为契丹农牧民和奴隶。[3] 由此可知，辽代隶宫部族人户中的"正户"应主要由契丹人组成。又：

> 世宗置所七，曰特满、忒满（在抚州）、斡睹只、蒲速椀（蒲速椀本斡睹只之地，大定七年分其地置之。承安三年改为板底因乌鲁古）、

---

[1] 张士东、彭爽：《金代群牧考》，《古籍整理研究学刊》，2014年第5期，第75页。
[2] （元）脱脱等：《金史》卷133《移剌窝斡传》，中华书局2020年标点本，第3007—3008页。
[3] 乔幼梅：《金代的畜牧业》，《山东大学学报》（哲学社会科学版），1997年第3期，第82页。

瓯里本（承安三年改为乌鲜乌鲁古。乌鲁古者言滋息也）、合鲁椀、耶卢椀（在武平县、临潢、泰州之境）。[1]

据考证，"辽兴宗的斡鲁朵名窝笃盌，意思是孳息，天祚帝斡鲁朵有抹里名斡笃盌；天祚帝的斡鲁朵名阿鲁盌，意思辅祐，其下有石烈名阿鲁盌、瓦里名阿鲁斡、抹里名谋鲁盌，应都是同名异译，也就是辽世宗所置群牧的合鲁椀；辽世宗的斡鲁朵名耶鲁盌。"[2]因此，金世宗所置的七个群牧全部由辽代隶宫部族所属诸抹里发展而来。又：承安元年（1196）十一月庚寅，"特满群牧契丹陁锁、德寿反，泰州军击败之"。[3]进一步验证了辽代隶宫部族人户主要由契丹人户组成的结论。

二、"蕃户"

除"正户"，"蕃户"亦是隶宫部族人户的重要组成部分。契丹人在征伐四方的过程中，俘获大量周边游牧、渔猎民族人户，同时又有诸多部落主动归附。其中，部分人户被编入斡鲁朵，成为隶宫部族人户的组成部分。如伯斯鼻骨德部，"本鼻骨德户。初隶诸宫，圣宗以户口蕃息置部。隶北府，节度使属东北路统军司，戍境内，居境外"。[4]"伯斯鼻骨德部"的人户源自隶宫部族户中的鼻骨德人户，为

---

1 （元）脱脱等：《金史》卷44《兵志》，中华书局2020年标点本，第1074—1075页。
2 张士东、彭爽：《金代群牧考》，《古籍整理研究学刊》，2014年第5期，第76页。
3 （元）脱脱等：《金史》卷10《章宗本纪二》，中华书局2020年标点本，第262页。
4 （元）脱脱等：《辽史》卷33《营卫志下》，中华书局2016年标点本，第444页。

"辽朝以武力征讨鼻骨德部所获得的俘虏"，[1] 置部前隶属于宫分。后于辽圣宗朝因"户口蕃息"从宫分中析出并设置新部族。又同卷载："奥衍女直部。圣宗以女真户置。隶北府，节度使属西北路招讨司，戍镇州境。自此至河西部，皆俘获诸国之民。初隶诸宫，户口蕃息置部。讫于五国，皆有节度使。"[2] "奥衍女直部"的人户源自契丹人战争中"俘获诸国之民"中的女真人户，其置部过程与"伯斯鼻骨德部"类似。可知，辽朝周边游牧、渔猎民族俘户是隶宫部族人户的来源之一。然而，"蕃户"并未如"正户"一样被迁入契丹故地，而是被安置于"自此（镇州）至河西部"等边疆地区，这或与辽朝"分镇边围"的政策有关。除战争俘户，尚有部分周边各族人户主动依附辽朝，被辽朝编入隶宫部族的编制内。如保宁三年（971）十一月庚子，"胪朐河于越延尼里等率户四百五十来附，乞隶宫籍。诏留其户，分隶敦睦、积庆、永兴三宫，优赐遣之"。[3] 可见，周边部族的依附人户与战争俘户同为"蕃户"的组成部分。

"蕃户"的地位不如"正户"。如"稍瓦部"，"初，取诸宫及横帐大族奴隶置稍瓦石烈。'稍瓦'，鹰坊也。居辽水东，掌罗捕飞鸟。圣宗以户口蕃息置部。节度使属东京都部署司"。"曷术部。初，取诸宫及横帐大族奴隶置曷术石烈。'曷术'，铁也。以冶于海滨柳湿河、三黜古斯、手山。圣宗以户口蕃息置部。属东京都部署司。"[4] "稍瓦部"

---

1 程尼娜：《辽朝黑龙江流域属国、属部朝贡活动研究》，《求是学刊》，2012年第1期，第145页。
2 （元）脱脱等：《辽史》卷33《营卫志下》，中华书局2016年标点本，第443页。
3 （元）脱脱等：《辽史》卷8《景宗本纪上》，中华书局2016年标点本，第100页。
4 （元）脱脱等：《辽史》卷33《营卫志下》，中华书局2016年标点本，第441页。

和"曷术部"属辽圣宗三十四部,其人户由"非契丹族的各个部落和人户加以编排"组成。[1]由此推知,二部人户中源自"诸宫"者应属"蕃户"。二部初置石烈时,"取诸宫及横帐大族奴隶置曷术石烈",可见其人户地位应与大部族的奴隶相近,不比自诸部析出之"正户"。

三、"瓦里""闸撒"户

"瓦里"是由因犯罪而被没入宫分的契丹部族户组成的行政组织,同时也是辽朝特有的一类部族组织,其设置与辽朝的"籍没之法"有关。"籍没之法","是有辽一代始终存在的一项重要刑罚制度"[2],其存在时间伴随整个辽朝始终。"始自太祖为挞马狨沙里时,奉痕德堇可汗命,案于越释鲁遇害事,以其首恶家属没入瓦里。及淳钦皇后时析出……至世宗诏免之。其后内外戚属及世官之家,犯反逆等罪,复没入焉。"[3]据此,可得如下信息:首先,辽朝建立以前就已有"瓦里"一类部族组织。"籍没之法"的颁行时间最迟不晚于耶律阿保机出任"挞马狨沙里"时。此时的契丹社会尚处于遥辇氏统治时期,辽朝国家尚未建立。早期的"瓦里"人户主要由谋害耶律释鲁的"首恶家属"组成。其次,没入"瓦里"的人户具有特殊的身份。如:"遥辇痕德堇可汗以蒲古只等三族害于越室鲁,家属没入瓦里。应天皇太后知国政,析出之……世宗悉免之。其后内族、外戚及世官之家犯罪者,皆没入瓦里。人户益众,因复故名。"[4]又:"初,遥辇痕德堇可汗以蒲古只等

---

1 舒焚:《辽史稿》,湖北人民出版社1984年版,第339页。
2 王善军:《辽代籍没法考述》,《民族研究》,2001年第2期,第62页。
3 (元)脱脱等:《辽史》卷61《刑法志上》,中华书局2016年标点本,第1038页。
4 (元)脱脱等:《辽史》卷45《百官志一》,中华书局2016年标点本,第790—791页。

三族害于越释鲁,籍没家属入瓦里。……后族、戚、世官犯罪者没入。"[1]可见,并非所有"犯反逆等罪"的人户皆依据"籍没之法"没入"瓦里",其适用范围仅限于皇族、后族、外戚以及世官之家的罪犯。此后,该类群体因"犯反逆等罪"而依据"籍没之法"被没入"瓦里",并形成惯例。再次,"瓦里"人户在一些情况下可被"析出"。如前所述,最初因谋害于越室鲁而遭没入"瓦里"的"蒲古只等三族",至应天皇太后"知国政"时期被从"瓦里"中析出,至辽世宗即位后"悉免之"。如:"萧塔剌葛,字陶哂,六院部人。素刚直。太祖时,坐叔祖台哂谋杀于越释鲁,没入弘义宫。世宗即位,以舅氏故,出其籍,补国舅别部敞史。"[2]关于"台哂","滑哥,字斯懒,隋国王释鲁之子。性阴险。初烝其父妾,惧事彰,与克萧台哂等共害其父,归咎台哂,滑哥获免"。[3]"隋国王释鲁"即"于越释鲁",史载:重熙二十一年(1052)七月壬子,追封"于越释鲁为隋国王"。[4]因此,"叔祖台哂"即"萧台哂",因滑哥谋害释鲁之事"归咎台哂",其家族遭"没入弘义宫(瓦里)",应为"蒲古只等三族"之一族。此后,其家族于应天皇太后"知国政"时从"瓦里"中析出。辽世宗即位后,其家族虽已脱离奴隶身份,但并未恢复其原有部落称呼,而是"以舅氏故,出其籍,补国舅别部敞史"。又"耶律良,字习撚,小字苏,著帐郎君之后",[5]亦不言其出身何部。由此推知,"瓦里"的人户,或因被"籍没"

---

1 (元)脱脱等:《辽史》卷31《营卫志上》,中华书局2016年标点本,第419页。
2 (元)脱脱等:《辽史》卷90《萧塔剌葛传》,中华书局2016年标点本,第1496页。
3 (元)脱脱等:《辽史》卷112《耶律滑哥传》,中华书局2016年标点本,第1651页。
4 (元)脱脱等:《辽史》卷20《兴宗本纪三》,中华书局2016年标点本,第278页。
5 (元)脱脱等:《辽史》卷96《耶律良传》,中华书局2016年标点本,第1538页。

而失去其原有的部民身份，此后又自"瓦里"中析出，故其身份应为"宫分人"。而萧塔剌葛因其家族显赫，为辽世宗之"舅氏"，而另置"国舅别部"，有别于耶律良等普通宫分人之后。

《辽史》中关于"闸撒"一级行政组织的记载较少。余蔚认为"闸撒"为管理著帐郎君与著帐户的机构，且以承天太后的孤稳斡鲁朵下"牒耳葛太保果直闸撒"为例，指出"牒耳葛太保"即《辽史·逆臣传中》的耶律牒蜡[1]，亦即《辽史·世宗本纪》中记载的中台省右相耶律牒蜡。[2] 牒蜡因参与耶律察割叛乱而遭诛杀，其族人被以"籍没之法"没入"瓦里"，后得以"析出"为著帐郎君或著帐户。契丹部族人户被没入"瓦里"后则佚其原部族名，仅以"瓦里"名作为其族名。然而，"瓦里"人户往往因罪被举族没入。史载："其母燕国夫人厌魅梁王，伏诛。贬妃为庶人，幽于宜州，诸弟没入兴圣宫。"[3] 则"瓦里"户应知晓其所出家族。因此，"大约（耶律牒蜡）族人甚众，故集中于一个闸撒管理，且以本主之名，名其闸撒"。[4] 应历十四年（964）十月丙辰，"以掌鹿矧思代斡里为闸撒狨，赐金带、金盏，银二百两，所隶死罪以下得专之"。[5] 关于"掌鹿"一职，史载：应历十三年（963）三月癸丑，"杀鹿人弥里吉，枭其首以示掌鹿者"。[6] 可见，"掌鹿"应为"鹿人"的长官。"鹿人"在身份上属于契丹部族人户中的奴隶，从《辽史·穆

---

1 余蔚：《辽代斡鲁朵管理体制研究》，《历史研究》，2015年第1期，第62—63页。
2 （元）脱脱等：《辽史》卷5《世宗本纪》，中华书局2016年标点本，第72页。
3 （元）脱脱等：《辽史》卷71《后妃传》，中华书局2016年标点本，第1327页。
4 余蔚：《辽代斡鲁朵管理体制研究》，《历史研究》，2015年第1期，第63页。
5 （元）脱脱等：《辽史》卷7《穆宗本纪下》，中华书局2016年标点本，第90页。
6 （元）脱脱等：《辽史》卷6《穆宗本纪上》，中华书局2016年标点本，第86页。

宗本纪上》中的记载来看，其身份与著帐户类似，或为著帐户的组成部分。

关于著帐户。史载："著帐户。本诸斡鲁朵析出，及诸罪没入者。"[1] 由此可知，著帐户的来源有二：其一，源自"诸斡鲁朵析出"。辽代中期以后，新即位的辽帝在创置其本人隶宫部族时已不再析分原有的契丹部族，而是从先帝的隶宫部族人户中析置。如辽道宗的"阿思斡鲁朵"，"以诸斡鲁朵御前承应人及兴中府户置"。[2] 其中，承应人（著帐户）是斡鲁朵户的重要组成部分。"籍没之法……其后内外戚属及世官之家，犯反逆等罪，复没入焉。余人则没为著帐户。其没入宫分、分赐臣下者亦有之。"[3] "籍没之法"的适用人户皆为契丹部族人户，故此处"宫分"应言隶宫部族。然而，"辽王朝的被籍没者多成为私人奴婢"，[4] 故遭籍没者的身份与普通隶宫部族户不同，是辽帝的私奴。因此，当这部分人户被再次析置斡鲁朵时，是被以承应人（著帐户）的形式安置的。其二，源自"诸罪没入"。"籍没之法……及淳钦皇后时析出，以为著帐郎君，至世宗诏免之。其后内外戚属及世官之家，犯反逆等罪，复没入焉。余人则没为著帐户。其没入宫分、分赐臣下者亦有之。"[5] 可知，此类著帐户应由除"内外戚属及世官之家"而犯"籍没之法"而遭没入斡鲁朵的契丹部族人户组成。此外，还有部分著帐户源自战争俘虏，并非契丹本族人户，且非因罪没入。如："奚有三

---

1 （元）脱脱等：《辽史》卷31《营卫志上》，中华书局2016年标点本，第419页。
2 （元）脱脱等：《辽史》卷31《营卫志上》，中华书局2016年标点本，第417页。
3 （元）脱脱等：《辽史》卷61《刑法志上》，中华书局2016年标点本，第1038页。
4 王善军：《辽代籍没法考述》，《民族研究》，2001年第2期，第64页。
5 （元）脱脱等：《辽史》卷61《刑法志上》，中华书局2016年标点本，第1038页。

营：曰撒里葛，曰窈爪，曰耨盌爪。太祖伐奚，乞降，愿为著帐子弟，籍于宫分，皆设夷离堇。圣宗各置为部，改设节度使，皆隶南府，以备畋猎之役。居泽州东。"[1] 撒里葛等奚人三部至辽圣宗朝时期才被设置为部族，脱离斡鲁朵的管辖。此前，三部应为著帐户。

关于著帐郎君、娘子。"凡世官之家泊诸色人，因事籍没者为著帐户，官有著帐郎君。"[2] 将著帐郎君归为著帐户的长官。然而，著帐郎君的身份是否属官吏在学界尚存在较大分歧，林鹄认为，著帐郎君属于特殊的罪犯，其身份仅较普通著帐户为高。[3] 然而未做详细的论证。乐日乐认为，著帐郎君与著帐户之间的区别主要体现在人户的出身上，著帐郎君是从普通著帐户中"析出的宗戚子弟"。[4] 史载：

遥辇痕德堇可汗以蒲古只等三族害于越室鲁，家属没入瓦里。应天皇太后知国政，析出之，以为著帐郎君、娘子，每加矜恤。世宗悉免之。其后内族、外戚及世官之家犯罪者，皆没入瓦里。人户益众，因复故名。皇太后、皇太妃帐，皆有著帐诸局。[5]

将此条文献与前引《刑法志上》中的记载比勘可知，凡籍没之人户，出自"内族、外戚及世官之家犯罪者"，析出后多任著帐郎君、娘子，

---

1 （元）脱脱等：《辽史》卷33《营卫志下》，中华书局2016年标点本，第441页。
2 （元）脱脱等：《辽史》卷116《国语解》，中华书局2016年标点本，第1695页。
3 林鹄：《辽史百官志考订》，中华书局2015年版，第46页。
4 乐日乐：《辽朝郎君考述》，载辽宁省博物馆、辽宁省辽金契丹女真史研究会编：《辽金历史与考古》（第九辑），科学出版社2018年版，第99页。
5 （元）脱脱等：《辽史》卷45《百官志一》，中华书局2016年标点本，第790—791页。

而余人则多为著帐户。显然著帐郎君的出身高于普通著帐户。这一点在著帐户的迁转履历中亦有体现。如耶律奴妻萧氏为"国舅驸马都尉陶苏斡之女。母胡独公主",其夫耶律奴"与枢密使乙辛有隙。及皇太子废,被诬夺爵,没入兴圣宫,流乌古部",后于寿昌年间,"上书乞子孙为著帐郎君"。[1] 可见,著帐郎君的地位应高于普通著帐户,须有特定的出身才可升任。又耶律资忠"系出仲父房。……初,资忠在高丽也,弟昭为著帐郎君,坐罪没家产。至是,乃复横帐,且还旧产,诏以外戚女妻之"。[2] 耶律资忠弟耶律昭出身横帐仲父房,属于"内族"之家的犯罪者,因此遭籍没后其身份为著帐郎君。然而,著帐郎君、娘子"从根本上讲也是奴隶的身份"。[3] 因此,著帐郎君、娘子与著帐户之间的区别主要体现在其被"籍没"前的出身上,二者被"籍没"后的身份皆为辽帝的奴隶。

● 第二节 隶宫部族的驻牧地

隶宫部族驻牧地的问题历来受到学界重视,且分歧较大。杨若薇认为,隶宫部族户全部扈从当朝辽帝的行宫,四时捺钵。[4] 武玉环认为,隶宫部族户有相对固定的驻牧地点,不随行宫移动。[5] 可见,争

---

1 (元)脱脱等:《辽史》卷107《耶律奴妻萧氏传》,中华书局2016年标点本,第1621—1622页。
2 (元)脱脱等:《辽史》卷88《耶律资忠传》,中华书局2016年标点本,第1478页。
3 王善军:《辽代籍没法考述》,《民族研究》,2001年第2期,第65页。
4 杨若薇:《契丹王朝政治军事制度研究》,中国社会科学出版社1991年版,第15页。
5 武玉环:《辽代斡鲁朵探析》,《历史研究》,2000年第2期,第51页。

议的焦点主要集中在隶宫部族是否跟随辽帝捺钵,是否有固定的驻牧地点。

一、隶宫部族不跟随辽帝捺钵

杨若薇认为,天赞元年(922),耶律阿保机析分迭剌部后,始"立斡鲁朵法",意在以宫分户(部族)于斡鲁朵周围组建辽帝专属的游牧集团,以取代原迭剌部的职能。"斡鲁朵的组成与各部落同样,是一个生产组织;因它是扈从着皇帝行宫的集团,所以又是一支禁卫力量。""后来历代皇帝即位,都为自己建置一个新的斡鲁朵,而前帝斡鲁朵依旧扈从着当朝皇帝。"[1]概言之,辽帝捺钵期间,行宫消费的物资由大量随行的隶宫部族户供应,历代辽帝的隶宫部族皆需扈从当朝辽帝。至今,此观点的确得到一些学者的认同。[2]实际上,辽代隶宫部族不跟随辽帝捺钵,杨氏的看法是值得商榷的。

首先,行宫与隶宫部族有着不同的渊源及人户来源。北方游牧民族社会中广泛存在行营制度。"行营是一种游牧民族特有的居住工具,是为了适应游牧迁徙的需要而产生的。这种工具由毡帐、车辆等构成。"[3]如与契丹"异种同类"的奚人社会既有此制。史载:奚主的行帐,"每随逐水草,以畜牧为业,迁徙无常。居有毡帐,兼用车为营,

---

1 杨若薇:《契丹王朝政治军事制度研究》,中国社会科学出版社1991年版,第27—31页。
2 张国庆:《辽代社会基层聚落组织及其功能考探——辽代乡村社会史研究之一》,《中国史研究》,2002年第2期,第84页。余蔚:《辽代斡鲁朵管理体制研究》,《历史研究》,2015年第1期,第56页。
3 费国庆:《辽代斡鲁朵探索》,《历史学》,1979年第3期,第34页。

牙中常五百人持兵自卫"。[1] 可见，奚主行帐的职能为：侍奉奚主日常起居及护卫奚主安全。而辽朝建立前的契丹人社会亦有此制，史载："辽之先世，未有城郭、沟池、宫室之固，毡车为营，硬寨为宫。"[2] 可见，辽朝建国前的行帐制度与奚人之制存在较大的相似性。辽朝建国后，随着"斡鲁朵法"的颁行，"宫"与"营"的内涵随之发生转变，辽帝"居有宫卫，谓之斡鲁朵；出有行营，谓之捺钵"。[3] 关于二者之间的关系，杨军认为，在耶律阿保机时期斡鲁朵（行宫）与捺钵（行营）还是一回事。[4] 可见，行宫应由辽帝之行营演化而来。耶律阿保机时期斡鲁朵行宫的人户由其亲兵和部曲构成。有关构成行宫的亲兵，"太祖以迭剌部受禅，分本部为五院、六院，统以皇族，而亲卫缺然。乃立斡鲁朵法……入则居守，出则扈从"。[5] 行宫部曲即服役于"算斡鲁朵"的"著帐户"。此二类人户构成了辽代早期斡鲁朵行宫人户的基础。辽朝建国后，耶律阿保机正式颁行"斡鲁朵法"。"辽国之法：天子践位，置宫卫，分州县，析部族，设官府，籍户口，备兵马。"[6] 这里的"析部族"即各斡鲁朵创置时，辽帝通过从契丹原有诸部中析分出一部分人户，编入其本人的斡鲁朵，以达到削弱旧部族实力的目的，使之无法对辽帝的统治构成威胁。如前所述，部分人户属"正户"，由契丹人组成，"是斡鲁朵所属游牧人口的主要来源"，[7] 即杨氏所谓"扈从着皇帝

---

1 （后晋）刘昫等：《旧唐书》卷199下《奚传》，中华书局1975年标点本，第5354页。
2 （元）脱脱等：《辽史》卷45《百官志一》，中华书局2016年标点本，第785页。
3 （元）脱脱等：《辽史》卷31《营卫志上》，中华书局2016年标点本，第409页。
4 杨军：《辽代斡鲁朵研究》，《学习与探索》，2015年第5期，第152页。
5 （元）脱脱等：《辽史》卷35《兵卫志中》，中华书局2016年标点本，第458页。
6 （元）脱脱等：《辽史》卷31《营卫志上》，中华书局2016年标点本，第410页。
7 杨军：《辽代斡鲁朵研究》，《学习与探索》，2015年第5期，第154页。

行宫的集团",共计"石烈二十三,瓦里七十四,抹里九十八,得里二,闸撒十九"。[1] 可见,行宫于辽朝建国前即已有之,而隶宫部族的设置已是辽朝建国以后的事,且二者所属人户的来源亦有不同。

其次,文献中并无有关隶宫部族追随辽帝捺钵的记载。史载:

> 皇帝牙帐以枪为硬寨,用毛绳连系。每枪下黑毡伞一,以庇卫士风雪。枪外小毡帐一层,每帐五人,各执兵仗为禁围。南有省方殿,殿北约二里曰寿宁殿,皆木柱竹榱,以毡为盖,彩绘韬柱,锦为壁衣,加绯绣额。又以黄布绣龙为地障,窗、榻皆以毡为之,傅以黄油绢。基高尺余,两厢廊庑亦以毡盖,无门户。省方殿北有鹿皮帐,帐次北有八方公用殿。寿宁殿北有长春帐,卫以硬寨。宫用契丹兵四千人,每日轮番千人祗直。禁围外卓枪为寨,夜则拔枪移卓御寝帐。周围拒马,外设铺,传铃宿卫。每岁四时,周而复始。

> 皇帝四时巡守,契丹大小内外臣僚并应役次人,及汉人宣徽院所管百司皆从。汉人枢密院、中书省唯摘宰相一员,枢密院都副承旨二员,令史十人,中书令史一人,御史台、大理寺选摘一人扈从。[2]

从记载来看,辽帝率领的捺钵集团以硬寨形式的皇帝牙帐为核心、军政部门的重要官员随从为特点。硬寨即行宫。可见除辽帝行宫,随行的人员还包括负责保卫行宫安全的"契丹兵"、蕃汉官员及应役次人。而未见杨氏所言还包含一个由隶宫部族组成的"庞大的畜牧生产集

---

[1] (元)脱脱等:《辽史》卷31《营卫志上》,中华书局2016年标点本,第410页。
[2] (元)脱脱等:《辽史》卷32《营卫志中》,中华书局2016年标点本,第425—426页。

团"。[1] 对此，宋人史料中亦有体现，据出使辽朝的宋使余靖记载：

> 胡人从行之兵，取宗室中最亲信者为行宫都部署以主之。其兵皆取于南、北王府，十宫院人充之，亦有大内点检、副点检之官，以备宿卫。北王府兵刺左臂，南王府兵刺右臂。十宫院人呼小底，如官奴婢之属也。巡警者呼拽剌，逐部分各有首领及判官等，渤海亦有宿卫者。又有左右等五比室。契丹调金刚为比室，取其坚利之名也。汉人亦有"控鹤"等六军。[2]

承担宿卫职能的"从行之兵"中，契丹军队源自南、北王府及十宫院人。此处的"十宫院人"既称小底，且为官奴婢，应由著帐户组成。然而，未见有由诸宫部族户组成的诸宫宫分军，随帐参与宿卫的记载。又据宋朝使臣沈括记载：

> 单于庭依犊儿山之麓，广荐之中，毡庐数十，无垣墙沟表，至暮，则使人坐草，袭庐击柝。大率其俗简易，乐深山茂草，与马牛杂居，居无常处。

> 有屋，单于之朝寝、萧后之朝寝凡三，其余皆毡庐，不过数十，悉东向。庭以松干表其前，一人持牌立松干之间，曰阁门；其东相向

---

1 杨若薇：《契丹王朝政治军事制度研究》，中国社会科学出版社1991年版，第119页。
2 （宋）余靖：《武溪集》卷18《契丹官仪》，《影印文渊阁四库全书》，第1089册，台湾商务印书馆1986年版，第174页。

六七帐曰中书、枢密院、客省。又东毡庐一，旁驻毡车六，前植纛，曰太庙，皆草莽之中。[1]

犊儿山即吐儿山。[2] 史载：夏捺钵"无常所，多在吐儿山"。[3] 可知，沈括述及单于庭应为辽帝夏捺钵的所在地，随行人员及组织机构与冬捺钵地略同，亦未见与隶宫部族相关的记载。由此推知，隶宫部族户或有相对固定的驻牧地，不跟随行宫捺钵。

再次，捺钵地草场不足以承载诸斡鲁朵内的隶宫部族游牧。杨若薇认为，辽代诸斡鲁朵所属隶宫部族构成一个"庞大的游牧集团"，跟随辽帝行宫，"一年四季总是处于从一个牧场到另一个牧场的迁移流动之中"，"为行宫生活提供重要的经济来源"，承担宿卫辽帝行宫的职能，且先帝斡鲁朵所属的隶宫部族皆需扈从当朝皇帝。[4] 根据游牧经济的周期性特点，斡鲁朵内的部族人户需"一年四季总是处于从一个牧场到另一个牧场的迁移流动之中"，这也是影响辽帝捺钵地点选择的主要因素。[5]"契丹本户多隶宫帐、部族。"[6] 其中隶属于宫帐的契丹本户称"正户"，有出任宫卫骑军的义务。"（宫卫）骑军是契丹政权的作战主

---

[1]（宋）沈括：《熙宁使契丹图抄》，参见贾敬颜：《〈熙宁使契丹图抄〉疏证稿》，《文史》（第22辑），1984年，第124页。

[2] 杨军、王成名：《辽代捺钵考》，《安徽史学》，2017年第2期，第41页。

[3]（元）脱脱等：《辽史》卷32《营卫志中》，中华书局2016年标点本，第424页。

[4] 杨若薇：《契丹王朝政治军事制度研究》，中国社会科学出版社1991年版，第37、119页。

[5] 杨若薇：《契丹王朝政治军事制度研究》，第32、37、119页。

[6]（元）脱脱等：《辽史》卷36《兵卫志下》，中华书局2016年标点本，第473页。

力,应出自正户中。"¹ 杨军认为:"《辽史·营卫志》所载,春捺钵在鸭子河泊、夏捺钵'多在吐儿山'、秋捺钵'日伏虎林'、冬捺钵'日广平淀',显然是辽道宗时事。"² 辽道宗的阿思斡鲁朵有"正丁二万,蕃汉转丁四万,骑军一万五千"。³ 按辽制,"每正军一名,马三匹,打草谷、守营铺家丁各一人"。⁴ 据此计算,为满足阿思斡鲁朵所属宫卫骑军作战所需的马匹即有4.5万匹以上。丹尼斯·塞诺认为,"一片较为高产的草原,十英亩面积可供一头牲畜吃一个月",据此推算在辽朝"1万匹马一个月需要10万英亩草场,折合60余万亩"。⁵ 那么,仅阿思斡鲁朵所属的战马,驻扎一月就需要45万英亩优质草场,折合270余万亩,即1800余平方公里。然而辽朝诸宫卫共有"丁四十万八千,出骑军十万一千"。⁶ 循杨氏观点,宫卫骑军由隶宫部族组成,应跟随辽帝捺钵,⁷ 则仅满足宫卫骑军马匹驻牧所需一项,就需要300万英亩以上的优质草场,折合1800余万亩,即1.2万余平方公里。考虑到隶宫部族需放牧牛、羊等牲畜以满足日常生活的需要,那么,实际需要的优质牧场可能会更多。辽道宗朝以后,春捺钵地位于鸭子河泺,"东西二十里,南北三十里",冬捺钵地位于广平淀,"东西二十余里,南北十余里"。⁸ 其地不过百余平方公里,显然无法承担斡鲁朵所属隶宫

---

1 余蔚:《辽代斡鲁朵管理体制研究》,《历史研究》,2015年第1期,第59页。
2 杨军、王成名:《辽代捺钵考》,《安徽史学》,2017年第2期,第41页。
3 (元)脱脱等:《辽史》卷35《兵卫志中》,中华书局2016年标点本,第461页。
4 (元)脱脱等:《辽史》卷34《兵卫志上》,中华书局2016年标点本,第451页。
5 [美]丹尼斯·塞诺:《丹尼斯·塞诺内亚研究文选》,中华书局2006年版,第118页。
6 (元)脱脱等:《辽史》卷35《兵卫志中》,中华书局2016年标点本,第465页。
7 杨军:《辽代斡鲁朵研究》,《学习与探索》,2015年第5期,第155页。
8 (元)脱脱等:《辽史》卷32《营卫志中》,中华书局2016年标点本,第425页。

部族放牧的需要。因此，按照丹尼斯·塞诺的观点推算，很难与实际相符。且辽代中期以后，捺钵地的自然环境逐渐恶化。西辽河地区气候转向冷干，降水减少，导致荒漠化程度加剧。[1]据辽圣宗开泰九年（1020）出使辽朝的宋绶记载："至香山子馆，前倚土山，依小河，其东北三十里即长泊也，涉沙碛，过白马淀，九十里至水泊馆，度土河，亦云撞撞水，聚沙成墩，少人烟，多林木，其河边平处，国主曾于此过冬。"[2]白马淀即广平淀，此时已"聚沙成墩"，形成连片沙地。赴捺钵地已需"涉沙碛"。至辽道宗时，广平淀"四望皆沙碛，木多榆柳。其地饶沙，冬月稍暖，牙帐多于此坐冬"。[3]此时，广平淀所在地已发展至"四望皆沙碛"。可见，辽代中期以后捺钵地荒漠化日益严重，牧场的承载力下降，已非"优质牧场"，不足以承载诸宫部族游牧的需求。综上可见，隶宫部族不应追随辽朝皇帝捺钵，言其是行宫的构成部分是缺乏依据的。

二、隶宫部族的组织形式

辽代的斡鲁朵，除了"赤寔得本斡鲁朵"，只有践位的皇帝和摄政太后才可设置，其内部组织结构也不同于一般的契丹部族或帐族。为管理皇帝隶宫部族，契丹统治者设有一套严密的组织序列。对于这个问题的研究，杨若薇认为，隶宫部族与"辽内四部族"一样，属于

---

[1] 韩茂莉：《辽代西辽河流域气候变化及其环境特征》，《地理科学》，2004年第5期，第552页。

[2] 宋绶：《契丹风俗》，参见赵永春辑注：《奉使辽金行程录》（增订本），商务印书馆2017年版，第34页。

[3] 《辽史》卷三二《营卫志中》，第425页。

"族帐组织",是"聚族而居"的小的游牧集团。[1] 显然,这一看法明显将隶宫部族与辽内四部族等同,并归于族帐组织系列。当然,就隶宫部族的生产、生活来讲,属于小的游牧集团是有道理的,这是契丹与其他游牧民族的共性之一,但认为隶宫部族也是族帐组织就不准确了。

辽代契丹本族的社会组织可分为"部族"和"帐族"两种形式。[2] "部族"是由游牧人户组成的地缘性组织。这些游牧人户多为契丹人,此外还包含一些北方游牧民族。契丹"部族"组织始见于涅里时期。"契丹之初,草居野次,靡有定所。至涅里始制部族,各有分地。"[3] 又"部落曰部,氏族曰族。契丹故俗,分地而居,合族而处"。[4] 契丹人以游牧为生,早期逐水草而居,因此"靡有定所"。至涅里以后契丹社会"始制部族",并与"分地"相结合。涅里通过"各有分地"的方式划分驻牧地,使契丹人"分地而居,合族而处"。可见涅里"始制部族,各有分地"的目的是将契丹游牧人户固定在特定的驻牧地上放牧,并以此设置了具备地缘特征的社会组织,在史籍中被称为部族。

另外,其谈到的辽代"帐族",事实上是由契丹上层贵族组成的血缘组织,也与隶宫部族不同。帐族的情况,"至于辽太祖,析九帐、三房之族,更列二十部"。[5] 在耶律阿保机"变家为国"过程中,将契丹人户重新整合为新的"部族",即"二十部"。同时,保留了"九帐、

---

1 杨若薇:《契丹王朝政治军事制度研究》,第86页。
2 刘浦江:《辽朝"横帐"考》,《松漠之间——辽金契丹女真史研究》,中华书局2008年版,第54页。
3 (元)脱脱等:《辽史》卷32《营卫志中》,中华书局2016年标点本,第427页。
4 (元)脱脱等:《辽史》卷32《营卫志中》,中华书局2016年标点本,第426页。
5 (元)脱脱等:《辽史》卷32《营卫志中》,中华书局2016年标点本,第427页。

三房之族"等部分氏族形式的血缘组织，称"族帐"、"帐族"或"帐分"。[1] 这些血缘组织以"升帐"的形式，获得了成为"帐族"的特权，不再是契丹"部族"的组成部分。如耶律阿保机本设"太祖二十部"，后因"二国舅升帐分"，原二十部"止十八部"。[2] 二国舅帐"升帐分"后，已不再属于"部族"。辽代"帐族"由遥辇九帐族、横帐三父房族、国舅帐拔里、乙室已族、国舅别部组成。[3] 这些帐族原为契丹社会中地位显赫的氏族。如耶律阿保机即位之初，为优待遥辇氏贵族，"诏皇族承遥辇氏九帐为第十帐"，并"尊九帐于御营之上"。[4] "御营"即"皇族帐"。遥辇氏九帐"升帐分"后地位居于皇族帐以上，在辽代享有尊贵的地位。"诸弟之乱"中，"诸帐族与谋逆者三百余人罪状，皆弃市"。[5] 经历过这次"构乱"后，"府之名族多罹其祸"。[6] 构成"帐族"的氏族皆"名族"，非一般契丹人户可以比拟。可见，"帐族"是以"族"作为血缘纽带而形成的契丹贵族氏族组织，具有显著的血缘性特征，《营卫志》中谓其"族而不部者"。[7] 因此，"帐族"以血缘为依据划分其成员。"帐族"平时需追随辽帝迁徙。如辽帝在捺钵地驻营时，"御帐东向，遥辇九帐南向，皇族三父帐北向"。[8] 因此，其驻牧地多分

---

1 刘浦江：《辽朝"横帐"考》，《松漠之间——辽金契丹女真史研究》，中华书局 2008 年版，第 54 页。
2 （元）脱脱等：《辽史》卷 33《营卫志下》，中华书局 2016 年标点本，第 436 页。
3 刘浦江：《辽朝"横帐"考》，《松漠之间——辽金契丹女真史研究》，中华书局 2008 年版，第 54 页。
4 （元）脱脱等：《辽史》卷 1《太祖本纪上》，中华书局 2016 年标点本，第 3 页。
5 （元）脱脱等：《辽史》卷 1《太祖本纪上》，中华书局 2016 年标点本，第 10 页。
6 （元）脱脱等：《辽史》卷 2《太祖本纪下》，中华书局 2016 年标点本，第 18 页。
7 （元）脱脱等：《辽史》卷 32《营卫志中》，中华书局 2016 年标点本，第 426 页。
8 （元）脱脱等：《辽史》卷 45《百官志一》，中华书局 2016 年标点本，第 800 页。

布于捺钵地。如位于南京道漷阴县的延芳淀是辽帝的冬捺钵地,"国主、皇族、群臣各有分地"。[1] 应当指出的是,"帐族"中的某些成员可能会成为隶宫部族的成员,而"帐族"本身却不是隶宫部族。

隶宫部族中存在石烈、瓦里、抹里、闸撒四种组织形式。以辽太宗的国阿辇斡鲁朵为例,下辖:

石烈一:北女古。

瓦里四:曰抹,曰母,曰合李只,曰述垒。

抹里十三:曰述垒轸,曰大隔蔑,曰小隔蔑,曰母,曰归化不术,曰唐括,曰吐谷,曰百尔瓜忒,曰合鲁不只,曰移马不只,曰膻,曰清带,曰速稳。

闸撒七:曰伯德部,曰守狱,曰穴骨只,曰合不频尼,曰虎里狱,曰耶里只挟室,曰僧隐令公。[2]

其中石烈、抹里是辽代契丹人的基础社会组织,尽管其同样出现在辽代的部族和斡鲁朵内,但两者的具体情况却是需要讨论的问题。

抹里又称弥里、没里,是契丹人社会的基层组织。[3] "抹里"一词本意河流。"没里者,河也。"[4] 作为游牧民族,牲畜的繁衍生息很大程度上依赖其驻牧地牧场的质量。而草原上诸河流域内往往是优

---

1 (元)脱脱等:《辽史》卷40《地理志四》,中华书局2016年标点本,第564页。
2 (元)脱脱等:《辽史》卷31《营卫志上》,中华书局2016年标点本,第411—412页。
3 [日]白鸟库吉:《白鸟库吉》第4《东胡民族考》,岩波书店1970年版,第271页。
4 (宋)欧阳修:《新五代史》卷72《四夷附录一》,中华书局2015年标点本,第1002页。

质的驻牧地。"金初因辽诸抹而置群牧,抹之为言无蚊蚋、美水草之地也。"[1] "抹"即抹里,意"无蚊蚋、美水草之地",即"优质的驻牧地"。[2] 因此,契丹人往往选择于河流两侧放牧。可见,抹里的本意是一种特殊形式的地域。契丹人本无姓氏,"惟各以所居地名呼之"。[3] 如耶律阿保机家族"以其所居横帐地名为姓,曰世里"。[4] 耶律阿保机姓氏中"世里"一词取自耶律阿保机家族所居"世里没里(抹里)",即"世里河"流域。[5] 由此可知,耶律阿保机出身的"世里没里(抹里)"得名于"世里河",其家族于世里河流域内相对固定的驻牧地上放牧,"世里没里(抹里)"应是依据"世里河"流域驻牧地形成的社会组织。因此,部族抹里属于"部族"组织。隶宫部族内的抹里的本意同样是一种特殊形式的地域。如辽世宗的耶鲁盌斡鲁朵内有女古抹里。[6] "女古"一词是契丹语。"袅罗个没里,复名女古没里者,又其一也,源出饶州西南平地松林,直东流,华言所谓潢河是也。"[7]

---

[1] (元)脱脱等:《金史》卷44《兵志》,中华书局2020年标点本,第1074页。

[2] 杨军:《契丹社会组织与耶律阿保机建国》,《中国边疆史地研究》,2020年第6期,第13页。

[3] (宋)叶隆礼撰,贾敬颜、林荣贵点校:《契丹国志》卷23《族姓原始》,上海古籍出版社1985年版,第221页。

[4] (宋)欧阳修:《新五代史》卷72《四夷附录第一》,第1004页。

[5] 杨军:《牧场与契丹人的政治》,《首都师范大学学报(社会科学版)》,2017年第2期,第2页。

[6] (元)脱脱等:《辽史》卷31《营卫志上》,中华书局2016年标点本,第413页。

[7] (宋)叶隆礼撰,贾敬颜、林荣贵点校:《契丹国志》卷首《契丹国初兴本末》,第1页。

其中，"女古没里"即"潢河"之意。[1] 由此推知，隶宫部族内的抹里亦得名于流经其驻牧地的河流名称。与部族抹里不同的是，隶宫部族内的抹里的构成人户源自"析部族"。斡鲁朵主将析分自契丹诸部的人户，迁置于斡鲁朵内的抹里所在的地域内，建置属于其斡鲁朵的抹里组织。因此，隶宫部族内的抹里并非自然聚落。但二者均是以地域为基础建立起来的"部族"组织。

石烈是抹里的上级组织。每个石烈下辖数个抹里。如迭剌部温纳何剌石烈即下辖"钵"与"隋"两个弥里（抹里）。[2] 部族石烈在命名方式上与抹里不同，并不皆以其驻牧地地名命名。如辽圣宗时"取诸宫及横帐大族奴隶"置稍瓦和曷术石烈。其中"稍瓦"意为鹰坊；曷术意为铁。[3] 但部族石烈同样分布在相对固定的地域内。如世里抹里之名出自世里河，世里河即今阿鲁科尔沁旗境内的哈黑尔河北段。哈黑尔河以都庵山为界，其北段称世里河。契丹人有归藏的习俗。据考古发现，耶律阿保机懿祖子孙的墓葬多沿哈黑尔河分布。因此，作为耶律阿保机懿祖一族发祥地的霞濑益石烈应位于今哈黑尔河流域内。[4] 由此推知，世里抹里应同样位于霞濑益石烈所在地的地域内。因此，作

---

[1] "女古"是契丹语**山**的直译，发音 nürgü/nürga。参见孙伯君、聂鸿音：《契丹语研究》，中国社会科学出版社2008年版，第89页。即实认为"女古"一词，"其义为黄"；周建奇认为"女古"一词"有山，金，土或黄"等含义。参见即实：《关于**山山**二字》，《内蒙古大学学报》，1982年第3、4期合刊，第160页；周建奇：《"女真"与契丹小字"**山**"》，《内蒙古大学学报》，1994年第4期，第41页。

[2] ［日］爱新觉罗·乌拉熙春：《萧挞凛与国舅夷离毕帐》，《辽金历史与考古国际学术研讨会论文集（上）》2011年版，第153页。

[3] （元）脱脱等：《辽史》卷33《营卫志下》，中华书局2016年标点本，第441页。

[4] ［日］爱新觉罗·乌拉熙春、金适：《从满文〈辽史〉的误译谈起——以"都菴山"和"陶猥思氏族部"为中心》，《沈阳故宫博物院院刊》，2007年第2期，第75页。

为抹里的上级机构，石烈的位置由其下辖抹里的位置决定。同时，作为世里河界山的都庵山同样位于霞濑益石烈的地域内。"奇首"是耶律阿保机家族的始祖。[1] "奇首生都庵山"。因此涅里"始制部族"时，自然将其始祖出生地的都庵山一带划分到霞濑益石烈的地域内。[2] 辽太祖七年（913）六月辛巳，耶律阿保机在平定"诸弟之乱"的过程中，"至榆岭，以辖赖县人扫古非法残民，磔之"。甲申，耶律阿保机"登都庵山，抚其先世奇首可汗遗迹"。[3] 辖赖县即耶律阿保机出身的霞濑益石烈。[4] 辛巳至甲申不过三日，可知，此时的都庵山仍位于霞濑益石烈境内。[5] 因此，石烈作为一定地域内诸抹里的上级组织，其所在地位置相对较为固定，因此，部族石烈本身也应属于地缘性的"部族"组织。

与隶宫部族内的抹里一样，隶宫部族内的石烈非自然聚落，而是由斡鲁朵主以析分自契丹诸部的人户设置。因此，在隶宫部族石烈设置之初，其位置就已经被确定下来。如耶律阿保机的算斡鲁朵内有速鲁石烈。"速鲁"一词得名于速鲁河。特里特勉部"侦候落马河及速鲁河侧，置二十详稳"。[6] 速鲁河的方位史无详载。据考证，落马河即今赤峰东

---

1 《耶律羽之墓志》（会同五年），参见向南、张国庆、李宇峰辑：《辽代石刻文续编》，第 3 页。

2 杨军：《牧场与契丹人的政治》，《首都师范大学学报（社会科学版）》，2017 年第 2 期，第 3 页。

3 （元）脱脱等：《辽史》卷 1《太祖本纪上》，中华书局 2016 年标点本，第 8 页。

4 （元）脱脱等：《辽史》卷 1《太祖本纪上》，中华书局 2016 年标点本，校勘记 1 载，辖赖县为霞濑益异译。

5 [日] 爱新觉罗·乌拉熙春、金适：《从满文〈辽史〉的误译谈起——以"都菴山"和"陶猥思氏族部"为中心》，《沈阳故宫博物院院刊》，2007 年第 2 期，第 74 页。

6 （元）脱脱等：《辽史》卷 33《营卫志下》，中华书局 2016 年标点本，第 441 页。

英金河。[1] 由此推知，速鲁河同样应位于辽上京道境内。又辽太宗的国阿辇斡鲁朵与应天皇太后的蒲速盌斡鲁朵内皆有北女古石烈，则二石烈应位于"潢河"以北。可见，隶宫部族内的石烈本意是一种特殊形式的地域。隶宫部族内的石烈与其下辖诸抹里之间的关系，承天皇太后的孤稳斡鲁朵内有石烈名钁里，有抹里名铁里乖稳钁里，二者有相同的词素"钁里"。[2] 有学者指出这种现象反映了对草场的细致划分，将整片的草场分割成若干块。[3] 由此推测，隶宫部族内的抹里的驻牧地应源自对石烈所在地的进一步划分。因此，与部族石烈不同，隶宫部族内的石烈的位置决定了其下辖抹里的位置。然而二者作为地缘组织抹里的上级机构，其分布地均较为固定，应属于"部族"组织。

瓦里"是对犯罪没入者的特殊编制"，[4]是隶宫部族中特有的基层单位。[5] 与石烈、抹里一样，瓦里以其驻牧地的地名命名。如辽道宗的阿思斡鲁朵内有瓦里名阿厮、耶鲁，与其斡鲁朵内的阿厮、耶鲁二石烈同名。辽太宗的国阿辇斡鲁朵内有瓦里名母，亦有抹里名母。[6] 辽世宗的耶鲁盌斡鲁朵与应天皇太后的蒲速盌斡鲁朵内皆有瓦里名潭马。承天皇太后的孤稳斡鲁朵与辽景宗的监母斡鲁朵内有抹里和瓦里名潭

---

1 陈得芝：《关于沈括的〈熙宁使虏图抄〉》，《历史研究》，1978年第2期，第68页。
2 （元）脱脱等：《辽史》卷31《营卫志上》中华书局2016年标点本，第415页。
3 杨军：《牧场与契丹人的政治》，《首都师范大学学报（社会科学版）》，2017年第2期，第5页。
4 杨军：《"变家为国"：耶律阿保机对契丹部族结构的改造》，《历史研究》，2012年第3期，第22页。
5 《辽史·国语解》言瓦里"宫帐、部族皆设之"。然就目前史料记载看，未发现契丹部族中存在该组织。
6 （元）脱脱等：《辽史》卷31《营卫志一》，中华书局2016年标点本，第412页。

马。孝文皇太弟的赤寔得本斡鲁朵内有瓦里名大潭马、小潭马,有抹里名潭马抹乖。辽世宗的耶鲁盌斡鲁朵内有抹里名潭马忒。[1]因此,瓦里的本意同样为一种特殊形式的地域。瓦里的人户源自被"籍没"的契丹贵族罪犯。这些贵族人户在进入瓦里前多属"帐族"。"遥辇痕德堇可汗以蒲古只等三族害于越室鲁,家属没入瓦里。应天皇太后知国政,析出之以为著帐郎君、娘子,每加矜恤。"[2]可见,这些被"籍没"的人户,被以"族"为单位没入瓦里之中。同时,被"籍没"入瓦里后,这些人户的身份也发生了变化。如耶律涤鲁在与辽圣宗奏对时曾言:"'臣富贵逾分,不敢他望。惟臣叔先朝优遇,身殁之后,不肖子坐罪籍没,四时之荐享,诸孙中得赦一人以主祭,臣愿毕矣。'诏免籍,复其产。"[3]可见,被"籍没"入瓦里者与瓦里主人之间存在人身依附关系,须经瓦里主人的同意才能"免籍"。同时,被"籍没"入瓦里者的财产也遭到"籍没"。在契丹社会中,"分地"是契丹人家族财产的主要内涵。因此,瓦里人户的身份应为瓦里主的私人奴隶。这些失去"分地"的奴隶被其主安置在瓦里地域内从事游牧生产。[4]由此可见,瓦里同样以驻牧地为依据划分其组织成员。因此,瓦里可被视为一种特殊的"部族"组织。

与以其所在地地名命名的石烈、抹里、瓦里等行政区划不同,闸撒以人名命名,因此无法从名字上判断其具体的分布地。然而根据文

---

[1] (元)脱脱等:《辽史》卷31《营卫志一》,中华书局2016年标点本,第411—416页。
[2] (元)脱脱等:《辽史》卷45《百官志一》,中华书局2016年标点本,第790—791页。
[3] (元)脱脱等:《辽史》卷82《耶律涤鲁传》,中华书局2016年标点本,第1424页。
[4] 李锡厚:《辽代诸宫卫各色人户的身分》,《北京师院学报(社会科学版)》,1985年第4期,第24页。

献中散见的记载可知,闸撒同样是一种地缘性的"部族"组织。首先,组成闸撒的人户源自对瓦里奴隶的析分,其身份属于官奴婢,而非由契丹上层贵族组成的"帐族";其次,闸撒的分布地点相对较为固定,平时不追随辽帝捺钵。如耶律良是著帐郎君之后,"生于乾州,读书医巫闾山。学既博,将入南山肄业……留数年而归。重熙中,补寝殿小底,寻为燕赵国王近侍"。[1] 耶律良是著帐郎君的后人,其身份属于"著帐",然而在其出任寝殿小底前,曾"读书医巫闾山",并"入南山肄业"。由此推测,"著帐"应役前应有相对固定的分布地,属于地缘性"部族"组织,不追随辽帝捺钵。

三、隶宫部族的分布特征

由前文论述可知,隶宫部族是以契丹人为主体的地缘性"部族"组织,具有相对固定的驻牧地点。在辽代的历史发展中,因受不同时期政局嬗变的影响,隶宫部族驻牧地的分布也具有阶段性特征。

关于隶宫部族内"正户"的分布地,杨军认为:"《辽史》卷31《营卫志》所载各斡鲁朵的所在地,应该就是隶属斡鲁朵的契丹人(正户)的驻牧地。"[2] 其中,辽太祖的算斡鲁朵位于临潢府。辽太宗的国阿辇斡鲁朵位于游古河侧。辽世宗的耶鲁盌斡鲁朵位于土河东。应天皇太后的蒲速盌斡鲁朵位于高州。辽穆宗的夺里本斡鲁朵位于纥雅里山南。辽景宗的监母斡鲁朵位于合鲁河。承天皇太后的孤稳斡鲁朵位于土河东。辽圣宗的女古斡鲁朵位于女混活直。辽兴宗的窝笃碗斡鲁朵

---

1 (元)脱脱等:《辽史》卷96《耶律良传》,中华书局2016年标点本,第1538页。
2 杨军:《辽代契丹故地的农牧业与自然环境》,《中国农史》,2013年第1期,第58页。

位于高州西。辽道宗的阿思斡鲁朵位于好水泺。[1] 其中临潢府、土河、高州的位置，《辽史》中有明确的记载。"女混活直"其地不详，然而"女古没里"即契丹语言"潢河"流域，据此推测，辽圣宗的斡鲁朵应在潢河沿岸。值得注意的是，隶宫部族的位置并非始终位于同一片牧场。如应天皇太后的蒲速盌斡鲁朵下有石烈名"北女古"，其位置应位于潢河流域，而辽初应天皇太后的牧场应位于仪坤州附近。《辽史·地理志一》载：

> 仪坤州，启圣军，节度。本契丹右大部地。应天皇后建州。回鹘糯思居之，至四世孙容我梅里，生应天皇后述律氏，适太祖。太祖开拓四方，平渤海，后有力焉。[2]

仪坤州位于潢河流域，由此推测，"北女古"石烈最初应位于仪坤州更为合理。然而，《辽史·营卫志》载"蒲速盌斡鲁朵"位于高州，由此推知，石烈之名或源自其初置时所在草场，此后有迁置的迹象。蒲速盌斡鲁朵、窝笃盌斡鲁朵皆位于高州附近，耶鲁盌斡鲁朵、孤稳斡鲁朵位于土河流域。高井康典行认为，中京本奚族的旧地，辽朝择此处安置隶宫部族或为加强对奚控制之举。[3] 由是观之，高井氏的观点或为蒲速盌斡鲁朵迁移的因素之一，然而就"正户"组织所在位置看，其

---

1 （元）脱脱等：《辽史》卷 31《营卫志上》，中华书局 2016 年标点本，第 417 页。
2 （元）脱脱等：《辽史》卷 37《地理志一》，中华书局 2016 年标点本，第 505 页。
3 ［日］高井康典行撰，何天明译：《辽代斡鲁朵的存在形态》，《蒙古学信息》，2001 年第 4 期，第 11 页。

分布仍不离"潢河""土河"沿岸的草场。

"潢河""土河"沿岸是契丹人的传统驻牧地点,其牧场本归契丹诸部所有。隶宫部族作为辽朝建国后设置的新部族,其驻牧地多源自对契丹诸部原有草场的逐步侵占。

首先,耶律阿保机通过没收"诸弟之乱"牵涉到的相关人员的牧场,强行占有原属于迭剌部"霞濑益石烈"的部分优质牧场,在此安置算斡鲁朵内的隶宫部族。辽太祖五年(911)至八年(914)间,先后爆发三次叛乱,叛乱由耶律阿保机的诸弟发起,旨在夺取契丹政权,史称"诸弟之乱"。叛乱"基本上是在迭剌部霞濑益石烈的'分地'内进行的"。[1] 契丹人以游牧为生,"顺寒暑,逐水草畜牧"[2],终年"随阳迁徙,岁无宁居"[3]。但契丹人的迁徙过程并非空间上的随意性行为,而是有相对固定的驻牧地及迁徙路线。"契丹之初,草居野次,靡有定所。至涅里始制部族,各有分地。"[4] "分地"即相对固定的牧场。契丹人通行的做法是以"各有分地"的方式划分牧场,即将片状的草场分割为块状的驻牧地,以分区放牧。然而,"草原生态的自然特征决定了草原载畜量的有限性,因为没有哪一片草场经得起长期放牧"。[5] 为保证天然草场的恢复能力,牧民须适时转移驻牧地。自涅里主政以后,契丹

---

[1] 杨军:《牧场与契丹人的政治》,《首都师范大学学报》(社会科学版),2017年第2期,第3页。

[2] (元)脱脱等:《辽史》卷34《兵卫志上》,中华书局2016年标点本,第449页。

[3] (元)脱脱等:《辽史》卷32《营卫志中》,中华书局2016年标点本,第409页。

[4] (元)脱脱等:《辽史》卷32《营卫志中》,中华书局2016年标点本,第427页。

[5] 韩茂莉:《历史时期草原民族游牧方式初探》,《中国经济史研究》,2003年第4期,第92页。

诸部始有相对固定的生产和生活所居的"分地"。如耶律阿保机的籍贯为"契丹迭剌部霞濑益石烈乡耶律弥里人"。[1] 又"有谓始兴之地曰世里，译者以世里为耶律，故国族皆以耶律为姓"。[2] 故此，耶律阿保机所出的"霞濑益石烈"应为迭剌部下辖的石烈。然而，"皇弟剌葛、迭剌、寅底石、安端谋反。安端妻粘睦姑知之，以告，得实。上不忍加诛，乃与诸弟登山刑牲，告天地为誓而赦其罪。出剌葛为迭剌部夷离堇，封粘睦姑为晋国夫人"。[3] 可见，在平定叛乱前，迭剌部并未掌握在耶律阿保机的手中。叛乱对霞濑益石烈原有的部族结构造成了毁灭性的破坏。"自诸弟构乱，府之名族多罹其祸。"[4] 在平息叛乱后，"有司上诸帐族与谋逆者三百余人罪状，皆弃市"。[5] 杨军认为：耶律阿保机通过平叛，完成了"对霞濑益石烈内部诸弥里进行清洗"。而被清洗的300余"谋逆者"出身帐族，"肯定是牧场的拥有者"。耶律阿保机对政治对手的清洗"不仅在政治上镇压了反对势力，还因此将霞濑益石烈的百万亩以上的优质牧场大多据为己有"，"为其扩编亲卫组织提供了可能，此是由'腹心部'发展出斡鲁朵体制的契机"。[6] 可见，耶律阿保机"算斡鲁朵"下隶宫部族得以设立，与其在"诸弟之乱"后获得大量世里氏故有的优质牧场，即"分地"密切相关。

其次，平定"诸弟之乱"，耶律阿保机及其后继者逐步将诸部迁出

1　(元) 脱脱等：《辽史》卷1《太祖本纪上》，中华书局2016年标点本，第1页。
2　(元) 脱脱等：《辽史》卷116《国语解》，中华书局2016年标点本，第1690页。
3　(元) 脱脱等：《辽史》卷1《太祖本纪上》，中华书局2016年标点本，第5页。
4　(元) 脱脱等：《辽史》卷2《太祖本纪下》，中华书局2016年标点本，第18页。
5　(元) 脱脱等：《辽史》卷1《太祖本纪上》，中华书局2016年标点本，第10页。
6　杨军：《牧场与契丹人的政治》，《首都师范大学学报》(社会科学版)，2017年第2期，第4页。

原有驻牧地，在契丹故地的牧场上建置本人的隶宫部族。契丹迭剌部析分出的五院部、六院部的驻牧地草场本在潢河、土河流域。[1]史载：会同二年（939）十月丁未，辽太宗"以乌古部水草肥美，诏北、南院徙三石烈户居之"。次年八月丙辰，又"诏以于谐里河、胪朐河之近地，给赐南院欧堇突吕、乙斯勃，北院温纳何剌三石烈人为农田"。[2]又辽太宗会同初，"以乌古之地水草丰美，命瓯昆石烈居之，益以海勒水之善地为农田。（会同）三年，诏以谐里河、胪朐河近地，赐南院欧堇突吕、乙斯勃、北院温纳河剌三石烈人，以事耕种"。[3]南、北两院即五院部、六院部。可见，辽太宗在位期间，已通过行政手段，将五院部、六院部逐步从迭剌部原有的驻牧地迁离至边疆地区驻防。至辽圣宗年间，宋朝使臣路振使辽时，见"西南至山后八军八百余里，南大王、北大王统之，皆耶律氏也。控弦之士各万人"。[4]又据宋朝使臣余靖记载："其外则有北王府、南王府，分掌契丹兵，在云州、归化州之北。"[5]两处文献的记载与《辽史·营卫志下》有关五、六院部"镇南境"的记载相合。[6]《辽史·营卫志上》所载"分镇边圉，谓之部族"[7]

---

[1] 张国庆：《辽代牧、农经济区域的分布与变迁》，《民族研究》，2004年第4期，第86—87页。

[2] （元）脱脱等：《辽史》卷4《太宗本纪下》，中华书局2016年标点本，第50、52页。

[3] （元）脱脱等：《辽史》卷59《食货志上》，中华书局2016年标点本，第1026页。

[4] （宋）路振：《乘轺录》，参见赵永春辑注：《奉使辽金行程录》（增订本），商务印书馆2017年版，第21页。

[5] （宋）余靖：《武溪集》卷18《契丹官仪》，《影印文渊阁四库全书》，第1089册，台湾商务印书馆1986年版，第174页。

[6] 杨军：《牧场与契丹人的政治》，《首都师范大学学报》（社会科学版），2017年第2期，第5页。

[7] （元）脱脱等：《辽史》卷31《营卫志上》，中华书局2016年标点本，第409—410页。

即是对迁置行为的概括。而原属五院、六院部之"分地",六院部有石烈名"辖懒",[1]又辽世宗所置之"耶鲁盌斡鲁朵"下有石烈名"兮腊",据考证,"兮腊"即霞濑益、辖懒,"是同名异记"。[2]可见,自耶律阿保机平定"诸弟之乱"以后,诸隶斡鲁朵继续逐步蚕食迭剌部"霞濑益石烈"之"分地",以作为本宫"正户"组织的驻牧地。又突吕不部"其先曰塔古里,领三营。阻午可汗命分其一与弟航斡为突举部;塔古里得其二,更为突吕不部。隶北府,节度使属西北路招讨司,司徒居长春州西。石烈二:北托不石烈。南须石烈"。[3]可见,突吕不部在遥辇氏统治之初就已存在。史载:"(耶律阿保机)玄祖为狠德所害,后婺居,恐不免,命四子往依邻家耶律台押。"[4]又"耶律欲稳,字辖剌干,突吕不部人。祖台押,遥辇时为北边拽剌。简献皇后与诸子之罹难也,尝倚之以免"。[5]突吕不部人耶律台押与耶律阿保机玄祖家为邻,可知,突吕不部的驻牧地与迭剌部的驻牧地应相去不远。又突吕不部有石烈名"南须",而耶律阿保机的算斡鲁朵有石烈名"须"。由此推知,二石烈应同位于"须"水流域,亦可证明突吕不部早期应与迭剌部共同放牧于契丹故地牧场。而突吕不部的"司徒居长春州西"。有关部族司徒,"(部族)留后户隶司徒"。[6]可见,此时"突吕不部驻牧地已徙至

---

1 (元)脱脱等:《辽史》卷33《营卫志下》,中华书局2016年标点本,第437页。
2 即实:《契丹耶律姓新探》,《社会科学辑刊》,1998年第4期,第104页。
3 (元)脱脱等:《辽史》卷33《营卫志下》,中华书局2016年标点本,第438—439页。
4 (元)脱脱等:《辽史》卷71《后妃传》,中华书局2016年标点本,第1319页。
5 (元)脱脱等:《辽史》卷73《耶律欲稳传》,中华书局2016年标点本,第1352页。
6 (元)脱脱等:《辽史》卷33《营卫志下》,中华书局2016年标点本,第437页。

长春州,远离契丹故地"。[1]由此推知,原属突吕不部的分地,应为耶律阿保机的算斡鲁朵等诸斡鲁朵占有。

再次,斡鲁朵所领有的部分草场源自主动依附斡鲁朵的部族户。"欲稳既见器重,益感奋思报。太祖始置宫分以自卫,欲稳率门客首附宫籍。"[2]如上所述,耶律欲稳本突吕不部人。契丹部族人户"各有分地",耶律欲稳亦不例外。至耶律阿保机"算斡鲁朵"初建时,耶律欲稳首率门客依附,则其家族"分地"应归属"算斡鲁朵"。

辽圣宗朝以后,隶宫部族中"正户"组织的人户及"分地"的来源有了明显的变化。辽圣宗朝以前,辽世宗的"耶鲁盌斡鲁朵"中的"正户"部分来源于"文献皇帝卫从及太祖俘户"。[3]"文献皇帝"即辽世宗之父耶律倍,耶律倍"世宗谥让国皇帝。统和中,更谥文献皇帝"。[4]而辽穆宗的夺里本斡鲁朵中的部族人户部分来源于"国阿辇斡鲁朵户及阻卜俘户"。由此可知,此时隶宫部族的人户及"分地"尚存在氏族继承特征。辽圣宗朝以后,这种现象已逐渐发生改变。辽圣宗的女古斡鲁朵以国阿辇、耶鲁盌、蒲速盌三斡鲁朵户置。辽兴宗的窝笃碗斡鲁朵以诸斡鲁朵及饶州户置。可见,辽圣宗以后诸辽帝在创置本人隶宫部族中的"正户"组织时,已不再析分原有部族,且析分的前朝辽帝的隶宫部族已不受氏族因素的影响。导致这种改变的主要原因是,辽圣宗朝以后,随着各项政治改革措施的逐步推进,皇权得到

---

1 杨军:《牧场与契丹人的政治》,《首都师范大学学报》(社会科学版),2017年第2期,第5页。
2 (元)脱脱等:《辽史》卷73《耶律欲稳传》,中华书局2016年标点本,第1352页。
3 (元)脱脱等:《辽史》卷31《营卫志上》,中华书局2016年标点本,第412页。
4 (元)脱脱等:《辽史》卷64《皇子表》,中华书局2016年标点本,第1076页。

极大的提升，契丹部族势力已不足以对皇权构成有效的威胁，斡鲁朵制衡其势力的功能随之弱化。

隶宫部族内瓦里组织驻牧地的分布具有阶段性特征。辽代中期以前，斡鲁朵主的出身，是影响其瓦里分布的重要因素。从《营卫志》记载中可见，不同隶宫部族内存在同名或同名异写的瓦里。如耶律阿保机的算斡鲁朵、应天皇太后的蒲速盌斡鲁朵、辽世宗的耶鲁盌斡鲁朵内皆有瓦里名合不。辽太宗的国阿辇斡鲁朵内有瓦里名合李只，辽穆宗的夺里本斡鲁朵内有瓦里名合里直，二者应为同一瓦里名的异写，因此可视为同名。这些同名瓦里之间存在某种关系。前文已论，瓦里属地缘性组织，其组织名称以其驻牧地的地名命名。由此推知，这些同名瓦里应分布于相同的驻牧地上。由此推知，原有的斡鲁朵内瓦里的驻牧地应由拥有同名瓦里的斡鲁朵主继承，并于此设置隶属其斡鲁朵的新瓦里。因此，不同隶宫部族内瓦里的驻牧地存在继承关系。如耶律阿保机的算斡鲁朵内有四瓦里，分别是：合不、挞撒、慢押、虎池。应天皇太后的蒲速盌斡鲁朵内有六瓦里，分别是：合不、达撒、慢押、浑只、潭马、耶里只。其中浑只应为虎池的异写。应天皇太后的蒲速盌斡鲁朵内的六瓦里中，前四个瓦里与算斡鲁朵内的瓦里同名，推知其驻牧地应继承自算斡鲁朵。循此线索，辽世宗的耶鲁盌斡鲁朵内的合不、达撒、慢押、耶里直等瓦里的驻牧地应源自对应天皇太后的蒲速盌斡鲁朵驻牧地的继承，而非继承自辽太宗的国阿辇斡鲁朵。辽世宗驾崩后，帝位由辽太宗之子辽穆宗继任，其夺里本斡鲁朵内瓦里的主体部分由抹骨古等、兀没、合里直等瓦里构成。这些瓦里的驻牧地应继承自其父辽太宗的国阿辇斡鲁朵，而非其前任辽世宗的耶鲁盝斡鲁朵。[1] 可见，辽代中期以前，隶宫部族内瓦里的驻牧地应分布于斡鲁朵主的家族"分地"内。

这种分布特征与瓦里人户的性质有关。瓦里的出现早于斡鲁朵。前文提到，耶律阿保机任挞马狘沙里时，曾奉痕德堇可汗命，审理于越释鲁遇害之事，将谋害于越释鲁的"蒲古只等三族"家属没入瓦里。这是文献中对瓦里的最早记载，然而并未言其归属。萧塔剌葛于"太祖时，坐叔祖台哂谋杀于越释鲁，没入弘义宫"。[2] 萧台哂是萧塔剌葛祖父，是谋害于越释鲁的"蒲古只等三族"之一。由此可知，这些瓦里应归耶律阿保机所有，此后成为其隶宫部族内四瓦里的来源。然而，此时斡鲁朵制度尚未建立，因此，这些瓦里应分布在耶律阿保机家族的"分地"上。斡鲁朵法颁行后，瓦里人户是"著帐"的主要来源。"著帐为近侍"，由著帐郎君和著帐户组成，是斡鲁朵主身边执役之人。[3] "著帐"源自被析出的瓦里人户。如前文提到被籍没入瓦里的"蒲古只等三族"，经应天后宽宥，得以从瓦里中析出，成为著帐郎君。因此，新斡鲁朵建立时，其主会从已有的瓦里中析分出部分人户，以此建立起隶属于其斡鲁朵的瓦里，作为其本人"著帐"的来源。如皇帝即位时举行"蓺节仪"，其所继承的财产中即包含"犯罪没官户"，并"设官治其事"。[4] 而这些人户作为斡鲁朵主的私产，应循前例被安置在其家族"分地"上。

---

1 （元）脱脱等：《辽史》卷31《营卫志上》，中华书局2016年标点本，第410—414页。
2 （元）脱脱等：《辽史》卷90《萧塔剌葛传》，中华书局2016年标点本，第1496页。
3 （元）脱脱等：《辽史》卷31《营卫志上》，中华书局2016年标点本，第419页。
4 （元）脱脱等：《辽史》卷49《礼志一》，中华书局2016年标点本，第932页。

辽景宗朝以后，瓦里驻牧地的分布较前期有了明显的变化。新置隶宫部族内瓦里的驻牧地分布不限于斡鲁朵主的家族"分地"。如辽景宗的监母斡鲁朵下辖诸瓦里中，蛮雅葛（慢押）瓦里所在"分地"继承自耶律阿保机的算斡鲁朵，潭马瓦里所在"分地"继承自应天皇太后的蒲速盌斡鲁朵，埃合里直（合李只）瓦里所在"分地"继承自辽太宗的国阿辇斡鲁朵，奚烈（吸烈）瓦里所在"分地"继承自辽世宗的耶鲁盌斡鲁朵。[1]这种现象与辽代"分地"继承制度的转变有关，辽穆宗死后无嗣，辽太宗家族的政治势力日益式微，其家族"分地"由辽景宗继承，此后瓦里所在"分地"的选择不再受斡鲁朵主出身家族因素的影响。

● 第三节　隶宫部族的管理机制

隶宫部族的管理机构是北面宫官系统。"辽建诸宫斡鲁朵，部族、蕃户，统以北面宫官。"[2]此处"部族"指代的应为"正户"；"蕃户"指代的应为斡鲁朵中俘获或主动依附的从事游牧、渔猎生产部族户。隶宫部族中"正户"的基层组织为"石烈"和"抹里"。"蕃户"置"先离闼览官"加以管理。此外，还设有"瓦里"和"闸撒"两种部族组织，管理被"籍没"的人户和著帐人户。

---

1 （元）脱脱等：《辽史》卷31《营卫志上》，中华书局2016年标点本，第411—414页。
2 （元）脱脱等：《辽史》卷46《百官志二》，中华书局2016年标点本，第804页。

一、"石烈"与"抹里"

"石烈"和"抹里"是隶宫部族中"正户"的基层组织。契丹部族的行政建制与州县建制存在对应关系。[1]《辽史·百官志二》"北面部族官"条载，某部族下有"某石烈""某弥里"组织。[2]这一点在耶律阿保机的籍贯中就有所体现，"太祖大圣大明神烈天皇帝，姓耶律氏，讳亿，字耶律阿保机，小字啜里只，契丹迭剌部霞濑益石烈乡耶律弥里人"。[3]"霞濑益石烈，乡名"；而弥里，"乡之小者"。[4]可知"石烈""弥里"在行政级别上同为"乡"级，《辽史·太祖本纪上》"乡"字言"霞濑益石烈"的行政级别，或系衍文。然而，《辽史·百官志一》载："石烈，县也。"[5]又《辽史·百官志二》载："弥里，乡也。"[6]与《国语解》中的记载相悖。辽朝建国前的官制沿用唐朝对契丹人实行羁縻统治时的官名。"契丹本姓大贺氏，后分八族：一曰利皆邸，二曰乙失活邸，三曰实活邸，四曰纳尾邸，五曰频没邸，六曰内会鸡邸，七曰集解邸，八曰奚嗢邸。管县四十一，县有令。"[7]又"其八族长皆号曰大人，称刺史，内推一人为王，建旗鼓以尊之。每三年第其名以代之"。[8]可见，辽朝建立前，诸部首领皆自称刺史，诸部"管县"应为石烈，其长官

---

1 杨军：《辽代州县体制的形成及演变》，《学习与探索》，2018年第1期，第168页。
2 （元）脱脱等：《辽史》卷46《百官志二》，中华书局2016年标点本，第814—815页。
3 （元）脱脱等：《辽史》卷1《太祖本纪上》，北中华书局2016年标点本，第1页。
4 （元）脱脱等：《辽史》卷116《国语解》，中华书局2016年标点本，第1690页。
5 （元）脱脱等：《辽史》卷45《百官志一》，中华书局2016年标点本，第806页。
6 （元）脱脱等：《辽史》卷46《百官志二》，中华书局2016年标点本，第815页。
7 （宋）司马光编著：《资治通鉴》卷266《后梁纪一》，中华书局2012年本，第8797页。
8 （宋）王溥：《五代会要》卷29《契丹》（《丛书集成初编》本），中华书局1985年版，第347页。

职级应比附羁縻官制中的县令。而弥里作为石烈的下级行政组织，其等级应相当于乡。又辽太祖七年（913）六月辛巳，"以辖赖县人扫古非法残民，磔之"。[1]此处的"辖赖"即霞濑益石烈，[2]应为县级建制。那么，契丹社会早期部族的行政建制自高到低依次为"部—石烈—弥里"三级，分别对应中原内地州县行政建制的"刺史州—县—乡"。而隶宫部族作为辽帝所置的部族，在行政建制上与普通部族有所不同，隶宫部族内无"部"级行政建制。诸斡鲁朵的最高长官为都部署，即宫使。某宫宫使一职始见于辽圣宗时期。如萧孝资曾担任"延昌宫使、静江军节度使，持节以使汴"。[3]又统和二年（984）三月壬辰，"崇德宫都部署、保义军节度使张德筠为宣徽北院使"。[4]由此可知，宫使的职级与节度使相同。"太祖更诸部夷离堇为令稳。统和中，又改节度使。"[5]可见，宫使的职级与诸部长官相同，诸宫是石烈的上级机构。隶宫部族的基层组织为抹里，"弥里即抹里（没里）的不同译写"[6]。因此，辽代隶宫部族的管理路径自高到低依次为"某宫—石烈—抹里"三级。除石烈、抹里，还有瓦里、得里、闸撒等建制，等级与弥里相同。[7]

燕云十六州归属辽朝后，辽太宗对辽朝原有的国家统治模式和契

---

[1]（元）脱脱等：《辽史》卷1《太祖本纪上》，中华书局2016年标点本，第8页。
[2] 杨军：《辽代州县体制的形成及演变》，《学习与探索》，2018年第1期，第164页。
[3]《萧孝资墓志》（乾统九年），参见向南、张国庆、李宇峰辑注：《辽代石刻文续编》，辽宁人民出版社2010年版，第265页。
[4]（元）脱脱等：《辽史》卷10《圣宗本纪一》，中华书局2016年标点本，第121页。
[5]（元）脱脱等：《辽史》卷33《营卫志下》，中华书局2016年标点本，第437页。
[6] 杨军：《牧场与契丹人的政治》，《首都师范大学学报》（社会科学版），2017年第2期，第3页。
[7] 杨军：《"变家为国"：耶律阿保机对契丹部族结构的改造》，《历史研究》，2012年第3期，第22页。

丹部族统治方式进行了改革。[1] 会同元年（938）十一月，"升北、南二院及乙室夷离堇为王，以主簿为令，令为刺史，刺史为节度使，二部梯里己为司徒，达剌干为副使，麻都不为县令，县达剌干为马步"。[2] 这次改革对辽代隶宫部族产生了深远的影响。有学者认为：会同改革中，"设三京、节镇、州县，辽朝南面官的地方管理体制趋于定型，并对部族、斡鲁朵产生影响，州县体制成为辽代地方管理体制运作的基准"。[3] 此次改革是以中原州县等级制度为基准，将中原州县行政建制推广到契丹原有的部族管理体制中。如前所述，辽代早期，契丹官制以羁縻官制为基准，诸部首领的等级为刺史，石烈长官的等级为县令，而弥里的级别可比附为乡。改革后，"以主簿为令，令为刺史，刺史为节度使"，即原有县主簿升级为县令，县令升级为刺史，刺史升为节度。可见，在会同元年改革中，辽代原有的州县级别各自得到升迁。既然改革是以州县体制为基准的，相对应地，辽代原有的部族组织亦得以升迁。前文中的石烈由县级升为刺史州级，而弥里亦从乡级升为县级。各级部族官吏的职级亦有升迁，"二部梯里己为司徒，达剌干为副使，麻都不为县令，县达剌干为马步"。除此之外，关于辽代部族官制的记载还散见于《辽史·百官志一》"北面宫官"条、《辽史·百官志二》"北面部族官"条、《辽史·国语解》等处。然而，这些记载，不仅缺谬之处甚多，还存在互相抵牾的现象。

---

1 杨军：《辽代州县体制的形成及演变》，《学习与探索》，2018 年第 1 期，第 167 页。
2 （元）脱脱等：《辽史》卷 4《太宗本纪下》，中华书局 2016 年标点本，第 49 页。
3 杨军：《辽代州县体制的形成及演变》，《学习与探索》，2018 年第 1 期，第 163 页。

首先，石烈的最高长官为"石烈夷离堇"。[1] 关于此官职，"（石烈）夷离堇。本名弥里马特本，改辛衮，会同元年升"。[2] 于石烈长官官名前冠"弥里"似有不妥。又"辛衮。本曰马特本"。[3] 可知，"马特本"即"辛衮"，辽太宗会同元年改革前是"弥里"的长官，故称"弥里马特本"。"弥里马特本：官名，后升辛衮。"[4] 会同改革后，原"辛衮"升为石烈的长官，称"石烈辛衮"，"石烈辛衮：石烈官之长"。[5] 然而，"石烈辛衮"似非正式官名，应历二年（952）六月丁未，"命乳媪之兄曷鲁世为阿速石烈夷离堇"。[6] 可知，石烈长官的正式称呼应为"石烈夷离堇"。

其次，弥里（抹里）的长官称"麻都不"。如前所述，辽太宗会同改革前，弥里的长官称"马特本"，即"辛衮"。辽太宗会同改革后，"马特本"一职升任"石烈"长官。此次改革中，州县系统中"以主簿为令"，与之相对应的，部族系统中以"麻都不为县令"。麻都不"县官之佐也，后升为令"。又麻普"即麻都不，县官之副也，初名达剌干"。[7] 可知，"麻都不"又名"麻普"，本为"县官之佐"。辽太宗会同改革后，"麻都不"一职被提升为"令"，即弥里的长官，与州县系统"以主簿为令"的职级升迁相对应。值得注意的是，会同元年改革中

---

1 （元）脱脱等：《辽史》卷46《百官志二》，中华书局2016年标点本，第814—815页。
2 （元）脱脱等：《辽史》卷45《百官志一》，中华书局2016年标点本，第806页。
3 （元）脱脱等：《辽史》卷46《百官志二》，中华书局2016年标点本，第815页。
4 （元）脱脱等：《辽史》卷116《国语解》，中华书局2016年标点本，第1700页。
5 （元）脱脱等：《辽史》卷116《国语解》，中华书局2016年标点本，第1700页。
6 （元）脱脱等：《辽史》卷6《穆宗本纪上》，中华书局2016年标点本，第78页。
7 （元）脱脱等：《辽史》卷116《国语解》，中华书局2016年标点本，第1694、1700页。

有"达剌干为副使"之举。达剌干"县官也，后升副使"[1]。然而，县官与节度使之间尚有刺史一级，若"达剌干"以县官升任节度使之副贰，显然不合会同改革的升迁规则，推测此处的"达剌干"应为原"石烈达剌干"，辽太宗会同改革后升任副宫使。

二、"先离挩览官"

"先离挩览官"，隶宫部族户中"蕃户"的管理机构。统和四年（986）八月丁酉，"置先离挩览官六员，领于骨里、女直、迪烈于等诸部人之隶宫籍者"。[2] 如前所述，契丹在征伐四方的过程中，将俘获的部分游牧、渔猎部族人户编入斡鲁朵户中，成为隶宫部族户的重要组成部分。此处的"于骨里、女直、迪烈于等诸部人"应为此类人户。而"先离挩览官"应为该群体的主管官吏。该职官于文献中鲜见，但也不是无迹可寻。辽兴宗年间，张哥的结衔为"南瞻部州、大契丹国、奚王府挞揽、母呵长管具劣男太保。"[3] 可知，"挞揽"本奚人职官。《辽史·国语解》释其为"奚、渤海等国官名"。[4] 又"奚六部"，"在朝曰奚王府。有二常衮，有二宰相，又有吐里太尉，有奚六部汉军详稳，有奚拽剌详稳，有先离挞览官"。[5] 据此推测，"先离挩览官"一职应为奚、渤海等国的职官。辽朝引入后作为管理隶宫部族户中"蕃户"

---

1 （元）脱脱等：《辽史》卷116《国语解》，中华书局2016年标点本，第1694页。

2 （元）脱脱等：《辽史》卷11《圣宗本纪二》，中华书局2016年标点本，第132页。

3 《张哥墓志》（重熙四年），参见向南：《辽代石刻文编》，河北教育出版社1995年版，第200页。

4 （元）脱脱等：《辽史》卷116《国语解》，中华书局2016年标点本，第1700页。

5 （元）脱脱等：《辽史》卷46《百官志二》，中华书局2016年标点本，第816页。

的职官。

三、"瓦里"与"闸撒"

隶宫部族内有"瓦里"与"闸撒"组织。《辽史》载:"凡州三十八,县十,提辖司四十一,石烈二十三,瓦里七十四,抹里九十八,得里二,闸撒十九。为正户八万,蕃汉转户十二万三千,共二十万三千户。"[1]可见,"瓦里"的级别在"石烈"之下,"抹里"之上。而白鸟库吉则认为"瓦里""抹里""得里""闸撒"的内涵皆为"村"。[2]总之,"瓦里"应为隶宫部族系统的一级行政建制。又瓦里,"官府名,宫帐、部族皆设之。凡宗室、外戚、大臣犯罪者,家属没入于此"。[3]可见,"瓦里"一词还包括管理"宗室、外戚、大臣犯罪者"等没入宫分的人户的管理机构之意。《辽史》中未见有部族内设置"瓦里"的记载。

"瓦里"有相对固定的驻牧地点,不随辽帝捺钵,辽圣宗的女古斡鲁朵内有"瓦里"六:"曰女古,蒲速盌,曰鹘笃,曰乙抵,曰蒻,曰埃也。"[4]其中"女古"一词,"曰裊罗个没里,复名女古没里者,又其一也,源出饶州西南平地松林,直东流,华言所谓潢河是也"。[5]可知,"女古"即"裊罗个",是"潢河"的契丹语名。又辽太宗的国阿

---

1 (元)脱脱等:《辽史》卷31《营卫志上》,中华书局2016年标点本,第410页。
2 [日]白鸟库吉:《东胡民族考》,载《白鸟库吉全集》(第4卷),岩波书店1970年版,第271页。
3 (元)脱脱等:《辽史》卷116《国语解》,中华书局2016年标点本,第1700页。
4 (元)脱脱等:《辽史》卷31《营卫志上》,中华书局2016年标点本,第416页。
5 (宋)叶隆礼撰,贾敬颜、林荣贵点校:《契丹国志》卷首《契丹国初兴本末》,上海古籍出版社1985年版,第1页。

辇斡鲁朵内有瓦里四:"曰抹,曰母,曰合李只,曰述垒。"[1] 其中"述垒"一词,耶律阿保机的算斡鲁朵内有得里二:"曰述垒北,曰述垒南。"[2] "得里仅见于辽太祖的算斡鲁朵,从对音上看,应是抹里的异译。"[3] "没里者,河也。"[4] 可知,"述垒"一词与"女古"一样应为河流名称。故某"瓦里"之名称应与某"抹里"一样,是流经其驻牧地的河流的名称,不应随辽帝捺钵。

"闸撒"是隶宫部族内的一级行政组织。承天皇太后的孤稳斡鲁朵内有"闸撒"五:"曰合不直迷里几频你,曰媵耳葛太保果直,曰爪里阿本果直,曰僧隐令公果直,曰老昆令公果直。"[5] 可见,"闸撒"的命名规则与"石烈""抹里""瓦里"等以所在地命名的行政建制之间存在明显的差异。"闸撒"长官称"闸撒狘"。"闸撒狘","抹里司官,亦掌宫卫之禁者。"[6] 又"抹里","官府名。闸撒狘亦抹里官之一。"[7] 如前所述,"抹里"长官的用名中,无"闸撒狘"。余蔚认为或是《辽史·营卫志上》将"闸撒""抹里"并称,而史官"想当然之辞耳"。[8] 受限于与"闸撒"及"闸撒狘"相关的文献记载阙如,推测"闸撒狘"应如余氏所言,是著帐户群体的长官。"开泰初,率兵巡西边。时夷离堇

---

1 (元)脱脱等:《辽史》卷31《营卫志上》,中华书局2016年标点本,第412页。
2 (元)脱脱等:《辽史》卷31《营卫志上》,中华书局2016年标点本,第411页。
3 杨军:《辽代斡鲁朵研究》,《学习与探索》,2015年第5期,第153页。
4 (宋)欧阳修:《新五代史》卷72《四夷附录一》,中华书局2015年标点本,第1002页。
5 (元)脱脱等:《辽史》卷31《营卫志上》中华书局2016年标点本,第415页。
6 (元)脱脱等:《辽史》卷116《国语解》,中华书局2016年标点本,第1694页。
7 (元)脱脱等:《辽史》卷116《国语解》,中华书局2016年标点本,第1700页。
8 余蔚:《辽代斡鲁朵管理体制研究》,《历史研究》,2015年第1期,第63页。

部下闸撒狨扑里、失室、勃葛率部民遁，敌烈追擒之，令复业，迁国舅详稳"。[1] 可见，"闸撒"虽由著帐户组成，然而，其身份仍为契丹部民户，有相对固定的驻牧地点，不随辽帝捺钵。如辽兴宗时期的耶律良为著帐郎君后人，先是"读书医巫闾山"，后"入南山肄业"。至重熙年间，方"补寝殿小底，寻为燕赵国王近侍。以家贫，诏乘厩马"。[2] 可知，著帐户并非皆需随辽帝捺钵，而是以轮值的形式，分批赴行在。由此推知，著帐户未赴行在时，应游牧于"闸撒"所在的牧场。

◉ 第四节　宫分军

宫分军是由宫分户组成的军队。辽代成年契丹男子有服兵役的义务，平时为民，战时为兵。"有事则以攻战为务，闲暇则以畋渔为生。"[3] 辽朝兵制，"凡民年十五以上，五十以下，隶兵籍。每正军一名，马三匹，打草谷、守营铺家丁各一人。"[4] 可见，十五岁至五十岁之间的契丹人皆隶属兵籍。隶宫部族户作为辽代的契丹人，同样有服兵役的义务。关于宫分军兵力构成，以弘义宫为例，包含"正丁一万六千，蕃汉转丁一万四千，出骑军六千"。[5] 如前所述，宫分军由"正丁"组成。蕃汉转丁为提辖司人户，"以正军之'家丁'身份辅助作战"。[6] 并非宫分

---

1 （元）脱脱等：《辽史》卷88《萧敌烈传》，中华书局2016年标点本，第1474页。
2 （元）脱脱等：《辽史》卷96《耶律良传》，中华书局2016年标点本，第1538页。
3 （元）脱脱等：《辽史》卷31《营卫志上》，中华书局2016年标点本，第410页。
4 （元）脱脱等：《辽史》卷34《兵卫志上》，中华书局2016年标点本，第451页。
5 （元）脱脱等：《辽史》卷35《兵卫志中》，中华书局2016年标点本，第458页。
6 余蔚：《辽代斡鲁朵管理体制研究》，《历史研究》，2015年第1期，第69页。

军的组成部分。

有关宫分军的职能,"太祖以迭剌部受禅,分本部为五院、六院,统以皇族,而亲卫缺然。乃立斡鲁朵法,裂州县,割户丁,以强干弱枝。诒谋嗣续,世建宫卫。入则居守,出则扈从,葬则因以守陵"。[1] 可见,宫分的设置,既旨在解决因析分迭剌部而导致辽帝"亲卫缺然"的弊端,又是辽帝制衡契丹部族势力的工具。宫分内的隶宫部族户,属于斡鲁朵主的私人"部族"。而宫分军是由"正户"组成的军队,属于辽帝的私人武装。史载:"辽宫帐、部族、京州、属国,各自为军,体统相承,分数秩然。雄长二百余年,凡以此也。"[2] "宫帐"代指宫分军,为辽代部族军以外的独立军种。辽朝军制,"二帐、十二宫一府、五京,有兵一百六十四万二千八百。宫丁、大首领、诸部族,中京、头下等州,属国之众,皆不与焉。不轻用之,所以长世"。[3] 可见,宫分军是辽帝维持其统治的重要军事资本,因此,宫分军在辽代早期未参与到实际作战中,故谓"不轻用之,所以长世"。有关宫分军作战的记载,至辽圣宗时期方见诸史端。这种现象或与辽圣宗朝时期的政治形势有关。如前所述,辽圣宗即位后,随着各项改革措施的实施,君主权力得到强化,"族属雄强"的问题得到有效遏制,宫分军作为对抗传统部族势力的功能随之日趋弱化。

宫分军在辽圣宗朝以后的主要职能有二:其一,作为机动部队参与对宋朝及高丽的作战;其二,作为糺军宿卫西北边防。关于宫分军

---

[1] (元)脱脱等:《辽史》卷35《兵卫志中》,中华书局2016年标点本,第458页。
[2] (元)脱脱等:《辽史》卷46《百官志二》,中华书局2016年标点本,第825页。
[3] (元)脱脱等:《辽史》卷36《兵卫志下》,中华书局2016年标点本,第489页。

的作战职能，史载：

诏遣详稳排亚率弘义宫兵及南北皮室、郎君、拽剌四军赴应、朔二州界，与惕隐瑶升、招讨韩德威等同御宋兵在山西之未退者。[1]

又：

统和初，为左皮室详稳，讨阻卜有功。四年，破宋将曹彬、米信兵于望都。凡军事有疑，每预参决。寻总永兴宫分糺及舍利、拽剌、二皮室等军，与枢密使耶律斜轸收复山西所陷城邑。[2]

这是文献中有关宫分军参与作战的最早记载。其中"弘义宫"与"永兴宫"应有一处为误记。又辽圣宗年间的王悦曾任"长宁军节度副使"，后逢辽圣宗南征，遂"为诸宫院兵马副都部署"，"共驱虎旅，同助圣谋。遣役庭百战之师，畏骁将六钧之艺。自南征北，归马回戈"。[3] 又开泰四年（1015）十一月庚申，"命上京、中京洎诸宫选精兵五万五千人以备东征"。[4] 可见，至辽圣宗时，宫分军已参与到辽朝的对外战争中。

---

1 （元）脱脱等：《辽史》卷11《圣宗本纪二》，中华书局2016年标点本，第130页。
2 （元）脱脱等：《辽史》卷88《萧排押传》，中华书局2016年标点本，第1475页。
3 《王悦墓志》（统和二十三年），参见向南：《辽代石刻文编》，河北教育出版社1995年版，第113页。
4 （元）脱脱等：《辽史》卷15《圣宗本纪六》，中华书局2016年标点本，第194页。

关于宫分军的边防职能，"北面军官"条载有"各宫分糺军"。[1]
"糺，军名。"[2] 有学者认为："辽代糺军之糺则为部族、宫帐属民中选集之分番从役、自备资粮、亦兵亦民之军户组织及其军兵。"[3] 据此，此处"各宫分糺军"应指参与戍边的各宫宫分军。"刘伸为户部使，岁入羡余钱三十万缗，擢南院枢密使；其以灾沴，出钱以振贫乏及诸宫分边戍人户。是时，虽未有贯朽不可较之积，亦可谓富矣。"[4] 有关刘伸出任户部使的具体时间，《辽史》中无明确记载。然而，刘氏于重熙五年（1036）登进士第，出任"彰武军节度使掌书记、大理正"。[5] 可知，其出任户部使应是兴道两朝间的事。可见，辽代中期以后，宫分军始终承担戍边的职能。

对宫分军的管理，辽圣宗即位初期，萧排押以皮室军详稳的身份参与对宋战争，此时的宫分军尚以某宫宫分军为编制，独立参与作战。辽圣宗伐宋时，王悦曾以"诸宫院兵马副都部署"的身份参与对宋战争。该职《辽史·百官志》中无载，或为行军官。由官名判断，该职官应为诸宫宫分军的主管官吏。可见，此时诸宫宫分军已集体出征，并于诸宫使之上设置主管官吏，指挥诸宫宫分军协同作战。囿于史料匮乏，目前就宫分军的行军官系统尚难做深入讨论。关于对西北边防体系中宫分糺军的管理，统和十二年（994）八月庚辰，"诏皇太妃领西

---

1 （元）脱脱等：《辽史》卷46《百官志二》，中华书局2016年标点本，第831页。
2 （元）脱脱等：《辽史》卷116《国语解》，中华书局2016年标点本，第1691页。
3 苏航：《糺音义新探》，《中国边疆史地研究》，2016年第4期，第127页。
4 （元）脱脱等：《辽史》卷60《食货志下》，中华书局2016年标点本，第1033页。
5 （元）脱脱等：《辽史》卷98《刘伸传》，中华书局2016年标点本，第1558—1559页。

北路乌古等部兵及永兴宫分军，抚定西边，以萧挞凛督其军事"。[1] 又统和十二年，"夏人梗边，皇太妃受命总乌古及永兴宫分军讨之，挞凛为阻卜都详稳。凡军中号令，太妃并委挞凛。师还，以功加兼侍中，封兰陵郡王"。[2] 皇太妃即萧胡辇，是承天皇太后萧绰的长姐，其夫为辽太宗次子罨撒葛。保宁四年（972），罨撒葛死后被追封"皇太叔"，萧胡辇因称"皇太妃"。在此次对阻卜的军事行动中，宫分军由萧挞凛"督其军事"。萧挞凛所任"阻卜都详稳"一职，《辽史》中仅此一见。据考证，"阻卜都详稳"应为"西北面招讨使"的别称。[3] "统和中，（耶律昭）坐兄国留事，流西北部。会萧挞凛为西北路招讨使，爱之，奏免其役，礼致门下。"[4] 又耶律何鲁扫古于大康八年（1082），"知西北路招讨使事。时边部耶睹刮等来侵，何鲁扫古诱北阻卜酋豪磨古斯攻之，俘获甚众，以功加左仆射。复讨耶睹刮等，误击磨古斯，北阻卜由是叛命。遣都监张九讨之，不克，二室韦与六院部、特满群牧、宫分等军俱陷于敌"。[5] 关于此事，史载："西北路招讨使耶律阿鲁扫古追磨古斯还，都监萧张九遇贼，与战不利。二室韦、拽剌、北王府、特满群牧、宫分等军多陷没。"[6] "西北路招讨司是辽朝西北边疆最为重要的军

---

1 （元）脱脱等：《辽史》卷13《圣宗本纪四》，中华书局2016年标点本，第157页。
2 （元）脱脱等：《辽史》卷85《萧挞凛传》，中华书局2016年标点本，1445—1446页。
3 陈得芝：《辽代的西北路招讨司》，载《元史及北方民族史研究集刊》（第2期），1978年，第7—15页。
4 （元）脱脱等：《辽史》卷104《耶律昭传》，中华书局2016年标点本，第1602页。
5 （元）脱脱等：《辽史》卷94《耶律何鲁扫古传》，中华书局2016年标点本，第1523页。
6 （元）脱脱等：《辽史》卷25《道宗本纪五》，中华书局2016年标点本，第339页。

事机构，主要负责镇抚阻卜诸部。"[1] 其长官为"西北路招讨使司"下辖"宫分军详稳司"。[2] 可知，宫分军是西北路招讨使司所掌握兵力的重要组成部分，承担辽朝西北边疆戍边防卫的任务。不仅西北路招讨使司，乌古敌烈详稳司（乌古敌烈招讨司）亦下辖参与戍边的宫分军。开泰三年（1014），耶律韩留"稍迁乌古敌烈部都监，俄知详稳事。敌烈部叛，将宫分军，从枢密使耶律世良讨平之，加千牛卫大将军"。[3] 可见，乌古敌烈详稳司下宫分军的指挥权归乌古敌烈详稳，其管理机制与西北路招讨司相类似。

各宫分糺军的基层指挥权归诸宫宫官。高嵩于统和八年（990）被授予永兴宫汉儿都部署，检校司徒，此后"俄逢皇太妃专征之事，贵左右有人，南北东西，资机筹而扈跸云川云水，积劳役而成疴，公念光我庭阶，向余二纪，慰其识虑□休□旌命还家其□愈，奈何百药无疗，二竖为□以至藏舟，因而辞世"。[4] 关于随皇太妃出征的军队，统和十二年（994）八月庚辰，"诏皇太妃领西北路乌古等部兵及永兴宫分军，抚定西边"。[5] 由此推知，高氏应是以永兴宫宫使的身份参与指挥永兴宫分军作战。又大安十年（1094）五月戊午，"西北路招讨司奏敌烈等部来侵，统军司出兵与战，不利，招讨司以兵击破之，敦睦

---

1 康鹏：《辽朝西北路招讨司再探——兼谈辽朝西北路的防御体系》，载姜锡东主编：《宋史研究论丛》（第 11 辑），河北大学出版社 2010 年版，第 124—125 页。
2 （元）脱脱等：《辽史》卷 46《百官志二》，中华书局 2016 年标点本，第 839 页。
3 （元）脱脱等：《辽史》卷 89《耶律韩留传》，中华书局 2016 年标点本，第 1488 页。
4 《高嵩墓志》（统和十八年），参见向南、张国庆、李宇峰辑注：《辽史石刻文编续》，辽宁人民出版社 2010 年版，第 38 页。
5 （元）脱脱等：《辽史》卷 13《圣宗本纪四》，中华书局 2016 年标点本，第 157 页。

宫太师耶律爱奴及其子死之"。[1] 据考证，这里的统军司应为乌古敌烈统军司。乌古敌烈统军司因此次战败，更名为西北路招讨司。[2] 可见，在宫分军戍边期间，宫官需随军并承担基层指挥任务，然而，宫分军的统领权始终归属招讨司。

---

1 （元）脱脱等：《辽史》卷25《道宗本纪五》，中华书局2016年标点本，第341页。
2 康鹏：《辽朝西北路招讨司再探——兼谈辽朝西北路的防御体系》，载姜锡东主编：《宋史研究论丛》（第11辑），河北大学出版社2010年版，第124—125页。

第四章
隶宫州县

隶宫州县在契丹语中称"汉人斡鲁朵"，从行政建制上划分，包含提辖司和州县两种形式。此外，隶宫州县中的部分州县因奉祀帝后陵寝而设置，称"奉陵邑"，具有特殊的职能及职官体系。隶宫州县人户最初源自俘户，契丹人在对外征伐过程中俘获大量农耕俘户，这些俘户最初的安置手段是在契丹贵族的私人牧场上建立以"私城"为单位的居民点，"私城"所在区域的管理机构为提辖司。提辖司人户须向斡鲁朵主缴纳田赋和商税，战时须作为宫分军的辅助部队从征。随着与中原地区的频繁接触，中原州县体制被引入契丹传统游牧区域，部分"私城"随之被逐步纳入州县体制内进行管理。这些新置的州县中，隶属于斡鲁朵者称"隶宫州县"。隶宫州县人户需向行宫提供手工业品和劳役。"私城"人户与隶宫州县人户的性质不同，因此两种不同的行政区划至辽末始终处于并存状态。"奉陵邑"内除普通州县还存在一套独特的奉陵官系统，以负责帝后陵寝的祭祀等事务。

◉ 第一节　隶宫提辖司

辽代早期农耕俘户被以组建"私城"的形式固定在契丹贵族的"分地"上，"私城"的管理机构称提辖司。按领主身份的不同，辽代提辖司可分为隶宫提辖司和头下军州提辖司。由隶宫提辖司管理的人户称"蕃汉转户"，多分布于南京、西京两道。提辖司的长官称提辖使，不能与制置使完全等同。整个辽朝，提辖司单位虽有逐渐减少的趋势，但直至辽末，隶宫提辖司与隶宫州县始终并存。

一、隶宫提辖司的早期形态

关于提辖司，《辽史·百官志一》将之置于"北面宫官"条下，并言其"官制未详"。[1] 其职能，《辽史·国语解》言其为"诸宫典兵官"。[2]《辽史·兵卫志中》记载稍详："有兵事，则五京、二州各提辖司传檄而集，不待调发州县、部族，十万骑军已立具矣。"[3] 这些记载似乎说明，提辖司是斡鲁朵中管理骑军的军事机构。然而，仅据此说尚难对提辖司准确定性，如辽圣宗年间的宋匡世曾出任"晋国公主中京提辖使"。[4] 此处的晋国公主是辽圣宗次女秦晋国长公主岩母堇。[5] 岩母堇下嫁驸马都尉萧绍业，"以上赐媵臣户"置私城，"赐名睦州（后更名成州），军曰长庆"。[6] 辽制，"横帐诸王、国舅、公主许创立州城，自余不得建城郭。朝廷赐州县额"。[7] 此处的睦州既为岩母堇的头下军州，又因睦州隶属中京，所以墓主官职"晋国公主中京提辖使"所辖人户应为公主的头下户。且言墓主"启手足于提辖公署之正寝"，可见，头下军州内已有提辖使的官署——提辖司存在。基此可以认为，提辖司又非斡鲁朵的专属机构，在头下军州内亦有设置。然而《辽史·百官志四》"南面方州官"条下"头下军州"条目中未见有关提辖司的记载。这种情况的出现，或因《辽史》成书仓促，阙略、讹误之处甚多，元

---

1 （元）脱脱等：《辽史》卷 45《百官志一》，中华书局 2016 年标点本，第 806 页。
2 （元）脱脱等：《辽史》卷 116《国语解》，中华书局 2016 年标点本，第 1700 页。
3 （元）脱脱等：《辽史》卷 35《兵卫志中》，中华书局 2016 年标点本，第 458 页。
4 《宋匡世墓志》(太平六年)，参见向南：《辽代石刻文编》，河北教育出版社 1995 年版，第 180 页。
5 朱子方：《辽宋提辖官比较研究》，《社会科学辑刊》，1999 年第 2 期，第 99 页。
6 （元）脱脱等：《辽史》卷 16《圣宗本纪七》，中华书局 2016 年标点本，第 211 页。
7 （元）脱脱等：《辽史》卷 37《地理志一》，中华书局 2016 年标点本，第 506 页。

代史官难究其详，误将提辖司臆断为诸宫的专属机构。[1]因此，若要弄清辽代隶宫提辖司的真实面目，还应结合其他传世文献与碑刻资料详加辨析。

辽代以前的史料中未见有关提辖司的记载。史载：

> 黔州，阜昌军，下，刺史。本汉辽西郡地。太祖平渤海，以所俘户居之，隶黑水河提辖司。[2]

这是文献中有关提辖司最早的记载。因此，辽代提辖司的出现时间应不晚于耶律阿保机"平渤海"。然而《辽史》关于耶律阿保机"平渤海"的记载不止一处，具体时间也不尽一致。如神册初（约916），耶律阿保机"平渤海，得广州"。[3]又天显元年（926）二月壬辰，耶律阿保机"以平渤海遣使报唐"。[4]两次时间跨度大约10年，但据仅有的史料分析，最迟应不晚于926年。因此，暂将辽代提辖司初置时间定在不晚于天显元年（926）。这个时间点位距宋朝建立尚早34年。据此判断，提辖司应为辽朝首创，非参考前代官制所置。宋代的提辖，应是借鉴辽代而设。

在斡鲁朵和头下军州的相关文献中均有对提辖司的记载。其中斡鲁朵内的提辖司可称为隶宫提辖司。关于隶宫提辖司，其创制与辽代

---

1 《辽史·马人望传》载马人望曾任南京诸宫提辖制置，是《辽史》中提辖使的唯一实例。
2 （元）脱脱等：《辽史》卷39《地理志三》，中华书局2016年标点本，第551页。
3 （元）脱脱等：《辽史》卷60《食货志下》，中华书局2016年标点本，第1032页。
4 （元）脱脱等：《辽史》卷2《太祖本纪下》，中华书局2016年标点本，第24页。

前期的政治环境密切相关。从所属人户的来源看，"每岁所献生口及打房外国所得之物尽隶宫使"。[1] 宫使即斡鲁朵的主管官。可见斡鲁朵的农业人户主要来源于战争俘户。早在辽朝建国以前，契丹人就有将战争中所俘获汉人、渤海人等农耕人口迁入契丹腹地，在契丹贵族将领的个人"分地"内修筑"私城"以安置的传统。如耶律阿保机伯父于越王释鲁曾"南略易、定、奚、霫，始兴板筑，置城邑"。[2] 其在祖州境内设置的"越王城"，刘浦江认为是契丹社会中有文献可考的最早的"私城"，时间约在9世纪末。[3] 此后耶律阿保机在建国的过程中，随着连年征伐四方，战争俘获的农耕人口被大量迁入契丹腹地。唐天复二年（902），耶律阿保机"以兵四十万伐河东代北，攻下九郡"[4]，所俘以汉人为主的农耕人口就达九万五千口。然而，此时契丹腹地内，除耶律阿保机建立的龙化州，"似不存在州县建置"，而龙化州的人口数量"仅有一千多户，总人口不过万"。[5] 与耶律阿保机所俘九万五千人口相比，众寡悬绝。可见，在私人"分地"内建立以"私城"为单位的汉人、渤海人"居民点"仍是契丹早期安置农耕俘户的主要方式。

关于这些"私城"的管理方式，史载：

> 黔州，阜昌军，下，刺史。本汉辽西郡地。太祖平渤海，以所俘

---

1 （宋）余靖：《武溪集》卷18《契丹官仪》，《影印文渊阁四库全书》，第1089册，台湾商务印书馆1986年版，第175页。
2 （元）脱脱等：《辽史》卷2《太祖本纪下》，中华书局2016年标点本，第26页。
3 刘浦江：《辽朝的头下制度与头下军州》，《中国史研究》，2000年第3期，第90页。
4 （元）脱脱等：《辽史》卷1《太祖本纪上》，中华书局2016年标点本，第2页。
5 杨军：《辽代州县体制的形成及演变》，《学习与探索》，2018年第1期，第164页。

户居之，隶黑水河提辖司。安帝置州，析宜、霸二州汉户益之。初隶永兴宫，更隶中京，后置府，来属。[1]

有学者认为，辽太宗在组建自身宫分时，"将平渤海所得俘户安置在自己的封地内，设置了黑水河提辖司"，其后"至穆宗时，增加了宜、霸二州汉户，从永兴宫析出，建立黔州"。[2] 此说不无道理，然而，尤有可商榷之处。文献中对耶律阿保机平渤海所获人户的安置情况记载为"隶黑水河提辖司"。此处用"隶"而非"设"或"置"，可见，黑水河提辖司在渤海俘户迁入前就已经存在，是当时众多俘户居民点所在区域的管理机构，并非为了安排渤海俘户因事设官。由此推测，此时的提辖司应为辽帝"分地"内管理农耕俘户的常设机构。与黔州提辖司情况相类似的还有辽上京道的怀州提辖司。怀州是辽太宗永兴宫的隶宫州。永兴宫的人口由"太祖平渤海俘户，东京、怀州提辖司及云州怀仁县、泽州滦河县等户置"。[3] 按辽国之法，"天子践位，置宫卫"。[4] 可见，在辽太宗即位前，已经有怀州提辖司的存在。怀州所在地本辽太宗的"分地"，"太宗行帐放牧于此"。天赞间耶律德光跟随耶律阿保机征讨渤海国，后"破扶余城，下龙泉府"，将其所掠渤海人户，"筑寨居之"。耶律德光即位后，"掠燕、蓟所俘亦置此"。[5] 显然，

---

1 （元）脱脱等：《辽史》卷39《地理志三》，中华书局2016年标点本，第551页。文中"安帝"是对辽穆宗的称谓，其谥号"孝安敬正皇帝"，因以称之。
2 李桂芝：《辽朝提辖司考》，《学习与探索》，2005年第2期，第132页。
3 （元）脱脱等：《辽史》卷31《营卫志上》，中华书局2016年标点本，第411页。
4 （元）脱脱等：《辽史》卷31《营卫志上》，中华书局2016年标点本，第410页。
5 （元）脱脱等：《辽史》卷37《地理志一》，中华书局2016年标点本，第501页。

怀州的设置已是辽太宗即位后的事。[1] 值得注意的是，组建怀州的渤海俘户在置州前是被以"寨"为行政组织管理的。有关"寨"一级行政组织，如降圣州永安县，"太祖平渤海，破怀州之永安，迁其人置寨于此，建县"。[2] 又檀州行唐县"太祖掠定州，破行唐，尽驱其民，北至檀州，择旷土居之，凡置十寨，仍名行唐县"。[3] 可知，此时置"寨"是常用的管理汉人、渤海人等农耕俘户的统治手段，即前文中提到的"私城"。杨军认为这些"城""寨"不一定隶属某种上级组织，而是直接隶属于某人。[4] 或因其所辖人户的性质与普通州县户有别。这些"寨"所在区域的管理机构应为怀州提辖司。综上可知，契丹人将战争中所俘获汉人、渤海人等农耕俘户以建立"私城"的形式安置在契丹贵族的"分地"上，其中辽帝"分地"上"私城"的管理机构为隶宫提辖司。

二、隶宫提辖司的人户构成

隶宫提辖司所属人户称"蕃汉转户"。[5] 史载：

---

[1] 怀州提辖司得名应源自怀州，怀州建州前其名史无详载，某宫提辖司更名原因后文中详论。

[2] （元）脱脱等：《辽史》卷37《地理志一》，中华书局2016年标点本，第506页。此处怀州应为庆州之误。永安县本渤海国龙原府庆州县名。《辽史·地理志》载：渤海国龙原府"都督庆、盐、穆、贺四州事。故县六：日龙原、永安、乌山、壁谷、熊山、白杨，皆废"。（见李鹏、张宪功：《辽代降圣州、永安县及龙化县考》，《中国历史地理论丛》，2018年第1期。）

[3] （元）脱脱等：《辽史》卷40《地理志四》，中华书局2016年标点本，第565页。

[4] 杨军：《辽代州县体制的形成及演变》，《学习与探索》，2018年第1期，第166页。

[5] 杨若薇：《契丹王朝政治军事制度研究》，中国社会科学出版社1991年版，第69页。

辽建五京：临潢，契丹故壤；辽阳，汉之辽东，为渤海故国；中京，汉辽西地，自唐以来契丹有之。三京丁籍可纪者二十二万六千一百，蕃汉转户为多。析津、大同，故汉地，籍丁八十万六千七百。契丹本户多隶宫帐、部族，其余蕃汉户丁分隶者，皆不与焉。[1]

这里的"蕃汉转户"即"蕃汉户丁""蕃汉转丁"，属于"契丹本户"以外的民户。可见，"蕃汉转户"隶属于五京"丁籍"，是农耕人户，与"隶宫帐、部族"的"契丹本户"是完全不同类型的人户。又"有兵事，则五京、二州各提辖司传檄而集，不待调发州县、部族，十万骑军已立具矣"。[2] 可见，提辖司人户亦非州县户。其人户性质，史载：

宰相张琳，沈州人也，天祚命讨之。琳先常两任户部使，有东京人望，至是募辽东失业者，并驱转户强壮充军。盖辽东夙与女真、渤海有仇，转户则使从良，庶几效命敢战。旬日之间，得兵二万余，随行官属、将领，听从辟差。[3]

又：

契丹屡败，精兵锐卒十无一存。琳讨永昌，搏手无策，始招所谓

---

1 （元）脱脱等：《辽史》卷36《兵卫志下》，中华书局2016年标点本，第473页。
2 （元）脱脱等：《辽史》卷35《兵卫志中》，中华书局2016年标点本，第458页。
3 （宋）叶隆礼撰，贾敬颜、林荣贵点校：《契丹国志》卷10《天祚皇帝上》，上海古籍出版社1985年版，第108页。

"转户军"。盖辽东渤海，乃夙所仇；若其转户，则使从良，庶几捐躯奋命。[1]

"转户"在辽代并非"良人"。"良人"的内涵，大安四年（1088）正月甲戌，"以上京、南京饥，许良人自鬻"。[2] 又贾师训"寻诏按察河东路刑狱，间有酋豪负势，诈良民五百口为部曲，数为官□为贱民心不厌而随反之。公伺得其情，乃召酋豪诘之，一言切中其病，语立塞，遂服，因籍其户还官"。[3] 又"往者或不拒事繁，致勾遣接手者众，专使交杂，蠹耗乡栅，驱良民如婢使，取私货若己产，深为不道"。[4] 可见，"良人"应为普通自由民，"转户"经"从良"方可恢复其自由民身份。辽朝灭亡以后，"转户"制度为金朝所沿袭，大定十八年（1178）闰六月辛丑，"命赈西南、西北两招讨司民，及乌古里石垒部转户饥"。[5] 关于"乌古里石垒部转户"，大定十七年（1177）正月戊申，"诏西北路招讨司契丹民户，其尝叛乱者已行措置，其不与叛乱及放良奴隶可徙乌古里石垒部，令及春耕作"。[6] 可见，"不与叛乱及放良奴隶"应与"诏西北路招讨司契丹民户"有关，亦非奴隶。"转户"在辽代地位应近似

1　（宋）叶隆礼撰，贾敬颜、林荣贵点校：《契丹国志》卷19《张琳传》，上海古籍出版社1985年版，第181页。

2　（元）脱脱等：《辽史》卷25《道宗本纪五》，中华书局2016年标点本，第334页。

3　《贾师训墓志》（寿昌三年），参见向南：《辽代石刻文编》，河北教育出版社1995年版，第478页。

4　《三河县重修文宣王庙记》（乾统七年），参见向南：《辽代石刻文编》，河北教育出版社1995年版，第578页。

5　（元）脱脱等：《金史》卷7《世宗本纪中》，中华书局2020年标点本，第188页。

6　（元）脱脱等：《金史》卷7《世宗本纪中》，中华书局2020年标点本，第184页。

于"部曲"。关于辽代部曲,史载:

  辗逆党二十九人,以其妻女赐有功将校,所掠珍宝、孳畜还主;亡其本物者,命责偿其家;不能偿者,赐以其部曲。[1]

辽代的部曲可拥有财产,并非奴隶。耶律沤里思"总领敌烈皮室军,坐私免部曲,夺官,卒"。[2] 又统和十三年(995)四月丙戌,"诏诸道民户应历以来胁从为部曲者,仍籍州县"。[3] 可见,辽代部曲的身份应为契丹贵族的属户,并非自由民,不得"私免",与普通州县户有区别。部曲还广泛存在于头下军州中。"横帐诸王、国舅、公主许创立州城,自余不得建城郭。朝廷赐州县额。其节度使朝廷命之,刺史以下皆以本主部曲充焉。"[4] 有学者认为"头下军州必须有私城的性质"。[5] 作为辽帝"私城"所在区域的管理机构,隶宫提辖司人户的性质应与头下军州人户类似。因此,"蕃汉转户"本质上可视为辽帝的部曲。

三、隶宫提辖司的管理机制

  契丹国家早期安置农业俘户的方式是在契丹贵族的私人牧场上建立以"私城"为单位的居民点,然而,"私城"在辽朝境内的分布极为零散,不宜管理,因此划分区域设置提辖司,以管理辖区内众"私

---

1 (元)脱脱等:《辽史》卷1《太祖本纪上》,北中华书局2016年标点本,第8页。
2 (元)脱脱等:《辽史》卷76《耶律沤里思传》,中华书局2016年标点本,第1380页。
3 (元)脱脱等:《辽史》卷13《圣宗本纪四》,北中华书局2016年标点本,第158页。
4 (元)脱脱等:《辽史》卷37《地理志一》,中华书局2016年标点本,第506—507页。
5 刘浦江:《辽朝的头下制度与头下军州》,《中国史研究》,2000年第3期,第89页。

城"。其后,随着辽代行政体制的演变,"私城"被逐步纳入州县体制内进行管理。但是,比较特殊的是州县由南面官系统管理,而提辖司则是归属于北面官系统管理。

提辖司的长官称提辖使。辽道宗年间的郑颉曾"累致书于执政,求外补",后"遂为两宫提辖",于重熙年间"终于燕京之私第"。[1] 由此可知,《辽史》虽将提辖司载于"北面宫官"条下,但从其设置地点来看却属于地方官。而宋匡世在辽圣宗太平五年(1025)出任晋国公主中京提辖使期间,"启手足于提辖公署之正寝",[2] 此处的"公署"当为提辖使固定的办公地点。但这种固定办公的情况却与宫官的特点相矛盾。辽帝终年捺钵,靡无定所。作为宫分管理者的契丹、汉人行宫都部署及各宫使亦需随帐迁徙,办公场所不固定,也"不便于行使日常的统管之职"。[3] 因此,有必要在提辖司体系内部建立相应的科层管理机制,以维持各级提辖司的日常运行。

关于隶宫提辖司的管理机制,根据余蔚的研究,在辽代提辖司的管理机制中存在两条管理路径:一是以"某宫提辖司"(如永兴宫提辖司)下辖"某宫某京(州)提辖司"(如永兴宫平州提辖司)的以宫分为轴的垂直管理路径;二是以"某京(州)提辖司"(如中京提辖司)下辖"某宫某京(州)提辖司"的以区域为纲的横向管理路径。这两

---

[1] 《郑颉墓志》(大安元年),参见向南、张国庆、李宇峰辑注:《辽代石刻文续编》,辽宁人民出版社2010年版,第179页。

[2] 《宋匡世墓志》(太平六年),参见向南:《辽代石刻文编》,河北教育出版社1995年版,第181页。

[3] 余蔚:《辽代斡鲁朵管理体制研究》,《历史研究》,2015年第1期,第65页。

条路径"最后汇总于诸行宫提辖制置"。[1]但郑颉任职的永兴、彰愍两宫提辖司应为余蔚结论中的"某宫提辖司"。该机构不与宫使一样随捺钵迁徙,而是在地方有固定的办公地点,这就与余蔚所言"某宫提辖司应当是辅佐宫使的机构"[2]的结论相矛盾。如果"某宫提辖司"是地方机构,并且存在一条以宫分为轴的"垂直统辖体系",那么,其职能就不免与"以区域为纲"的"某京(州)提辖司"之间叠床架屋,不利管理。与辽官"事简职专,官制朴实,不以名乱之"的"旧俗"不符。[3]又平州赵府君的完整结衔为"大辽故永阳宫平州提辖使、银青崇禄大夫、兼监察御史、武骑尉"。[4]其中"永阳宫"应为"永兴宫"之误。其"职"应为余蔚结论中的"某宫某京提辖使"。据考证,墓主赵氏的结衔符合"银酒监武"式加衔,是刺史常带之衔,品阶应相当于刺史。[5]而前文提到身兼永兴、彰愍两宫提辖使职务的郑颉,其"职"对应的文资官为太子中舍,其级别与秘书郎相当。[6]可见,"某宫提辖使"的级别是不低于"某宫某京(州)提辖使"的。[7]因此,余氏结论中"某宫提辖司"下辖"某宫某京(州)提辖司",即以宫分为轴的垂

---

[1] 余蔚:《辽代斡鲁朵管理体制研究》,《历史研究》,2015年第1期,第67页。

[2] 余蔚:《辽代斡鲁朵管理体制研究》,《历史研究》,2015年第1期,第66页。

[3] (元)脱脱等:《辽史》卷45《百官志一》,中华书局2016年标点本,第773页。

[4] 《平州赵府君墓志》(统和二十年),参见向南:《辽代石刻文编》,河北教育出版社1995年版,第110页。

[5] 杨军:《辽代州县体制的形成及演变》,《学习与探索》,2018年第1期,第169页。

[6] 杨军:《辽朝南面官研究——以碑刻资料为中心》,《史学集刊》,2013年第3期,第5页。

[7] 与郑颉同为辽道宗朝的张衍的结衔为"秘书郎,知龙门县事"。可见,两宫提辖使的级别约与知县相当,不及刺史。(《张衍墓志》,参见向南:《辽代石刻文编》,河北教育出版社1995年版,第691页。)

直管理路径恐不存在。而另一条路径，因限于史料之匮乏，"某京（州）提辖使"一职的品级尚难定论。

不过，辽道宗年间的马人望因与耶律俨交恶，"迁南京诸宫提辖制置"。[1] 此处的"南京诸宫提辖制置"应属余氏结论中"某京（州）提辖使"。从官名方面看，该职官应为南京各隶宫提辖使的主管官职。李桂芝认为，诸宫制置使、诸宫提辖制置、诸宫提辖制置使"皆应为诸宫提辖使的异名"。[2] 作为隶宫提辖司的最高管理者，文献中关于"诸宫提辖使"的记载可见于辽兴宗年间的李翶充的结衔"昭文馆直学士、诸宫制置使"。[3] 又辽道宗年间的邢希古的结衔为"大中大夫、充昭文馆直学士、知诸宫制置使、护军、开国侯"。[4] 可见，"诸宫提辖使"一职所对应的文资官为昭文馆直学士。据考证，昭文馆直学士的级别与枢密直学士相当。[5] 由此推测，"某京（州）提辖使"一职的品级应在刺史与枢密直学士之间。隶宫提辖司之管理路径由高到低应为："诸宫提辖使"—"某京（州）提辖司"—"某宫某京（州）提辖司"—"某宫提辖司"。

循此思路，可试对辽代提辖司管理机制的演变过程进行梳理。契丹国家早期安置战争中所获农业俘户的方式是在契丹贵族的个人"分

---

1 （元）脱脱等：《辽史》卷105《马人望传》，中华书局2016年标点本，第1611页。
2 李桂芝：《辽朝提辖司考》，《学习与探索》，2005年第2期，第131—135页。
3 《张俭墓志》（重熙二十二年），参见向南：《辽代石刻文编》，河北教育出版社1995年版，第265页。
4 《易州太宁山净觉寺碑铭》（大安二年），参见向南：《辽代石刻文编》，河北教育出版社1995年版，第403页。
5 杨军：《辽朝南面官研究——以碑刻资料为中心》，《史学集刊》，2013年第3期，第14页。

地"内建立以"私城"为单位的"居民点",置提辖司以管理片区内的"私城"。"契丹之初,草居野次,靡有定所。至涅里始制部族,各有分地。"[1] "分地"即各部族相对固定的生产和生活的区域,在北方草原地区,牧场或为主要内涵。在草原上,优质的牧场往往沿诸河岸分布,被契丹权贵作为私人"分地"。如耶律阿保机的先祖涅里在划分诸部"分地"时,曾将"世里河流域的优质牧场留给了自己",成为后代耶律氏世居的"分地",耶律阿保机的姓氏世里亦得名于其家族所居世里河流域。[2] 据此推测,作为"分地"上众"私城"的管理者,早期提辖司之名或源自其所在地的地名,如黑水河提辖司。至耶律阿保机创立斡鲁朵,原属于辽帝的"分地"转由斡鲁朵管理。而原以所在地为名的"某地提辖司",此时亦随之转变为斡鲁朵内的机构。继续管理斡鲁朵所属"分地"上的农耕俘户,其机构名称也由"某地提辖司"更名为"某宫提辖司"。至辽朝接管燕云十六州,辽太宗全面借鉴和推行中原州县制,对契丹国家原有地方行政制度加以改革。辽太宗会同元年(938)改革,"设三京、节镇、州县,辽朝南面官的地方管理体制趋于定型",对地方行政机构产生深远影响,自此"州县体制成为辽代地方管理体制运作的基准"。[3] 其后,大量以"城""寨"为单位的管理农耕俘户的"私城"被逐步纳入州县体制内进行管理,而"私城"所在区域的管理机构——提辖司亦随之转化为斡鲁朵内的机构,被纳入州县

---

1 (元)脱脱等:《辽史》卷32《营卫志中》,中华书局2016年标点本,第427页。
2 杨军:《牧场与契丹人的政治》,《首都师范大学学报》(社会科学版),2017年第2期,第2页。
3 杨军:《辽代州县体制的形成及演变》,《学习与探索》,2018年第1期,第163页。

制的科层管理机制当中，在"某宫提辖司"之上设置"某宫某京（州）提辖司"。然而，原有分布于契丹旧地的"某宫提辖司"源自"某地提辖司"，其辖区被划分为片状草场的地理单元，其边界难免与州县制中的京（州）辖区不相吻合。统和八年（990）七月庚辰，"诏东京路诸隶宫分提辖司，分置定霸、保和、宣化三县，白川州置洪理，仪坤州置广义，辽西州置长庆，乾州置安德各一县"。[1] 其中仪坤州广义县位于上京道边缘区域，可见，东京路提辖司所辖区域或可超越东京边界远至上京地区。随着辽穆宗死后无嗣，其"分地"由辽景宗继承，后随着辽太宗家族势力日益式微，辽代皇族"分地"终归于辽圣宗。辽圣宗朝以后，皇族"分地"归属权的统一为跨斡鲁朵机构的设置提供了可能。如前文提到的辽兴宗年间的李轲充的结衔为"昭文馆直学士、诸宫制置使"。[2] 此为"诸宫提辖使"一职在文献中的最早记载，时间已是辽兴宗重熙二十二年（1053）。

值得注意的是，提辖司与制置司不可等同视之。杨若薇认为，提辖司又称制置司，二者应为同一机构的不同称呼。因此，提辖司长官提辖使又可称为制置使。[3] 此观点为学界广泛认同。[4] 不过，提辖司系统虽有制置司的存在，提辖使在某些情况下可称提辖制置使，如马人望所任南京诸宫提辖制置，但二职不能等同视之。后周广顺三年（953）

---

[1] （元）脱脱等：《辽史》卷13《圣宗本纪四》，中华书局2016年标点本，第152页。
[2] 《张俭墓志》（重熙二十二年），参见向南：《辽代石刻文编》，河北教育出版社1995年版，第265页。
[3] 杨若薇：《契丹王朝政治军事制度研究》，中国社会科学出版社1991年版，第71页。
[4] 李桂芝、余蔚等学者亦认同提辖司又称制置司，详见学者相关论文。李桂芝：《辽朝提辖司考》，《学习与探索》，2005年第2期；余蔚：《辽代斡鲁朵管理体制研究》，《历史研究》，2015年第1期。

六月壬子，"契丹幽州榷盐制置使兼坊州刺史、知卢台军事张藏英，以本军兵士及职员户人孥畜七千头口归化"。[1]坊州位于今陕西省境内，从未为契丹所领有，张氏所任"坊州刺史"一职或为遥领。因此，张氏的结衔中仅"榷盐制置使"及"知卢台军事"为实职。这一点可从随张藏英出走人户的构成中得到验证。张藏英"率内外亲属并所部兵千余人，及煮盐户长幼七千余口，牛马万计，舟数百艘，航海归周"。[2]其中"所部兵千余人"应为其任"知卢台军事"所掌之兵，而"煮盐户长幼七千余口"应为其任"榷盐制置使"一职所领之人户。"卢台军"又名"芦台军"。芦台军本唐末刘守光置于海口镇。至同光中，赵德钧"因芦台卤地置盐场"。又"舟行运盐"，因其地"高阜平阔，因置榷盐院，谓之新仓，以贮盐"。至辽得幽云十六州，于其地置新仓镇。[3]"辽于新仓置榷盐院，居民聚集，因分武清、香河、潞三县户置。"[4]可见，"榷盐制置使"所辖的煮盐户应继承自芦台军盐场和新仓榷盐院的盐工，而非战争中所获的农耕俘户。而张氏所任"榷盐制置使"当非提辖司系统中职官。因此，判断某"制置使"是否为"提辖使"应具体情况具体分析。

四、隶宫提辖司的职能

隶宫提辖司作为斡鲁朵的组成部分，其在斡鲁朵中所发挥的职能

---

[1] （宋）薛居正等：《旧五代史》卷113《周太祖本纪四》，中华书局2015年标点本，第1497页。

[2] （元）脱脱等：《宋史》卷271《张藏英传》，中华书局1977年标点本，第9290页。

[3] （清）于敏中等：《日下旧闻考》卷113，北京古籍出版社1985年版，第1869页。

[4] （元）脱脱等：《辽史》卷40《地理志四》，中华书局2016年标点本，第563页。

体现在经济和军事两方面。

　　隶宫提辖司的经济职能。1980 年于赤峰巴林右旗出土《黑山崇善碑题名》石碑，碑文中记载有大量人名、地名，其中地名多以某寨、某庄命名，学界普遍认为这些组织"多为斡鲁朵州县下的自然聚落名称"。又石碑出土地在辽代时属庆州，庆州为辽圣宗的女古斡鲁朵的隶宫州。[1] 据此推测，这些以某寨、某庄命名的行政建制应为隶宫提辖司管理下的"私城"组织。这些组织，按照不同的分工，分别以"务""寨""司"命名。其中从事农业的有"粮谷务""柿作务""上麦务""下麦务"等；从事手工业的有"窑仿寨""中作寨""八作司"等。可见，"私城"内皆有农业和手工业生产，其经济形式与普通州县类似。有关隶宫提辖司下辖"私城"的赋税缴纳形式，文献中无明确记载。如前所述，提辖司不仅存在于辽帝斡鲁朵内，头下军州中亦有设置。头下军州人户来源，"皆诸王、外戚、大臣及诸部从征俘掠，或置生口，各团集建州县以居之"。[2] 斡鲁朵中的农业人户和头下军州人户均主要来源于战争俘户，系头下主的私人部曲，因此，隶宫提辖司人户的性质应与头下军州提辖司人户相类似。由此推知，作为领主私人部曲的管理机构，两种类型提辖司在民事管理上应存在相似性。作为辽帝"私城"所在区域的管理机构，隶宫提辖司的自主权应较隶宫州县提辖司更大。因此，可根据头下军州提辖司的赋税职能，管窥隶宫

---

1 张国庆：《辽代社会基层聚落组织及其功能考探——辽代乡村社会史研究之一》，《中国史研究》，2002 年第 2 期，第 81—82 页。

2 （元）脱脱等：《辽史》卷 37，《地理志一》，中华书局 2016 年标点本，第 506 页。此处生口仅指代人口。如《辽史》卷 2《太祖纪下》载："俘获生口万四千二百，牛马、车乘、庐帐、器物二十余万。"显然牛马等牲畜不计入其中。

提辖司的赋税职能。关于辽代赋税缴纳的内容有学者认为，辽朝农民的赋税中，除部分以钱计征，"实际缴纳的主要为实物"，如粟、丝织品等[1]。这一点头下军州亦然。史载：

> 会中官之爱弟，开外馆以亲迎。户民既益于赋租，钱谷复资于主辖。改授晋国公主中京提辖使。[2]

赋租即田赋，头下军州所辖人户的田租应归头下主所有。宋匡世出任的"晋国公主中京提辖使"一职的职能为管理头下军州的赋租钱谷。可见，头下军州农民缴纳的赋税应由货币和实物两部分组成。关于头下军州的商税，史载：

> 官位九品之下及井邑商贾之家，征税各归头下，唯酒税课纳上京盐铁司。[3]

"征税"的内容即商税。头下军州的商税中，除酒税，皆归于头下主所有。综上可知，提辖司人户作为头下主的部曲，其所纳赋税除部分商税须上交国家，其余部分可供头下主个人支配。那么，既然隶宫提辖司的自主权应大于头下军州提辖司，其人户课纳赋税中的大部分也

---

1 张正明：《契丹史略》，中华书局 1979 年版，第 92 页。
2 《宋匡世墓志》(太平六年)，参见向南：《辽代石刻文编》，河北教育出版社 1995 年版，第 181 页。
3 (元) 脱脱等：《辽史》卷 37《地理志一》，中华书局 2016 年标点本，第 507 页。

应归辽帝所有，成为辽帝日常消费的重要经济来源。由此可知，隶宫提辖司人户与头下军州提辖司人户同为农耕人户，那么其所缴纳的赋税中，同样应包含"钱"与"谷"两部分。其中所产的粮食应供辽帝行宫消费，而以货币形式缴纳的赋税应为辽帝内帑收入的重要组成部分。

隶宫提辖司的军事职能。由"蕃汉转户"构成的提辖司人户有从军的义务。然而，从辽末战争中"转户"被驱以充军的记载中可以看出，在平时转户或不能独立组成军队。随着对金作战前线战事日紧，因驱使转户"从良"，编制为"转户军"。同时，"蕃汉转户"的性质为农耕人户，不应充当骑兵。《辽史》中言提辖司人户"十万骑军已立具"的记载与辽代军制相悖，或为史家误解。有学者认为，"转户"参军"以正军之'家丁'身份辅助作战"。[1]也就是《辽史·兵卫志上》所言："打草谷、守营铺家丁各一人。"[2]此说较《辽史·兵卫志中》的记载更为合理。因此，由隶宫提辖司人户组成汉军应为宫分军的辅助部队。

值得注意的是，辽代中期以后，契丹故地隶宫提辖司的职能有弱化的趋势。赋税方面，行宫日常消费中有对粮食的需求，而这部分粮食已"皆资于燕"。考虑到沈括使辽已是辽道宗朝的事，此时行宫消费的粮食已不由契丹故地的隶宫提辖司供应。这种情况或与契丹故地隶宫州县大量建立，而导致隶宫提辖司数量减少有关。统和八年（990）七月庚辰，"诏东京路诸隶宫分提辖司，分置定霸、保和、宣化三县，

---

1 余蔚：《辽代斡鲁朵管理体制研究》，《历史研究》，2015 年第 1 期，第 69 页。
2 （元）脱脱等：《辽史》卷 34《兵卫志上》，中华书局 2016 年标点本，第 451 页。

白川州置洪理，仪坤州置广义，辽西州置长庆，乾州置安德各一县"。[1]经过这次改革，隶宫提辖司多集中于南京、西京两道，"内地一二而已"。[2]此时的行宫已建立起完善的供给制度。其中"粟车转"，由南京输送至行宫。因此，行宫对隶宫提辖司的依赖程度降低。军事方面，辽圣宗朝以后，宫分军的职能已主要转变为边防部队，隶属于各"招讨司""统军司"等国家军事机构。辽朝边防部队有完善的后勤补给制度作为保障。辽圣宗年间，耶律昭曾上书"西北之众，每岁农时，一夫侦候，一夫治公田，二夫给糺官之役。当时沿边各置屯田戍兵，易田积谷以给军饷"。[3]可见，辽朝北方戍边部队之后勤补给主要由"屯田戍兵"供应，其中"给糺官之役"和"给军饷"部分取代了隶宫提辖司人户"打草谷、守营铺"的职能。宫分军对隶宫提辖司人户的需求程度渐弱。

第二节　隶宫州县

隶宫州县制度是辽朝全面引入中原州县制度后，对隶属于提辖司的"私城"加以改造的产物。隶宫州县人户属于国家编户，而非辽帝的个人部曲。隶宫州县的土地属于辽帝的"分地"，而非辽朝国有土地。因此，隶宫州县的地位处于"私城"与南面方州之间，存在管理权与所有权分离的情况。辽代中期以前，斡鲁朵在对隶宫州县日常管

---

[1]（元）脱脱等：《辽史》卷13《圣宗本纪四》，中华书局2016年标点本，第152页。
[2]（元）脱脱等：《辽史》卷35《兵卫志中》，中华书局2016年标点本，第465页。
[3]（元）脱脱等：《辽史》卷59《食货志上》，中华书局2016年标点本，第1028页。

理中作用较大。辽代中期以后，隶宫州县开始向南面方州演进，反映了辽朝地方行政建制上向中原州县模式转型的大趋势，然而，终辽一世斡鲁朵对隶宫州县的影响始终未能消除。

一、隶宫州县的早期形态

关于隶宫州县，诸斡鲁朵共辖"州三十八，县十"[1]。除隶属于辽景宗彰愍宫的行唐、望云二县分隶南京道和西京道，其余皆分布于上京、中京、东京三道。隶宫州县的设置是一个渐进的过程，其创置与契丹社会传统的"私城"制度有关。如前所述，随着连年征伐，契丹贵族将战争中俘获的大量农耕人户迁入契丹腹地的传统游牧区域内，以插花田的形式，在其"分地"上措置"私城"，与游牧人户杂处。"是时，刘守光暴虐，幽、涿之人多亡入契丹。耶律阿保机乘间入塞，攻陷城邑，俘其人民，依唐州县置城以居之。"[2] 此处的"城"即"私城"，在形式上是汉人的居民点，与唐代州县相去甚远，应为中原史家的误解。这些"私城"最初被加以"城""寨"等建制，如位于上京道的龙化州，前身是耶律阿保机所置的"私城"。龙化州所在地本"契丹始祖奇首可汗居此"，可知其地为世里氏的"分地"，后为耶律阿保机继承，于其地置"东楼"。至唐天复二年（902），"太祖为迭烈部夷离堇，破代北，迁其民，建城居之"。[3] 又如同样位于上京道的降圣州永安县，"太

---

[1]（元）脱脱等：《辽史》卷31《营卫志上》，中华书局2016年标点本，第410页。

[2]（宋）欧阳修：《新五代史》卷72《四夷附录一》，中华书局2015年标点本，第1002页。

[3]（元）脱脱等：《辽史》卷37《地理志一》，中华书局2016年标点本，第505页。

祖平渤海，破怀州之永安，迁其人置寨于此，建县"。[1] 可知，永安县的前身是以耶律阿保机对渤海征伐中俘户所置的"私城"。可见，此时在"分地"内建置的"城""寨"机构是安置汉人、渤海人农耕俘户的常见的行政建制。这些"私城"所在区域的管理机构是提辖司。此后，随着与中原地区的频繁接触，中原州县体制被逐步引入契丹传统游牧区域内，"私城"人户随之逐步被纳入州县体制内进行管理，《辽史》就多次出现以"提辖司人户置"的州县。这些新置州县中，隶属于斡鲁朵者，一般称"隶宫州县"。[2] 中京道黔州的沿革大体反映了隶宫州县的建置过程。史载：

> 黔州，阜昌军，下，刺史。本汉辽西郡地。太祖平渤海，以所俘户居之，隶黑水河提辖司。安帝置州，析宜、霸二州汉户益之。初隶永兴宫，更隶中京，后置府，来属。[3]

据此，构成黔州的人户源自黑水河提辖司管辖下的耶律阿保机俘掠的渤海俘户。黔州的建城时间或与《辽史》记载有出入。《武经总要·北蕃地理》载："黔州，辽主耶律德光初置。"[4] 耶律阿保机去世后，其

---

1 （元）脱脱等：《辽史》卷37《地理志一》，中华书局2016年标点本，第506页。
2 余蔚：《辽代州制研究》，中国地理学会历史地理专业委员会《历史地理》编辑委员会编：《历史地理》第24辑，上海人民出版社，2010年，第70页。
3 （元）脱脱等：《辽史》卷39《地理志三》，中华书局2016年标点本，第551页。文中"安帝"是对辽穆宗的称谓，其谥号"孝安敬正皇帝"，因以称之。
4 （宋）曾公亮、丁度著，陈建中、黄明珍点校：《武经总要》卷16下《北蕃地理》，商务印书馆2017年版，第265页。

"分地"连同"分地"上的人户为辽太宗继承，[1]因此辽太宗以原"隶黑水河提辖司"的渤海俘户置黔州，"初隶永兴宫"，成为其宫分下的隶宫州。可见，将黔州的设置时间定在辽太宗早期而非辽穆宗（安帝）时期似更符合历史事实。概言之，辽太祖年间由隶宫提辖司管理的俘户逐步被设置为隶宫州县形式进行管理。

由隶宫提辖司"私城"到隶宫州县的转变，是一个行政上中原州县化的过程，与"私城"存在较大差异。在行政上，辽代隶宫州下辖支郡及属县。史载：

锦州，临海军，中，节度。本汉辽东无虑县。慕容皝置西乐县。太祖以汉俘建州。……隶弘义宫。统州一、县二：

永乐县。

安昌县。

岩州，保肃军，下，刺史。本汉海阳县地。太祖平渤海，迁汉户杂居兴州境，圣宗于此建城焉。隶弘义宫，来属。统县一：兴城县。[2]

锦州临海军位于中京道，是耶律阿保机的弘义宫下辖的隶宫州，等第为节度州。其下辖的永乐县、安昌县为其属县。据考证，二县皆为辽太祖所置，其中永乐县是锦州的倚郭县。[3]可见，隶宫州县的属县往往与州同置，非日后增设。隶宫州县中，不仅节度州下辖属县，刺史州

---

1 余蔚：《辽代斡鲁朵管理体制研究》，《历史研究》，2015年第1期，第69页。
2 （元）脱脱等：《辽史》卷39《地理志三》，中华书局2016年标点本，第552页。
3 余蔚：《中国行政区划通史·辽金卷》，复旦大学出版社2012年版，第287页。

下亦有设置。史载:

> 银州,富国军,下,刺史。本渤海富州,太祖以银冶更名。隶弘义宫,兵事属北女直兵司马。统县三:
> 延津县。本渤海富寿县,境有延津故城,更名。
> 新兴县。本故越喜国地,渤海置银冶,尝置银州。
> 永平县。本渤海优富县地,太祖以俘户置。旧有永平寨。[1]

银州是辽太祖的弘义宫下辖的隶宫州县,等第为刺史州。据考证,银州的置州时间为太祖天显元年(926),其所辖三县皆与银州同年设置。[2]可见,隶宫州中,无论是节度州还是刺史州皆下设属县,这一点与南面方州相同,然而,与"具有私城的性质"的头下州有异。[3]《辽史·地理志》所载众头下州,无论节度州抑或刺史州,皆无下辖属县的记载。

不仅如此,部分隶宫州县是由大臣的头下军州由诸多原因没入而来,这些头下军州原无属县,其属县一般于隶宫后增设。如中京道的川州,史载:

> 川州,长宁军,中,节度。本唐青山州地。太祖弟明王安端置。会同三年,诏为白川州。安端子察割以大逆诛,没入。省曰川州。初

---

1 (元)脱脱等:《辽史》卷38《地理志二》,中华书局2016年标点本,第531页。
2 余蔚:《中国行政区划通史·辽金卷》,复旦大学出版社2012年版,第243页。
3 刘浦江:《辽朝的头下制度与头下军州》,《中国史研究》,2000年第3期,第89页。

隶崇德宫，统和中属文忠王府。统县三：

　　弘理县。统和八年以诸宫提辖司户置。

　　咸康县。

　　宜民县。统和中置。[1]

川州原名白川州，是耶律安端设置的头下州，后因其子耶律察割谋逆而没入宫分，更名川州。川州下辖的三县中，弘理县及宜民县皆在辽圣宗年间设置。咸康县为川州的倚郭，据考证其建制年代应在辽穆宗应历元年（951）。此时川州已被没入宫分，因此，川州的属县应是在其成为隶宫州后设置的。

　　这种制度的成因与辽朝早期政治格局的嬗变有关。早在唐朝时期，契丹就已对中原州县制有相应的了解。开元三年（715），唐朝"复置松漠都督府，封失活为松漠郡王，拜左金吾卫大将军兼松漠都督。其所统八部落，各因旧帅拜为刺史"[2]。又契丹"八族长皆号曰大人，称刺史"。[3] 唐朝以羁縻府州制治契丹，择诸部首领加刺史衔领本部事务。此时的刺史仅为羁縻府州制下封号，与中原地区的地方行政长官是有区别的。羁縻州府是一种特殊的地方行政建制，体现了中原政权对契丹及其活动地区的行政管辖关系，但真正的管理权、对本族事务的决策权还在契丹首领（担任刺史）手中。所以，羁縻州府的最高长官与

---

[1]（元）脱脱等：《辽史》卷39《地理志三》，北中华书局2016年标点本，第552页。

[2]（宋）欧阳修、宋祁撰：《旧唐书》卷199《契丹传》，中华书局1975年标点本，第5351页。

[3]（宋）王溥：《五代会要》卷29《契丹》（《丛书集成初编》本），中华书局1985年版，第347页。

非州县制下的长官并不一样。契丹第一次将中原州县制引入契丹腹地的游牧区是在耶律阿保机担任迭剌部夷离堇期间。随着对外战争持续不断，战争中俘获的大量农耕人户被迁入契丹腹地传统游牧区，在契丹贵族的"分地"内建立"私城"机构，对这些农耕人户进行管理。耶律阿保机在担任迭剌部夷离堇期间，在其"分地"内"私城"的基础上仿唐制建置辽最早的州级行政组织——龙化州，以此获得与诸部大人相同的"刺史"地位。有学者认为，耶律阿保机的"刺史"衔具有两重内涵："既代表他是契丹迭剌部之长夷离堇，也代表他是迭剌部分地内龙化州的长官。"[1] 此时耶律阿保机与诸部首领建置州城仅为获得"刺史"身份。耶律阿保机即位后，为达到巩固皇权的目的，对原有的"私城"制度做了一些调整。明确规定："横帐诸王、国舅、公主许创立州城，自余不得建城郭。朝廷赐州县额。其节度使朝廷命之，刺史以下皆以本主部曲充焉。"[2] 所置州县"不能州者谓之军，不能县者谓之城，不能城者谓之堡"。[3] 可见，一方面，贵族的"私城"欲改置州县需由"朝廷赐州县额"，且所赐额度仅适用于"私城"本身，若"私城"人户满足县的额度，则应建置头下县，而非头下州的属县。另一方面，耶律阿保机即位后不久置霸州彰武军，正式将中原节镇体制引入契丹腹地。这标志着新的州县体制"彻底与契丹传统部族体制相分离"。然而，新引入的节镇统县的农耕人户管理体制却是"皇帝的专

---

1 杨军：《辽代州县体制的形成及演变》，《学习与探索》，2018年第1期，第165页。
2 （元）脱脱等：《辽史》卷37《地理志一》，中华书局2016年标点本，第506—507页。
3 （元）脱脱等：《辽史》卷48《百官志四》，中华书局2016年标点本，第906页。

利"。[1] 原属诸部的头下州不受此次改革影响，仅规定诸头下军州的"节度使朝廷命之"，而"刺史以下皆以本主部曲充焉"。此举虽将头下州纳入新建立的国家体制中，但未改变其"私城"的性质。此后，随着斡鲁朵法的实行，原有由辽帝所置的州县被纳入斡鲁朵体系内进行管理，成为隶宫州县。可见，隶宫州县是由"私城"发展而来，然而又在诸多方面与"私城"存在较大差异。

二、隶宫州县的人户构成

隶宫州县人户属于国家的编户。首先，从户籍方面看，刘浦江认为，头下制属领主制，"头下户与头下领主之间具有严格的人身隶属关系，他们不是国家的编户齐民，而是头下主的私奴和部曲"。因此，辽代头下军州"具有私城的性质"[2]。与头下户相类似的是汉人宫分户。凡斡鲁朵属户尽隶"宫籍"，成为斡鲁朵主的"私人"，其本人及其后嗣世代隶属斡鲁朵。欲脱离与宫分的人身依附关系，须经斡鲁朵主特许。辽道宗朝的梁援曾任辽兴军节度使，枢密副使等高官，但其身份仍为宫分人。后因功得以"诏免本属之宫籍，移隶于中都大定县"，并规定"余人不以为例，示特宠也"。[3] 据考证，大定县为辽中京的倚郭县，建置时间约在辽圣宗统和二十七年（1009）前后，属南面方州官系统。[4] 梁援既出宫籍，意味着其身份已由汉人宫分户转变为州县户。又：

---

[1] 杨军：《辽代州县体制的形成及演变》，《学习与探索》，2018 年第 1 期，166 页。
[2] 刘浦江：《辽朝的头下制度与头下军州》，《中国史研究》，2000 年第 3 期，第 95 页。
[3] 《梁援墓志》（乾统元年），参见向南：《辽代石刻文编》，河北教育出版社 1995 年版，第 522 页。
[4] 余蔚：《中国行政区划通史·辽金卷》，复旦大学出版社 2012 年版，第 261 页。

姚景行，始名景禧。祖汉英，本周将，应历初来聘，用敌国礼，帝怒，留之，隶汉人宫分。及景行既贵，始出籍，贯兴中县。景行博学。重熙五年，擢进士乙科，为将作监，改燕赵国王教授。[1]

姚景行祖先姚汉英曾于辽穆宗年间使辽，因触怒辽穆宗而遭到扣留，被没入宫分，成为宫分人。后至姚景行时期家道兴盛，得出宫籍，改隶兴中县。据考证，兴中县为霸州的倚郭县，原名霸城县，于重熙十二年（1043）更名兴中县。[2]推知，姚氏出宫籍，"贯兴中县"的时间在重熙五年（1036）之前，此时兴中县应称霸城县。又霸州彰武军，"（初）隶积庆宫，后属兴圣宫。重熙十年升兴中府。"[3]可见，姚景行出宫籍之时，霸州尚未升府，而是兴圣宫之隶宫州。因此，隶宫州的人户非宫分人，而是国家之编户。

其次，隶宫州县人户隶属国家军籍。辽朝州县户有服兵役的义务。"辽宫帐、部族、京州、属国，各自为军，体统相承，分数秩然。"[4]其中"京州"军即由辽五京二州之州县户组成的军队，称"五京乡丁"。据考证，此处记载脱"道"字，全名应为"五京道乡丁"。[5]又：

辽建五京：临潢，契丹故壤；辽阳，汉之辽东，为渤海故国；中京，汉辽西地，自唐以来契丹有之。三京丁籍可纪者二十二万六千一百，

---

1 （元）脱脱等：《辽史》卷96《姚景行传》，中华书局2016年标点本，第1543页。
2 余蔚：《中国行政区划通史·辽金卷》，复旦大学出版社2012年版，第282页。
3 （元）脱脱等：《辽史》卷39《地理志三》，中华书局2016年标点本，第550页。
4 （元）脱脱等：《辽史》卷46《百官志二》，中华书局2016年标点本，第825页。
5 王曾瑜：《辽金军制》，河北大学出版社2010年版，第70页。

蕃汉转户为多。析津、大同，故汉地，籍丁八十万六千七百。契丹本户多隶宫帐、部族，其余蕃汉户丁分隶者，皆不与焉。"[1]

"五京乡丁"由隶属州县的农耕人户组成，按辽朝"成丁皆兵"原则，皆隶军籍。[2] "五京乡丁"由节镇州军系统管理，由其上级统军司、都部署司、都招讨司和兵马司等机构负责征调及监管。[3] 如长春州韶阳军为延庆宫下隶宫州，"兵事隶东北统军司"。[4] 开州镇国军为永兴宫下隶宫州，"兵事属东京统军司"。[5] 而同属东京道的保州宣义军、宁江州混同军等南面州县"兵事"亦属"东京统军司"。[6] 可见，在军事方面，隶宫州县与南面州县共同隶属国家军籍，服从国家军事机构的监管与调遣，其职能有如："于本国州县起汉人乡兵万人，随军专伐园林，填道路。"[7] 因此，由隶宫州县户组成的汉军是辽朝国家军队，与由"部曲"身份组成的隶宫提辖司军队在归属权和指挥权上存在明显的差异。

再次，隶宫州县人户需向国家缴纳赋税。早在辽朝建立之初就建立起针对州县户的赋税征收制度。"夫赋税之制，自太祖任韩延徽，始制国用。"[8] 此后历经厘改，至辽圣宗时"对西京、上京、南京等地区的

---

1 （元）脱脱等：《辽史》卷36《兵卫志下》，中华书局2016年标点本，473页。
2 武玉梅、张国庆：《辽朝军、兵种考探》，《黑龙江民族丛刊》，1999年第1期，第49页。
3 陈俊达：《辽代节镇体制研究》，吉林大学博士学位论文，2019年，第118页。
4 （元）脱脱等：《辽史》卷37《地理志一》，中华书局2016年标点本，第503页。
5 （元）脱脱等：《辽史》卷38《地理志二》，中华书局2016年标点本，第520页。
6 （元）脱脱等：《辽史》卷38《地理志二》，中华书局2016年标点本，第521、539页。
7 （元）脱脱等：《辽史》卷34《兵卫志上》，中华书局2016年标点本，第453页。
8 （元）脱脱等：《辽史》卷59《食货志上》，中华书局2016年标点本，第1028页。

赋税全面加以重新改订，轻者增之，重者减之。之后，辽代税法基本上稳定下来"。[1] 应历三年（953）冬，"以南京水，诏免今岁租"。[2] 又载：

> 洎大丞相渤海高公保釐天邑，专总朝政。下车不数月，选公宰人于蓟北。是县也，户多兼并之室，人有物力之差，夏租秋税，恒逾年之逋负，调发役使，俾穷民之偏并。[3]

"大丞相渤海高公"即高勋。[4] "应历初，封赵王，出为上京留守，寻移南京。"[5] 文中"保釐天邑"所指应为高勋出任南京留守一事。而"选公宰人于蓟北"则是指王守谦受高勋征辟出任蓟北县令。"析津县，本晋蓟县，改蓟北县，开泰元年更今名。以燕分野旅寅为析木之津，故名。户二万。"[6] 可知，南京道地区州县需固定缴纳"夏租秋税"。

关于隶宫州县的租税。统和十二年（994）正月戊午，"蠲宜州赋调"。[7] 又统和十三年（995）正月丁巳"增泰州、遂城等县赋"。[8] 又咸雍八年（1072）十一月庚戌，"免祖州税"。[9] 又寿昌五年（1099）十

---

1 武玉环：《辽代的赋役制度》，《北方文物》，2003 年第 1 期，第 64 页。
2 （元）脱脱等：《辽史》卷 6《穆宗志上》，中华书局 2016 年标点本，第 80 页。
3 《王守谦墓志》（保宁元年），参见向南、张国庆、李宇峰辑注：《辽代石刻文续编》，辽宁人民出版社 2010 年版，第 10—11 页。
4 [日] 高井康典行撰，程尼娜译：《辽朝科举与辟召》，《史学集刊》，2009 年第 1 期，第 86 页。
5 （元）脱脱等：《辽史》卷 85《高勋传》，中华书局 2016 年标点本，第 1450 页。
6 （元）脱脱等：《辽史》卷 40《地理志四》，中华书局 2016 年标点本，第 562 页。
7 （元）脱脱等：《辽史》卷 13《圣宗本纪四》，中华书局 2016 年标点本，第 156 页。
8 （元）脱脱等：《辽史》卷 13《圣宗本纪四》，中华书局 2016 年标点本，第 158 页。
9 （元）脱脱等：《辽史》卷 23《道宗本纪三》，中华书局 2016 年标点本，第 312 页。

月戊辰，"振辽州饥，仍免租赋一年"。[1] 其中，宜州为积庆宫隶宫州，泰州为延庆宫隶宫州，祖州为弘义宫隶宫州，遂城或为遂州，为延昌宫隶宫州。可见，不仅南面州县，隶宫州县同样有向国家缴纳赋税的义务。

此外，"辽朝以户丁为依据而征收赋税"。[2] 因此，辽朝经常"通括户口"以避免人户通过隐匿户口的方式逃税。"太宗籍五京户丁，以定赋税，户丁之数无所于考。"[3] 辽太宗时辽中京、西京尚未设置。此处五京户丁应泛指辽境内州县户。统和九年（991）七月癸卯，"通括户口"。[4] 又"兴宗即位，遣使阅诸道禾稼。是年，通括户口"。[5] 关于斡鲁朵人户，统和十五年（997）三月壬午，"通括宫分人户，免南京逋税及义仓粟"。[6] 可见，在户税的征收上隶宫州县户和南面州县户是没有差异的。

三、隶宫州县的管理机制

杨若薇认为，隶宫州县民户的身份与普通州县相同，而辽朝对隶宫州县的管理也与普通州县无异。[7] 然而，辽上京、东京、中京三道诸隶宫州县的前身基本上是以农耕移民所置的"私城"，与沿袭唐五代建

---

1 （元）脱脱等：《辽史》卷26《道宗本纪六》，中华书局2016年标点本，第350页。
2 武玉环：《辽代的赋役制度》，《北方文物》，2003年第1期，第65页。
3 （元）脱脱等：《辽史》卷59《食货志上》，中华书局2016年标点本，第1028页。
4 （元）脱脱等：《辽史》卷13《圣宗本纪四》，中华书局2016年标点本，第153页。
5 （元）脱脱等：《辽史》卷59《食货志上》，中华书局2016年标点本，第1027页。
6 （元）脱脱等：《辽史》卷13《圣宗本纪四》，中华书局2016年标点本，第161页。
7 杨若薇：《契丹王朝政治军事制度研究》，中国社会科学出版社1991年版，第39—62页。

置的南京、西京两道州县在民政、人事和财政等方面存在差异。因此，在对隶宫州县的日常管理上具有二元性，除接受南面官机构的管理，还应在一些方面接受斡鲁朵的管理。而在辽代中期以前，在对隶宫州县的日常管理中，斡鲁朵应处于主导地位。

首先，在民政方面，辽代中期以前，斡鲁朵对隶宫州县掌握一定的管理权。辽圣宗年间的韩橁在担任彰愍宫都部署期间，曾"掌绾版图，抚绥生齿，陪四朝之羽卫，覆数郡之刑名"。[1] 彰愍宫都部署即彰愍宫使，是辽景宗监母斡鲁朵的长官，属北面宫官系统。从文献记载来看，都部署的职能中，与隶宫州县相关者有三：其一，"掌绾版图"，即掌管斡鲁朵所属的人口和土地，又如辽兴宗即位后，耶律仁先曾任崇德宫使，"总辖图版"[2]；其二，"抚绥生齿"，即安抚斡鲁朵所属的人户；其三，"覆数郡之刑名"，即按覆斡鲁朵辖隶宫州县的刑狱。如贾师训在"按察河东路刑狱"期间，遇有人"以死罪被诬"，而"其状有枉"，需"以奏簿至中京"。[3] 又辽景宗保宁年间，"朝庭谳狱多下幽都尹"，"百司纠正，吏民争讼，咸归于都留守"。[4] 由此可知，辽代中期以前，南面方州的上级司法机关是诸京道，在司法机制上与隶宫州县存在较大差异。仓储制度是民政的重要组成部分。高嵩于辽圣宗统和八

---

[1]《韩橁墓志》（重熙六年），参见向南：《辽代石刻文编》，河北教育出版社1995年版，第205页。

[2]《耶律仁先墓志》（咸雍八年），参见向南：《辽代石刻文编》，河北教育出版社1995年版，第352页。

[3]《贾师训墓志》（寿昌三年），参见向南：《辽代石刻文编》，河北教育出版社1995年版，第478页。

[4]《王守谦墓志》（保宁元年），参见向南、张国庆、李宇峰辑注：《辽代石刻文续编》，辽宁人民出版社2010年版，第10页。

年（990）曾担任永兴宫汉儿都部署，其在任期间，"谄佞之徒率服于德，□□之辈，激慕于□□，置□之升，技术与进，以事系日，通商惠农，十年之间使宫之廪实，实如太仓，宫之库盈，盈如御府"。[1] "太仓"即京师储藏粮谷的国有粮仓，"受纳天下租谷，以供皇室、百官和宿卫京师的军队之用"。[2] 辽上京有"赡国、省司二仓"，[3] 则墓志中所谓"太仓"所指或为辽京城中的国有粮仓。而文献中载"宫之廪实"可比"太仓"，此处的"宫"指代的应为高氏所职掌的永兴宫，可见，辽代斡鲁朵内设有粮仓，粮仓所储的粮谷应来自该斡鲁朵下辖的隶宫州县。相比之下，辽朝于五京及诸州府设有"义仓"及"和籴仓"，此类粮仓的功能为灾年赈济百姓、平抑粮价，其长官"以公使充"，[4] 属南面方州官系统，与宫官系统分属两套不同的行政系统。所谓"库"即"储藏其他物资的建筑"[5]。墓志所载"宫之库"，应指隶宫州县所属仓库。又辽圣宗年间的张可夬曾出任"乾州内库都监"一职。[6] 乾州为隶宫州，"宫之库"与"乾州内库"应为同一类机构。"御府"即储藏辽帝私藏之机构，辽代称"内库"和"内藏库"，[7] 长官分别为"内藏库提点"和

---

1 《高嵩墓志》（统和十八年），参见向南、张国庆、李宇峰辑注：《辽代石刻文续编》，辽宁人民出版社 2010 年版，第 38 页。
2 邵正坤：《汉代国有粮仓建置考略》，《首都师范大学学报》（社会科学版），2005 年第 1 期，第 21 页。
3 （元）脱脱等：《辽史》卷 37《地理志一》，中华书局 2016 年标点本，第 499 页。
4 （元）脱脱等：《辽史》卷 48《百官志四》，中华书局 2016 年标点本，第 915 页。
5 张国庆：《辽朝"仓""库"功能探略》，《北方文物》，2016 年第 3 期，第 85 页。
6 《张思忠墓志》（重熙八年），参见向南：《辽代石刻文编》，河北教育出版社 1995 年版，第 216 页。
7 张国庆：《辽朝"仓""库"功能探略》，《北方文物》，2016 年第 3 期，第 85 页。

"都提点内库",属南面朝官系统,与宫使属不同的行政系统。[1]可见,辽代中期以前,斡鲁朵在民政、司法等方面对隶宫州县具有一定的管理权。

其次,在人事方面,辽代中期以前,宫分人出任隶宫州县节度使以下官吏需受斡鲁朵节制。杨若薇认为,隶宫州县的属官与南面方州官一样,由辽朝统一任命。因此,辽朝对隶宫州县及南面方州采用相同的统治方式,并列举有关"北院大王耶律留宁为双州节度使……旅坟宜州节度使,□庵辽州节度使"的记载论证其观点。[2]然而,杨若薇列举的职官皆节度使一级的节镇长官,而节度使的人选与州县是否具有"私城"性质无必然联系。如辽代头下军州"具有私城的性质",而头下军州"节度使朝廷命之,刺史以下皆以本主部曲充焉"。[3]可见,杨若薇所引的文献不足以证明其观点,且杨若薇并未论及隶宫州县内中下级官员的人事权。辽圣宗初年的韩绍娣"先奉本宫指挥勾在衙充左都押。……后奉本宫兰保监当黔州仓库及□赋税三百户"。[4]"某宫指挥"和"某宫兰保"属宫官,《辽史·百官志》均漏载。墓志既以"本宫"加于二职之前,可见,韩氏应身属宫籍,即宫分人。从墓志的记载来分析,韩氏以宫分人的身份管理黔州仓库的职务是由其所在宫分兰保任命的。如前所述,隶宫州县有所属的仓库,其长官属宫官系统。黔州为隶宫州,可判断韩氏职官的任命权应由斡鲁朵机构行使。又高

---

1 (元)脱脱等:《辽史》卷47《百官志三》,中华书局2016年标点本,第875—876页。
2 杨若薇:《契丹王朝政治军事制度研究》,中国社会科学出版社1991年版,第52页。
3 (元)脱脱等:《辽史》卷37《地理志一》,中华书局2016年标点本,第506—507页。
4 《韩绍娣墓志》(太平二年),参见向南、张国庆、李宇峰辑注:《辽代石刻文续编》,辽宁人民出版社2010年版,第63页。

嵩出仕时,"方知国有宫号,人随部□。公系永兴宫,于是皇太妃录而委之"。[1]由此可知,高氏身属永兴宫宫籍。其后于统和八年(990),"授永兴宫汉儿都部署,检校司徒"。显然,其职官任命、迁转受到其宫分人身份影响。而其子高元于统和十三年(995)出任"黔州刺史、银青崇禄大夫、检校国子祭酒,兼监察御史、武骑尉"。由此可知,宫分人的身份有世袭性。因此,高元是以永兴宫宫分人的身份出任黔州刺史一职的。考虑到黔州系永兴宫所属隶宫州县,结合高氏履职经历,可知高氏父子职官调动始终在永兴宫内部进行,而高元得任隶宫州县刺史职务亦应受到其所属宫分的影响。因此,辽代中期以前,斡鲁朵对其隶宫州县节度使以下部分官吏有一定的人事任命权。

再次,从财政来看,辽代中期以前,隶宫州县在对商税的征收上有一定自主性。开泰元年(1012)十二月甲申,"贵德、龙化、仪坤、双、辽、同、祖七州,至是有诏始征商"。[2]贵德州隶属于承天皇太后的崇德宫,龙化州、同州隶属于辽景宗的彰愍宫,仪坤州、辽州隶属于应天皇太后的长宁宫,双州原隶属于辽穆宗的延昌宫,后改隶承天皇太后的崇德宫,祖州隶属于辽太祖的弘义宫。从隶属关系看,文献中记载的诸州皆为辽圣宗以前诸斡鲁朵的隶宫州。从地理分布来看,龙化州、祖州、仪坤州属上京道;贵德州、双州、辽州、同州属东京道。可见,七州既非共同隶属于某帝、后斡鲁朵,亦非集中分布于某京道,具有辽圣宗朝以前隶宫州县的普遍特征。关于"征商",史载:

---

1 《高嵩墓志》(统和十八年),参见向南、张国庆、李宇峰辑注:《辽代石刻文续编》,辽宁人民出版社 2010 年版,第 38 页。

2 (元)脱脱等:《辽史》卷 15《圣宗本纪六》,中华书局 2016 年标点本,第 188 页。

征商之法，则自太祖置羊城于炭山北，起榷务以通诸道市易。太宗得燕，置南京，城北有市，百物山侔，命有司治其征；余四京及它州县货产懋迁之地，置亦如之。[1]

自辽太宗得燕地后，始创征商之法，并逐步推广至其余四京及其他"货产懋迁"的南面方州。而辽圣宗开泰元年（1012）十二月对七州"诏始征商"，一则说明隶宫州县内存在商业活动；二则说明辽圣宗朝以前，隶宫州县的商税不输辽朝国帑，而归斡鲁朵支配。值得注意的是，七州之中，贵德州、双州原为耶律察割的头下州。史载：头下军州"官位九品之下及井邑商贾之家，征税各归头下，唯酒税课纳上京盐铁司"。[2] 据考证，上京盐铁司建制时间约在中京建成后不久。[3] 辽中京置京时间已是辽圣宗时期，因此，辽代前期头下军州的商税或亦不输辽朝内帑。关于酒税，辽景宗时的李玉曾任"燕京都麹院都监、金紫崇禄大夫、检校司空、兼御史大夫、上柱国"，[4] 燕京都麹院都监一职，《辽史·百官志》无载，而《金史·百官志三》载：

中都都麹使司。（酒使司、院务、税醋使司、榷场兼酒使司附。）使，从六品。副使，正七品。掌监知人户酝造麹蘖，办课以佐国用。

---

[1] （元）脱脱等：《辽史》卷60《食货志下》，中华书局2016年标点本，第1031页。

[2] （元）脱脱等：《辽史》卷37《地理志一》，中华书局2016年标点本，第507页。

[3] 关树东：《辽朝州县制度中的"道""路"问题探研》，《中国史研究》，2003年第2期，第140页。

[4] 《李内贞墓志》（保宁十年），参见向南：《辽代石刻文编》，河北教育出版社1995年版，第54页。

余酒使监酝办课同此。都监二员,正八品,掌签署文簿、检视酝造。(司吏四人,公使十人……)[1]

参照金朝"中都都麹使司",推知燕京都麹院应为辽南京地区管理酒税的机构。李氏既卒于辽景宗保宁十年(978),可见,在上京盐铁司建立以前,南京道所属诸南面方州就已开征酒税,反映了头下军州在税收上不同于南面方州,具有"征税各归头下主"的"私城"特征。此后,贵德州、双州因察割拭逆伏诛而没入斡鲁朵,成为隶宫州,然而,在辽圣宗开泰元年(1012)十二月前亦未开征商税,可知二州的税收制度更接近头下州。可见,辽代中期以前,隶宫州县的税收机制与南面方州存在较大差异。

四、隶宫州县管理制度的改革

中原州县体制被引入契丹统治区域后,隶宫州县经历了由"私城"到"州县"的变化,在职能上已经与南面州县系统基本一致。这种变革是一种渐进的行为,斡鲁朵仍在隶宫州县的日常管理中发挥影响,持续至辽圣宗朝。此前的隶宫州县处于"私城"至南面方州之间的中间状态。辽圣宗即位后,契丹"旧俗"阻碍了辽代社会的发展,在一定程度上限制了皇权,如契丹传统中斡鲁朵及头下军州存在父死子继的惯例等。为此,辽圣宗推行诸多改革,其中对地方行政建制的调整是改革的一部分,如将部分贵族头下州收归国有、"括落帐户"及将诸

---

[1] (元)脱脱等:《金史》卷 57《百官志三》,中华书局 2020 年标点本,第 1405—1406 页。

隶宫提辖司人户建置州县等，[1] 其中涉及隶宫州县的改革为将处于"私城"和南面方州之间的隶宫州县在行政建制上彻底中原州县化，加强南面官机构对隶宫州县的控制力。具体体现在以下几方面：

首先，对隶宫州县归属权的调整。辽圣宗朝以后，部分隶宫州县被划归五京管理，成为南面州县。如中京道的恩州，"本汉新安平县地。太宗建州。开泰中，以渤海户实之。初隶永兴宫，后属中京"。[2] 又同属中京道的利州："本中京阜俗县。统和二十六年置刺史州，开泰元年升。属中京。统县一：阜俗县。唐末，契丹渐炽，役使奚人，迁居琵琶川。统和四年置县。初隶彰愍宫，更隶中京。后置州，仍属中京。"[3] 可见，辽圣宗朝以后，隶宫州县有向南面州县转变的趋势。此外，至辽圣宗朝以后，被没入的头下军州不再划归隶宫州县，而是直属于五京。如前所述，辽代早期的部分隶宫州县由契丹贵族的头下军州由于各种原因没入而来。《辽史·地理志三》"榆州高平军"条载：

榆州，高平军，下，刺史。本汉临渝县地，后隶右北平骊城县。唐载初二年，析慎州置黎州，处靺鞨部落，后为奚人所据。太宗南征，横帐解里以所俘镇州民置州。开泰中没入。属中京。[4]

---

1 杨福瑞：《辽朝推行州县制过程考述》，《内蒙古社会科学》（汉文版），2008年第4期，第49页。
2 （元）脱脱等：《辽史》卷39《地理志三》，中华书局2016年标点本，第546—547页。
3 （元）脱脱等：《辽史》卷39《地理志三》，中华书局2016年标点本，第547—548页。
4 （元）脱脱等：《辽史》卷39《地理志三》，中华书局2016年标点本，第548页。

横帐解里，即麻答，又名耶律拔里得，是耶律阿保机的侄子。[1] 其父耶律剌葛是耶律阿保机之弟，其后人隶横帐季父房，故其子解里被称为"横帐解里"。可见，榆州本麻答的头下军州，至辽圣宗朝没入斡鲁朵。然而，榆州并未如川州一样，成为辽帝的隶宫州，而是归属中京。综上可知，辽代中期以后，地方州县制度趋于定型，隶宫州县趋近于南面州县化。

其次，结束隶宫州县继承关系混乱的局面。随着辽穆宗死后无嗣，辽太宗家族势力日益式微，辽朝皇族的"分地"逐步归属于辽圣宗，为隶宫州县继承性的理顺创造了条件。如东京道的辽州"始平军。下，节度。……隶长宁宫，兵事属北女直兵司马"。[2] 辽州的等第为节度州，下辖刺史州祺州。祺州，"祐圣军，下，刺史。本渤海蒙州地。太祖以檀州俘于此建檀州，后更名。隶弘义宫，兵事属北女直兵马司"。[3] 辽州为应天皇太后的长宁宫下辖的隶宫州，然而，祺州虽为辽州支郡，却隶属于耶律阿保机弘义宫。与之相似的还有同属东京道的显州。史载：

显州，奉先军，上，节度。……隶长宁、积庆二宫，兵事属东京都部署司。统州三、县三：

辽西州，阜城军，中，刺史。本汉辽西郡地，世宗置州，隶长宁

---

1 邝又铭（邓广铭）：《辽史兵卫志"御帐亲军""大首领部族军"两事目考源辨误》，《北京大学学报（哲学社会科学版）》，1956年第2期。
2 （元）脱脱等：《辽史》卷38《地理志二》，中华书局2016年标点本，第529页。
3 （元）脱脱等：《辽史》卷38《地理志二》，中华书局2016年标点本，第529页。

宫，属显州。

　　康州，下，刺史。世宗迁渤海率宾府人户置，属显州。初隶长宁宫，后属积庆宫。[1]

显州的等第为节度州，隶属于应天皇太后的长宁宫和辽世宗的积庆宫二斡鲁朵。然而，其下辖的二支郡中，辽西州隶属于长宁宫，康州初隶长宁宫，后隶积庆宫。这种情况在隶宫县中同样存在。以富义县为例，史载：

　　庆州，玄宁军，上，节度。……以地苦寒，统和八年，州废。……景福元年复置，更隶兴圣宫。[2]

富义县为庆州属县，又：

　　富义县。本义州，太宗迁渤海义州民于此。重熙元年降为义丰县，后更名。隶弘义宫。[3]

庆州为辽圣宗兴圣宫下辖的隶宫州，然富义县为其属县，却是辽太祖的弘义宫下辖的隶宫县。由此可知，辽代隶宫州县系统中，有节度州与其支郡及属县分隶不同斡鲁朵的情况。这种现象存在于辽代中期以

---

[1] （元）脱脱等：《辽史》卷38《地理志二》，中华书局2016年标点本，第525—526页。
[2] （元）脱脱等：《辽史》卷37《地理志一》，中华书局2016年标点本，第502页。
[3] （元）脱脱等：《辽史》卷37《地理志一》，中华书局2016年标点本，第502页。

前，辽兴宗后未见相关记载。其原因，一方面是因为辽圣宗即位以后结束了斡鲁朵继承关系混乱的局面，另一方面也反映了斡鲁朵对隶宫州县的控制力减弱，而隶宫州县向南面方州转型的趋势逐渐增强。

再次，跨斡鲁朵机构的设置。辽圣宗朝中期以后对隶宫州县的改革继续深入，体现在跨斡鲁朵机构的设置上。"圣宗开泰九年见霸、建、宜、泉（应为白川）、锦五州制置使。"[1]有研究者认为该机构五州制置使辖区为相邻节镇之上设置的小的监察区，行使对治下五州的监察职能，其中就包括司法审判监察。[2]又"兴中府。本霸州彰武军……统和中，制置建、霸、宜、锦、白川等五州"。[3]关于该机构的初置时间，辽圣宗开泰六年（1017），韩绍基的结衔为"建、霸、宜、白川、锦等州制置使、金紫崇禄大夫、检校太尉、守左千牛卫上将军、知彰武军节度使事"。[4]通过将前两条史料比勘，可知将五州制置使之初置时间定在辽圣宗统和年间更为合理。五州中，宜州隶属辽世宗的积庆宫，锦州隶属耶律阿保机的弘义宫，其余三州此时隶属关系尚难确定。但从文献记载来看，霸州初隶积庆宫，后转隶兴圣宫；建州初隶永兴宫，后转隶敦睦宫；川州初隶崇德宫，统和中转隶文忠王府。可见，五州分属不同的斡鲁朵。如前所述，某宫都部署作为隶宫州县的上级机构，有按覆本宫隶宫州县刑狱之责，而五州制置使的设置，意味着辽圣宗

---

1 （元）脱脱等：《辽史》卷48《百官志四》，中华书局2016年标点本，第922页。

2 陈俊达、杨军：《辽代节镇体制与地方监察》，《江西社会科学》，2017年第11期，第152页。

3 （元）脱脱等：《辽史》卷39《地理志三》，中华书局2016年标点本，第550页。

4 《朝阳东塔经幢记》（开泰六年），参见向南：《辽代石刻文编》，河北教育出版社1995年版，第149页。

年间的南枢密院可以通过该机构，行使对跨斡鲁朵的隶宫节度州的监察权，强化了辽朝对隶宫州县的控制力。

五、隶宫州县的职能

隶宫州县作为斡鲁朵的组成部分，其在斡鲁朵中所发挥的职能主要体现在为行宫提供所需手工业品及为捺钵地提供劳役上。隶宫州县是辽代重要的手工业品产地，其产品主要供行宫消费。隶宫州县的所在地有经济作物的种植，为手工作坊提供原材料。丝织业是辽代手工业的重要组成部分。据路振记载："沿灵河有灵、锦、显、霸四州，地生桑、麻、贝、锦，州民无田租，但供蚕织，名曰太后丝蚕户。"[1]一方面，灵河沿岸地区的土地适宜种植桑树，朝廷因将其地辟为桑地，免除桑户田租；[2]另一方面，四州皆为隶宫州，其中，灵州不见于《辽史》记载，疑为灵河沿岸的建州，此时隶属于永兴宫，锦州为弘义宫的隶宫州，显州为长宁、积庆二宫的隶宫州，霸州于辽兴宗前为积庆宫、兴圣宫的隶宫州。斡鲁朵对其下辖的隶宫州的商业活动有一定的管理权。隶宫州县内的手工业者最初源自被俘略的汉户。仪坤州为应天皇太后长宁宫的属州，应天皇太后跟随耶律阿保出征期间，"俘掠有技艺者多归帐下，谓之属珊。"[3]这部分人户是隶宫州内最初的手工业者。隶宫州县内有手工作坊，其中部分作坊为官营。祖州"内南门曰兴圣，

---

1 （宋）路振：《乘轺录》，参见赵永春辑注：《奉使辽金行程录》（增订本），商务印书馆 2017 年版，第 20 页。

2 吴树国：《试论金代的桑税》，《黑龙江民族丛刊》，2006 年第 2 期，第 76 页。

3 （元）脱脱等：《辽史》卷 37《地理志一》，中华书局 2016 年标点本，第 505 页。

凡三门……东为州廨及诸宫廨舍，绫锦院"。[1] "绫锦院是辽朝官营丝织生产场所"，[2] 宋朝亦有设置。"绫锦院，掌织纴锦绣，以供乘舆凡服饰之用。"[3] 如前所述，绫锦院产出的丝织须输送至行宫，供辽帝消费。又统和元年（983）十二月丁亥，"以显州岁贡绫锦分赐左右"。[4] 由此推知，显州内或亦置绫锦院。而显州所产绫锦为贡品，辽帝曾将其"分赐左右"，进一步证明了隶宫州县生产的手工业产品供行宫消费。除官营手工作坊，隶宫州内还存在民营的手工作坊。白川州"宜桑柘，民知织纴之利，岁奉中国币帛，多书白川州税户所输云"。[5] 可见，白川州土地适宜种植桑树，而其所生产的丝织物源自州民，而非官营。在举行"贺生辰正旦宋使朝辞皇帝仪"中，"宣徽使赞'各赐卿对衣金带、匹段、弓箭、鞍马等，想宜知悉'"，[6] 可知，辽朝输宋的币帛源自辽帝所"赐"，而非出自国帑。除丝织品，隶宫州县还生产其他手工业品。《义县清河门辽墓发掘报告》载：墓群中第四号墓曾出土一件铜铫，铫身铸有"嵩德宫造"铭文。[7] 据林荣贵考证"嵩德宫"即"崇德宫"，为承天皇太后斡鲁朵。[8] "铫，温器也"，[9] 其功能有"煮茶、熬药、温酒和

---

1 （元）脱脱等：《辽史》卷37《地理志一》，中华书局2016年点校本，第500页。
2 张国庆：《辽朝手工业门类与生产场所考述——以石刻文字资料为中心》，《辽宁工程技术大学学报》（社会科学版），2015年第5期。
3 （元）脱脱等：《宋史》卷165《职官志五》，中华书局1977年点校本，第3918页。
4 （元）脱脱等：《辽史》卷10《圣宗本纪一》，中华书局2016年标点本，第120页。
5 （宋）曾公亮、丁度著，陈建中、黄明珍点校：《武经总要》卷16下《北蕃地理》，商务印书馆2017年版，第270页。
6 （元）脱脱等：《辽史》卷51《礼志四》，中华书局2016年标点本，第949页。
7 李文信：《义县清河门辽墓发掘报告》，《考古学报》，1954年第2期，第195—196页。
8 林荣贵：《辽"嵩德宫铜铫"及其有关的一些问题》，《北方文物》，1986年3期，第38页。
9 （汉）许慎：《说文解字》，中华书局2013年版，第286页下栏。

炊具等"。[1] 可见，隶宫州县有制造金属制品的功能。

杨若薇认为，隶宫州县户须承担捺钵地的劳役。[2] 辽帝捺钵地需耗费大量人力。贾师训曾于辽道宗大康年间"寻扈驾春水，诏委规度春、泰两州河堤，及诸官府课役，亦奏免数万工"。[3] 春州即长春州，与泰州同为延庆宫的隶宫州。"春水"位于"鸭子河泺"，是辽道宗时期的春捺钵地，[4] 如辽道宗于大康十年（1084）正月辛丑，"如春水"。[5] 其地在"长春州东北三十五里"。[6] 因此，就近调拨二隶宫州人户以为捺钵地服役。又"徙同知永州军州事。既上，日夜经画民事利病。奏减其部，并邻道龙化、降圣等州岁供行在役调，计民功三十余万，奏课天下第一"。[7] 杨若薇认为，永州、龙化州、降圣州均为彰愍宫的隶宫州，需要"供行在役调"。[8] 综上可见，隶宫州县的人户有为捺钵地提供劳役的义务。

● 第三节 奉陵邑

隶宫州县中有一类特殊的节度州称奉陵邑。奉陵邑与普通隶宫

---

[1] 宋叶、吴小平：《说铫》，《华夏考古》，2018年第2期，第73页。
[2] 杨若薇：《契丹王朝政治军事制度研究》，中国社会科学出版社1991年版，第57页。
[3] 《贾师训墓志》（寿昌三年），参见向南：《辽代石刻文编》，河北教育出版社1995年版，第478页。
[4] 傅乐焕：《辽代四时捺钵考五篇》，载《辽史丛考》，中华书局1984年版，第70、88—89页。
[5] （元）脱脱等：《辽史》卷24《道宗本纪四》，中华书局2016年标点本，第327页。
[6] （元）脱脱等：《辽史》卷32《营卫志中》，中华书局2016年标点本，第424页。
[7] 《贾师训墓志》（寿昌三年），参见向南：《辽代石刻文编》，河北教育出版社1995年版，第478页。
[8] 杨若薇：《契丹王朝政治军事制度研究》，中国社会科学出版社1991年版，第57页。

的差别主要体现在职能上，其建置与辽代陵寝制度有关。辽代的奉陵邑集中分布于上京道和东京道医巫闾地区的皇家陵域内，其设置原则与辽制中的"分地"和"私城"制度有关。同时，通过分析其与辽代"分地"之间的关系，还可更直观地理解辽代"分地"继承制度的演变。奉陵邑内设有特殊的奉陵官系统，旨在处理与奉陵邑相关祭祀活动。奉陵邑既是辽帝举行祭祀活动的场所，又是辽朝进行政治活动的重要场所。

一、奉陵邑的设置原则

奉陵邑又称陵邑，本是中原陵寝制度的重要组成部分。该制度肇端于秦，兴盛于西汉中前期，至汉元帝永光四年（前40）废置。契丹建国后实施奉陵邑制度，先后建置祖、怀、显、乾、庆五座奉陵邑。这些奉陵邑与斡鲁朵之间存在特殊的关系，皆为隶宫州。契丹属于游牧民族，五座奉陵邑地处游牧、农耕经济并存区域，又与中原汉制存在诸多差异，值得深入探讨。

为满足对帝陵营建、守护及祭祀的需要，中原王朝选择于陵寝旁建置奉陵邑。秦于郦山下置丽邑，被认为是陵邑制度的开端。[1] 西汉延续该制度，先后于关中置七座陵邑。从西汉陵邑的城址方面看，陵邑倚陵而置，故其分布与陵址相关。西汉帝陵除霸陵、杜陵位于长安城西南外，其余皆呈一字排列于长安城北的咸阳原上。其布局沿袭西周"族墓"制度的特点，以"先王之葬居中，以昭穆为左右"[2]。即"以陵

---

1 陈益民：《秦汉陵邑考》，《中国社会经济史研究》，1996年第1期，第77页。
2 （清）孙诒让：《周礼正义》卷41《春官·冢人》，中华书局1987年版，第1694页。

为中心，基本上昭穆为序，即父为昭，子为穆，父居左，子居右"。具体体现为："长陵在东，安陵在西；阳陵在东，茂陵在西"[1]，皆以昭穆为序，具有中原农耕社会宗法制的特征。契丹人建国后，实施奉陵邑制度。辽陵分布于祖、怀、显、乾、庆5处陵区内。其中，祖、怀、庆三陵区位于上京道，显、乾二陵区位于东京道。奉陵邑因其所在陵区获名，故辽代奉陵邑共祖州、怀州、显州、乾州、庆州五座。五座奉陵邑皆为隶宫州县，辽代隶宫州县的分布与辽政治体制内的"分地"和"私城"制度有关。关于"分地"与"私城"制度，与契丹民族的经济生活方式有关。"分地"即驻牧地，契丹人适时转移驻牧地，以保持"分地"的恢复能力。辽帝的转场行为被称为"捺钵"，而辽帝于捺钵地日常放牧也需在其"分地"内进行。"私城"制是契丹王朝存在的一种特殊的政治制度。契丹人将战争中俘获的大量汉人、渤海人等农耕俘户迁入其传统游牧区域，在贵族将领的"分地"上构筑"私城"以安置。要之，在契丹贵族的"分地"上构建"私城"是早期契丹社会安置农耕俘户的手段。因此辽代奉陵邑与中原奉陵邑的分布特征具有明显的差异。同时，"《辽史》又有太疏漏者"。[2]尤其《辽史·地理志》所载诸州县，其建置时间及位置不及详载或讹误之处甚多。而奉陵邑设置时间较为明确，其所在地为陵域内首位辽帝的"分地"，其前身为辽帝所置的"私城"，且《辽史·地理志》中对其记载较为详细，可从其发展沿革中管窥辽代皇族"分地"继承制度的变化。

祖州是辽太祖耶律阿保机祖陵的奉陵邑，亦是辽代首座奉陵邑。

---

[1] 马正林：《咸阳原与西汉诸陵》，《人文杂志》，1987年第2期，第82页。
[2] （清）赵翼：《廿二史札记》，中华书局1984年版，第615页。

其位置，祖州"本辽右八部世没里地。太祖秋猎多于此，始置西楼。后因建城，号祖州。以高祖昭烈皇帝、曾祖庄敬皇帝、祖考简献皇帝、皇考宣简皇帝所生之地，故名"。[1] 通过对这条史料稍加分析可知，在祖州建城前，其地本"辽右八部世没里地"。辽右八部即契丹八部，而此处脱"里"字，本意为"本辽右八部世（里）没里地"。契丹语"没里"意为河流经过的地方，后被引申为优质的牧场。[2] 耶律阿保机的先祖耨里思、萨剌德、匀德实、撒剌的等人均出生于此。因此，祖州地区本为耶律阿保机家族所居世里河流域的优质草场。狩猎是秋捺钵期间的主要活动。辽帝"每秋则衣褐裘，呼鹿射之"。[3] 可见，辽太祖"秋猎"所在的"辽右八部世没里地"即世里氏之秋捺钵地。"楼"的内涵有两层：其一楼阁式的固定建筑物。在契丹以及其他北方游牧民族中，于驻牧地营建此类建筑的情况屡见不鲜[4]；其二代指建筑物所在的驻牧地。辽有四楼，辽帝"岁时游猎，常在四楼间"。[5] 此处的四楼指耶律阿保机的四时捺钵地。文献中的"西楼"应从此意。天复二年（902）九月，契丹"作西楼于世没里"。其下注曰："契丹之先，草居野次，靡有定所。耶律阿保机始于辽右八部世没里之地建西楼，以为

---

1 （元）脱脱等：《辽史》卷 37《地理志一》，中华书局 2016 年标点本，第 500 页。
2 杨军：《牧场与契丹人的政治》，《首都师范大学学报》（社会科学版），2017 年第 2 期，第 3 页。
3 （宋）叶隆礼撰，贾敬颜、林荣贵点校：《契丹国志》卷 23《渔猎时候》，上海古籍出版社 1985 年版，第 226 页。
4 陈晓伟：《捺钵与行国政治中心论——辽初"四楼"问题真相发覆》，《历史研究》，2016 年第 6 期，第 16—17 页。
5 （元）脱脱等：《辽史》卷 106《国语解》，中华书局 2016 年标点本，第 1691 页。

游猎之所。"[1]可见,"西楼"的所在地于唐天复二年由世里氏的"没里之地"始为耶律阿保机的"游猎之所",即其于秋捺钵地的"分地"。又耶律阿保机"既创西楼,又于西南筑一城以贮汉人,今名祖州,在唐置饶乐府西北祖山之阳,因为州名,耶律阿保机葬所也,今号天成军"。[2]"汉城"是安置汉人俘户的"私城"。[3]因此,祖州的前身应为耶律阿保机的"私城"。值得注意的是,上京、祖州于辽初均称"西楼"。耶律阿保机的秋捺钵地本在辽上京,然而,随着上京地区农业、手工业和商业的发展,不宜继续作为"秋猎"之地。因此,耶律阿保机的秋捺钵地才移至祖州地区,而祖州也因此得名"西楼"。[4]综上,祖州所在地为耶律阿保机的"分地",其前身为耶律阿保机以所俘汉人设置的"私城"。

怀州是辽太宗耶律德光和辽穆宗耶律璟怀陵的奉陵邑。据考证,耶律阿保机所置"四楼"中的"北楼"应位于庆州、怀州一带。北楼是耶律阿保机的夏捺钵地,且耶律阿保机于北楼的卓放地"极有可能在怀州境内"。[5]可见,怀州的所在地自辽太祖朝就已成为当朝辽帝的"分地"。怀州境内有沿柳湖。[6]辽太宗即位后,常至沿柳湖"清暑"。天显五年(930)六月乙卯,"如沿柳湖";天显八年(933)五月戊

---

[1] (元)陈桱:《通鉴续编》卷2"唐昭宗天复二年九月",《影印文渊阁四库全书》,第332册,台湾商务印书馆1986年版,第447页。

[2] (宋)曾公亮、丁度著,陈建中、黄明珍点校:《武经总要》卷16下《北蕃地理》,商务印书馆2017年版,第270页。

[3] 李锡厚:《头下与辽金"二税户"》,《文史》(第38辑),1994年,第79—96页。

[4] 杨军:《契丹"四楼"别议》,《历史研究》,2010年第4期,第177页。

[5] 任爱君:《契丹四楼源流说》,《历史研究》,1996年第6期,第45页。

[6] 杨军、王成名:《辽代捺钵考》,《安徽史学》,2017年第2期,第41页。

戌，"如沿柳湖"；天显九年（934）五月甲辰，"如沿柳湖"；十一年（936）五月戊戌，"清暑沿柳湖"。[1] 而位于怀州西二十里有清凉殿，为辽太宗"行幸避暑之所"。[2] 由此推知，怀州地区于辽太宗年间为其夏捺钵地，"太宗行帐放牧于此"。可见，耶律阿保机位于北楼的"卓放地"至辽太宗年间已成为其于夏捺钵地的"分地"。天赞中，耶律德光曾"从太祖破扶余城，下龙泉府，俘其人，筑寨居之"。会同中，"掠燕、蓟所俘亦置此"。[3] 可见，怀州置州前是耶律德光以汉人、渤海人俘户所建的"寨"。因此，怀州的前身应为耶律德光的"私城"。辽穆宗即位后亦常赴怀州。应历九年（959）六月庚申，辽穆宗"如怀州"；应历十年（960）八月，"如秋山，幸怀州"[4]。有学者认为，辽穆宗因继承其父辽太宗的夏捺钵地，故常于夏季赴怀州避暑，而秋捺钵地亦偶尔选择怀州。[5] 辽穆宗的夺里本斡鲁朵是以国阿辇斡鲁朵户及其他俘户、州县户所置。[6] 国阿辇斡鲁朵即辽太宗的斡鲁朵。可见，与辽太祖于祖州"分地"继承自世里氏的驻牧地不同，辽穆宗怀州"分地"及"分地"上的人户继承其父辽太宗。这种继承制度与辽太祖时期相比已发生微妙的变化。"契丹之初，草居野次，靡有定所"，至涅里时始推行部族制，此后诸部"各有分地"[7]，新置各部于其分得的"分地"上过着"分地而居，合族而处"的生活。耶律阿保机建国后，随着连年征

---

1 （元）脱脱等：《辽史》卷3《太宗本纪上》，中华书局2016年标点本，第34—40页。
2 （元）脱脱等：《辽史》卷37《地理志一》，中华书局2016年标点本，第501页。
3 （元）脱脱等：《辽史》卷37《地理志一》，中华书局2016年标点本，第501页。
4 （元）脱脱等：《辽史》卷6《穆宗本纪上》，中华书局2016年标点本，第83、84页。
5 杨军、王成名：《辽代捺钵考》，《安徽史学》，2017年第2期，第43页。
6 （元）脱脱等：《辽史》卷31《营卫志上》，中华书局2016年标点本，第413—414页。
7 （元）脱脱等：《辽史》卷32《营卫志中》，中华书局2016年标点本，第427页。

战，其出身的迭剌部世里氏地位逐渐"强炽"，原属迭剌部的驻牧地逐渐被世里氏贵族领有。如闾州，"罗古王牧地"，松山州，"横帐普古王牧地"，豫州"横帐陈王牧地"等。领主死后，其"分地"由其子嗣所继承，成为其家族"分地"。自此，契丹传统的"分地"制度完成由氏族所有制向家族所有制的转化。因此，自怀陵以后，辽代奉陵邑应分布于本陵区内所葬首位辽帝的家族"分地"上。

显州位于医巫闾地区，是东丹王耶律倍和辽世宗耶律阮显陵的奉陵邑。医巫闾地区本耶律倍家族的驻牧地，耶律倍子孙死后多归葬于此。[1] 其地源自耶律倍对其父耶律阿保机"分地"的继承，这一点在海北州隶属关系的变更中有所体现。"海北州，古城也，在辽河之西，沧海之北，耶律阿保机建为州。"[2] 可见，海北州作为耶律阿保机所置的"私城"，其地应为耶律阿保机的"分地"。[3] 又海北州"世宗以所俘汉户置。地在闾山之西，南海之北。初隶宣州，后属乾州"。[4] 宣州建州迟至开泰三年（1014）。中华书局本《辽史》校勘记言此处"宣州"当作中京道的宜州。[5] 宜州，"本辽西棃县地。东丹王每秋畋于此"。[6] 可见，宜州地区应为耶律倍生前的驻牧地。而宜州城本东丹王耶律倍

---

[1] 向南：《辽代医巫闾地区与契丹耶律倍家族的崛起》，《社会科学辑刊》，1994年第1期，第101页。

[2] （宋）曾公亮、丁度著，陈建中、黄明珍点校：《武经总要》卷16下《北蕃地理》，商务印书馆2017年版，第266页。

[3] 关于海北州的建州时间，此条史料与下引《辽史·地理志二》记载相悖。考虑到海北州于耶律阿保机时期就已有之，故《武经总要》中所载海北州应为耶律阿保机所置的"私城"，后至辽世宗时期益以所俘汉户并赐额建州。

[4] （元）脱脱等：《辽史》卷38《地理志二》，中华书局2016年标点本，第527页。

[5] （元）脱脱等：《辽史》卷38《地理志二》，中华书局2016年标点本，第542页。

[6] （元）脱脱等：《辽史》卷38《地理志二》，中华书局2016年标点本，第551页。

的"私城",后置为州。[1] 其所在地应为耶律倍的"分地"。耶律倍死后,辽太宗将其"葬于医巫闾山"。[2] 又由后晋石重贵"过海北州,至东丹王墓,遣延煦拜之"[3] 的记载可知,隶属宜州的海北州的所在地从继承自辽太祖起,至辽太宗朝一直是耶律倍的"分地"。关于显州位置,"本渤海显德府地",耶律倍死后归葬医巫闾地区,其子辽世宗置显州,"以奉显陵"。[4] 显德府本渤海国中京,是渤海国五京之一。关于显德府的地理位置目前学界尚存争议,但普遍认为吉林省和龙西古城是显德府旧址。[5] 其界至医巫闾地区相去甚远,故《辽史》关于显州本渤海显德府故地的记载恐非事实。然而,辽太祖朝对渤海的连年征战,医巫闾地区确有大量渤海人迁入。这些迁入显州地区的渤海人,以渤海显州和率宾人居多。[6] 新移民被以头下州的形式安置下来,并多沿用原渤海州县名,[7] 如与显州同属于东京道的麓州为渤海遗民所置。[8] 其民出自故

---

1 向南:《辽代医巫闾地区与契丹耶律倍家族的崛起》,《社会科学辑刊》,1994 年第 1 期,第 102 页。
2 (元)脱脱等:《辽史》卷 72《耶律倍传》,中华书局 2016 年标点本,第 1335 页。
3 佚名:《晋出帝北迁记》,参见赵永春辑注:《奉使辽金行程录》(增订本),商务印书馆 2017 年版,第 5 页。
4 (元)脱脱等:《辽史》卷 38《地理志二》,中华书局 2016 年标点本,第 525 页。
5 杨雨舒:《近 30 年唐代渤海国五京研究综述》,《社会科学战线》,2009 年第 2 期,第 133 页。
6 向南:《辽代医巫闾地区与契丹耶律倍家族的崛起》,《社会科学辑刊》,1994 年第 1 期,第 103 页。
7 [日]高井康典行:《东丹国と东京道》,《史滴》(第 18 号),1996 年,第 26—42 页。
8 (元)脱脱等:《辽史》卷 38《地理志二》,中华书局 2016 年标点本,第 536 页。

渤海国麓州，后被迁至医巫闾地区。[1] 麓州为头下州。[2] 因此，麓州的所在地应为其头下主的"分地"。而显州之地，辽世宗即位后，将其父耶律倍"归葬于山之南，改显德曰显州奉先军，以节度使治之"。[3] 可见，显州在成为显陵的奉陵邑前旧名"显德"，因此，《辽史·地理志二》载显州"本渤海显德府地"，本意应言其以渤海显德府民置州。渤海中京显德府即忽汗城，"太祖建国，攻渤海，拔忽汗城，俘其王大諲譔，以为东丹王国，立太子图欲为人皇王以主之"。[4] 耶律阿保机平渤海后，曾将俘获的渤海人户迁入契丹传统游牧区，置城安置。如上京道的长宁县"本显德府县名。太祖平渤海，迁其民于此"。[5] 由此推知，显州置州前应为耶律倍以辽太祖年间，跟随耶律阿保机伐渤海显德府所获人户设置的"私城"，而其地应为耶律倍的"分地"。

乾州是辽景宗耶律贤和天祚帝耶律延禧乾陵的奉陵邑。乾州地处"医巫闾山之南，古辽泽之地，虏主景宗陵寝在焉，今置广德军节度兼山陵都部署"。[6] 可见，乾州与显州同位于医巫闾地区。史载："闾阳，辽时乾州也。承天皇太后葬景宗于先茔。陵之东南建城，曰乾州。取

---

1 金毓黻：《渤海国志长编》卷14《地理考》，社会科学战线杂志社1982年版，第316页。
2 （宋）叶隆礼撰，贾敬颜、林荣贵点校：《契丹国志》卷22《州县载记》，上海古籍出版社1985年版，第210页。
3 （金）王寂：《辽东行部志》，参见金毓黻编：《辽海丛书》（第四册），辽沈书社1984年版，第2531页。
4 （元）脱脱等：《辽史》卷38《地理志二》，中华书局2016年标点本，第518页。
5 （元）脱脱等：《辽史》卷37《地理志一》，中华书局2016年标点本，第504页。
6 （宋）曾公亮、丁度著，陈建中、黄明珍点校：《武经总要》卷16下《北蕃地理》，商务印书馆2017年版，第268页。

其陵在西北隅，故以名焉。"[1]先茔意先人的坟茔，此处指代耶律倍家族墓地。因此，显、乾二陵应位于同一陵域内。这一点在宋人文献中亦有体现，宋大中祥符三年（1010）七月，"雄州言，契丹国主以其母丧殡显州，日三时沃奠，四月葬于州北二十里"。[2] 又"契丹主葬其母于显州北二十里"。[3] 契丹主之母指辽圣宗母萧绰。然而据辽代史料记载，统和二十八年（1010）三月，"是岁，宋、高丽遣使来会葬"。四月甲子，辽圣宗"葬太后于乾陵"。[4] 此时据辽景宗入葬乾陵已历二十余载，且萧绰殡葬之时有宋使在场。然而，宋人文献中不言乾州，而以显州确定乾陵方位，或因二州相距甚近，宋人将二州视为一地。又"契丹兀欲葬于此山（医巫闾山），离（显）州七里别建乾州以奉陵寝"。[5] 可知，乾州所在地距显州仅七里，其地无疑亦位于耶律倍家族的驻牧地上，应与显州处于同一"分地"。如前所述，自耶律阿保机以降，领主死，其"分地"应由领主之子继承。如海北州本隶耶律倍的头下宜州，其所在地为耶律倍"分地"。辽世宗即位后，其父耶律倍于医巫闾地区的"分地"为其所继承。其耶鲁盌斡鲁朵是以"文献皇帝卫从及太祖俘户，及云州提辖司，并高、宜等州户置。"[6] 可见，辽世宗即位后，耶

---

[1] （金）王寂：《辽东行部志》，参见金毓黻编：《辽海丛书》（第四册），辽沈书社1984年版，第2532页。

[2] （清）徐松辑：《宋会要辑稿》第196册《蕃夷二》，中华书局1957年版，第7693页。

[3] （宋）李焘撰，上海师范大学古籍整理研究所、华东师范大学古籍研究所点校：《续资治通鉴长编》73卷，"宋真宗大中祥符三年四月甲子"条，中华书局2004年版，第1667页。

[4] （元）脱脱等：《辽史》卷15《圣宗本纪六》，中华书局2016年标点本，第183页。

[5] （宋）许亢宗：《宣和乙巳奉使金国行程录》，参见赵永春辑注：《奉使辽金行程录》（增订本），商务印书馆2017年版，第216页。

[6] （元）脱脱等：《辽史》卷31《营卫志一》，中华书局2016年标点本，第412页。

律倍头下宜州的人户及所在"分地"已成为辽世宗斡鲁朵的组成部分，而海北州自然由辽世宗所继承。辽景宗后，初隶宜州的海北州又更隶乾州。综上所述，乾州置州后，耶律倍家族位于乾州地区的"分地"已为辽景宗所继承。而乾州因位于乾陵之东南而得名。乾位即乾卦方位，指西北方。"至（汉）武帝定郊祀之礼，祠太一于甘泉，就乾位也。"颜师古注曰："言在京师之西北也。"[1] 故乾陵之名应言其地位于乾州地的西北隅。由此推知，乾陵设置前，其陵区的东南方应有州城存在，乾陵因位于该州的西北隅，故以乾为名。而后此州又因被置为乾陵的奉陵邑而得名乾州。从考古发掘报告来看，乾陵玄宫即北镇市新立村辽代遗址，位于今辽宁省北镇市富屯街道新立村樱桃沟。[2] 而乾州城址，有学者认为应位于今北镇庙前小常屯古城。[3] 从地理方位来看，乾陵位于乾州西北，与文献记载吻合。然乾州置州前之名失载，考虑到其地本辽景宗的"分地"，推测其应为辽景宗之"私城"。天祚帝死于金，金人祔葬其于乾陵陵区内，非按辽制择陵，故而可视为特例。

庆州是辽圣宗耶律隆绪、辽兴宗耶律宗真和辽道宗耶律洪基庆陵的奉陵邑。应历十七年（967）九月，辽穆宗自丙戌"猎于黑山、赤

---

[1] （汉）班固撰，颜师古注：《汉书》卷22《礼乐志二》，中华书局1962年版，第1045页。
[2] 万雄飞、苏军强、周大利、张壮：《医巫闾山辽代帝陵考古取得重要收获》，《中国文物报》，2018年9月21日，第8版。
[3] 冯永谦：《辽东京道失考州县新探——〈辽代失考州县辨证〉之一》，载刘宁主编：《辽金历史与考古》（第一辑），辽宁教育出版社2009年版，第224页。

山，至于月终"。[1]庆州境内"有黑山、赤山、太保山"。[2]可见，庆州地区本辽穆宗的捺钵地。辽穆宗遇弒前曾"如怀州，猎获熊，欢饮方醉，驰还行宫"。[3]而《辽史·地理志一》"庆州玄宁军"条载辽穆宗遇弒于庆州。"行宫"是辽帝斡鲁朵的重要组成部分，于捺钵地驻扎，在辽帝的"分地"上。因此，庆州应为辽穆宗于捺钵地的"分地"。至辽景宗即位后，契丹传统父死子继的"分地"制度已发生改变。辽景宗的监母斡鲁朵是以章肃皇帝侍卫及武安州户所置。[4]武安州"太祖俘汉民居木叶山下，因建城以迁之，号杏堝新城。复以辽西户益之，更曰新州。统和八年改今名"。[5]武安州前身新州初名杏堝新城。原杏堝城位于木叶山下，为辽太祖所建。[6]应历四年（954）冬，辽穆宗曾"驻跸杏堝"。可见，杏堝地为辽穆宗的冬捺钵地。[7]据此可推断，辽景宗即位后，继承了辽穆宗于杏堝捺钵地的"分地"，迁移"分地"上的人户至中京道设置了武安州前身的杏堝新城。至开泰五年（1016）九月乙丑，辽圣宗"驻跸杏堝"。[8]可见，原属辽穆宗的"分地"至此时已成为由辽圣宗捺钵地的"分地"。可知，辽穆宗死后因无子嗣，辽太宗一系势力日益式微，其"分地"由辽景宗继承，辽景宗死后又由其子辽圣宗继承，

---

1 （元）脱脱等：《辽史》卷7《穆宗本纪下》，中华书局2016年标点本，第93页。
2 （元）脱脱等：《辽史》卷37《地理志一》，中华书局2016年标点本，第502页。
3 （元）脱脱等：《辽史》卷7《穆宗本纪下》，中华书局2016年标点本，第95页。
4 （元）脱脱等：《辽史》卷31《营卫志一》，中华书局2016年标点本，第414页。武安州位于中京道，由上京道杏堝城迁置。武安州初名新州，统和八年改称武安。因此，辽景宗斡鲁朵应以新州之民设置。
5 （元）脱脱等：《辽史》卷39《地理志三》，中华书局2016年标点本，第547页。
6 余蔚：《中国历代行政区划通史·辽金卷》，复旦大学出版社2012年版，第269页。
7 杨军、王成名：《辽代捺钵考》，《安徽史学》，2017年第2期，第42页。
8 （元）脱脱等：《辽史》卷15《圣宗本纪六》，中华书局2016年标点本，第195页。

此后成为辽圣宗及其家族的"分地"。而庆州之得名，因辽圣宗秋畋于此，爱其奇秀，因以获名。可见，此时庆州的所在地已成为辽圣宗秋捺钵地的"分地"。又"降圣州……本大部落东楼之地。太祖春月行帐多驻此"。[1] 可知，降圣州本耶律阿保机所置东楼所在地，为其春捺钵地。辽太宗即位后，曾于天显九年（934）正月、十一年（936）正月，钩鱼于降圣州境内的土河。[2] 可见，辽太宗继承了其父耶律阿保机的春捺钵地。至辽穆宗即位，于其地正式建置降圣州，成为本人夺里本斡鲁朵的隶宫州。辽景宗即位后，原属于辽穆宗斡鲁朵的降圣州又由辽景宗所继承，转隶辽景宗的监母斡鲁朵。可见，降圣州所在"分地"原为辽太宗家族的春捺钵地，至辽景宗时期已由辽景宗及其家族所领有。而辽穆宗曾于庆州所在地建城，称黑河州，"每岁来幸，射虎障鹰"。此城无疑是辽穆宗的"私城"。辽穆宗遇弑后，因城所在地苦寒，至辽圣宗统和八年（990）遭废弃。其后因辽圣宗秋捺钵常择此地，又于黑河州址上建置庆州。因此，庆州的原址黑河州于统和八年前应为辽圣宗继承自辽景宗的"私城"。

辽代奉陵邑制度源自对中原汉制的继承，并结合契丹本民族制度加以改造，具有鲜明的游牧民族特色。与受中原农耕社会宗法制影响下的"族墓"制奉陵邑不同，辽代奉陵邑的分布特征与辽制中的"分地"与"私城"制度有关。奉陵邑城址位于其所在陵域内首位辽帝的"分地"之上。奉陵邑的前身是该辽帝的"私城"。辽代首座奉陵邑——祖州所在地的"分地"源自耶律阿保机对世里氏驻牧地的继承。

---

1 （元）脱脱等：《辽史》卷37《地理志一》，中华书局2016年标点本，第505页。
2 （元）脱脱等：《辽史》卷3《太宗本纪上》，中华书局2016年标点本，第38、39页。

其后，契丹传统的"分地"制度完成由氏族所有制向家族所有制的转化。具体体现在辽帝的"分地"由其子所继承，发展成为其家族"分地"。受帝系变更的影响，辽代奉陵邑分布集中于上京道和东京道的医巫闾地区。其中，位于上京道的怀州的所在地为耶律德光家族"分地"；位于医巫闾地区的显州、乾州的所在地为耶律倍家族"分地"。庆州的所在地本辽穆宗的"分地"，然而其死后无嗣，其"分地"由辽景宗所继承，后成为辽圣宗的家族"分地"。

二、奉陵官

辽代奉陵邑因其职能的特殊性，于普通州县职官体系外，还存在一套奉陵官系统。该系统由山陵都部署及陵庙官等一系列职官组成。

帝王陵墓被称为"山陵"，帝王丧葬事务被称为"山陵事"。"道宗崩，与宰相耶律俨总山陵事。"[1]山陵都部署一职始建于五代时期。后晋天福七年（942）九月辛丑，"李守贞为大行皇帝山陵都部署"。[2]又后周广顺元年（951）三月，"以卫尉卿刘皞充汉隐帝山陵都部署"。[3]关于五代时期山陵都部署一职的职能，后汉乾祐三年（950）十一月，"诏择日举哀，命前宗正卿刘皞主丧"。次年八月二日，"复遣前宗正卿刘皞护灵辇，备仪仗，葬于许州阳翟县之颍陵，祔神主于高祖之寝宫"。[4]

---

1 （元）脱脱等：《辽史》卷94《耶律何鲁扫古传》，中华书局2016年标点本，第1523页。

2 （宋）欧阳修撰：《新五代史》卷9《晋出帝本纪》，中华书局2015年版，第106页。

3 （宋）薛居正等：《旧五代史》卷111《周太祖本纪三》，中华书局2015年标点本，第1712页。

4 （宋）薛居正等：《旧五代史》卷103《汉隐帝本纪下》，中华书局2015年标点本，1605页。

及卒，刘氏结衔为"高丽国册使、卫尉卿刘皞"。[1] 已无山陵都部署职务。可见五代时期，山陵都部署应为已故辽帝治丧期间的临时性主管官吏。有关辽朝山陵都部署一职，《辽史·百官志》中无载，而散见石刻文献中。《耶律宗愿墓志》（咸雍八年）载："授奉陵军节度，管内观察处置等使，兼山陵都部署。祇奉陵园，展孝孙之盛礼；肃陈俎豆，伸尊祖之纯诚。束點吏以悛心，宽罢民而饱思。"[2] 又《耶律宗允墓志》（咸雍元年）载："眷间山作翰之区，实圣祖栖神之地，首公之外，时祀赖焉。制下判奉先军事，兼山陵都部署。"[3] 又乾州，"在医巫闾山之南，古辽泽之地，虏主景宗陵寝在焉，今置广德军节度兼山陵都部署"。[4] 其中，奉陵军是怀州的军号，奉先军是显州的军号。据此推测，辽代山陵都部署与五代时期在职能上有所不同，辽代五座奉陵州应皆置山陵都部署，一般由该州节度使兼任，以"祇奉陵园"。"讣奏之际，上（辽道宗）以淑善有称，颇用伤悼，诏奉陵军节度使兼山陵都部署韩君仪，致奠发丧。"[5] 耶律弘世即辽兴宗第三子，其妻萧氏受封秦越国妃，死后附葬庆陵。奉陵军即庆州军号，韩君仪以庆州节度使兼山陵都部署的身份"致奠发丧"，可见，山陵都部署不仅是主管帝王陵寝的

---

1 （宋）薛居正等：《旧五代史》卷112《周太祖本纪四》，中华书局2015年标点本，第1725页。
2 《耶律宗愿墓志》（咸雍八年），参见向南、张国庆、李宇峰辑注：《辽代石刻文续编》，辽宁人民出版社2010年版，第148页。
3 《耶律宗允墓志》（咸雍元年），参见向南：《辽代石刻文编》，河北教育出版社1995年版，第320页。
4 （宋）曾公亮、丁度著，陈建中、黄明珍点校：《武经总要》卷16下《北蕃地理》，商务印书馆2017年版，第268页。
5 《耶律弘世妻秦越国妃墓志》（寿昌二年），参见向南、张国庆、李宇峰辑注：《辽代石刻文续编》，辽宁人民出版社2010年版，第230页。

主管官吏，亦需对陵域内附葬等相关事务负责。

除山陵都部署，奉陵官还包括陵庙官。陵庙官由寝宫官与享殿官两种职官构成。寝宫官，"太祖陵凿山为殿，曰明殿"。[1] 可见，祖陵陵庙由一系列相关建筑组成。"明殿"，"若中国陵寝下宫之制。其国君死，葬，则于其墓侧起屋，谓之明殿。"[2] "下宫"又名"寝宫"，"是供奉墓主灵魂起居生活的地方"。[3] 契丹人部分继承了中原陵寝制度，于祖陵置下宫"明殿"以为祭祀的场所。"明殿"设有专门职官，"负责管理陵园日常事宜、协理皇室祭祠先祖"。[4] 辽圣宗年间的王悦的结衔为"明殿左相、义武军节度、易定祁等州观察处置等使、开府仪同三司、检校太师、守司空、同政事门下平章事、使特（持）节定州诸军事、行定州刺史、太原郡开国公、食邑一千五百户"。[5] 由此可知，"明殿左相"一职由节度使一级的职官兼任。

辽代诸帝陵皆置享殿，"享殿官主要是指为管理用来祭祀逝去帝王而设立的庙堂的官员"。[6] 天庆九年（1119），"金人攻陷上京路。祖州则太祖耶律阿保机之天膳堂，怀州则太宗德光之崇元殿，庆州则望圣、望仙、神仪三殿，乾州则凝神、宜福殿，显州则安元、安圣殿，木叶

---

1 （元）脱脱等：《辽史》卷37《地理志一》，中华书局2016年标点本，第501页。
2 （宋）欧阳修：《新五代史》卷72《四夷附录一》，中华书局2015年标点本，第1014页。
3 杨宽：《中国古代陵寝制度的起源及其演变》，《复旦学报》（社会科学版），1981年第5期，第65页。
4 万雄飞、陈慧：《〈秦晋国妃墓志〉"有诏于显陵"解读——兼谈辽代寝殿学士制度》，《边疆考古研究》，2016年第1期，第257—261页。
5 《王悦墓志》（统和二十三年），参见向南：《辽代石刻文编》，河北教育出版社1995年版，第113页。
6 孙伟祥、高福顺：《辽朝奉陵邑初探》，《古代文明》，2016年第1期，第79页。

山之世祖诸殿陵寝并皇妃、子弟影堂，焚烧略尽，发掘金银珠玉器物"。[1] 关于"天膳堂"，"殿南岭有膳堂，以备时祭"。[2] 可见，享殿应为祭祀墓主之所。除文献中所载诸享殿，"穆宗被害，葬怀陵侧，建凤凰殿以奉焉"。[3] 据此，辽穆宗的享殿称"凤凰殿"。关于"凝神殿"，统和元年（983）八月己亥，"遣使荐熊肪、鹿脯于乾陵之凝神殿"。[4] 据此，"凝神殿"应为辽景宗的享殿。关于"望仙殿"，重熙八年（1039）七月丁巳，"谒庆陵，致奠于望仙殿"。[5] 据此，"望仙殿"应为辽圣宗的享殿。其余诸享殿主未知，应为该陵域内所葬的辽帝。

关于寝殿官，辽道宗年间的耶律信宁曾出任"中书门下平章事、望仙、圣神两殿都部署"。[6] 又天祚帝年间张让的结衔为"广德军节度，乾、海北等州管内观察处置等使，崇禄大夫，检校太傅，持节乾州诸军事，乾州刺史，兼凝神、崇圣殿都部署，兼御史中丞、上柱国、清河郡开国公，食邑三千四百户、实封叁佰肆拾户"。[7] 由此可知，享殿长官为某殿都部署，一般由该奉陵州的节度使出任。此外，奉陵邑内部分建筑还设置职官。如韩匡嗣曾被"授二仪殿将军，此官之置，自

---

[1] （宋）史愿：《亡辽录》，载李澍田主编：《东北史料荟萃：金史辑佚》，吉林文史出版社1986年版，第170页。
[2] （元）脱脱等：《辽史》卷37《地理志一》，中华书局2016年标点本，第501页。
[3] （元）脱脱等：《辽史》卷37《地理志一》，中华书局2016年标点本，第501页。
[4] （元）脱脱等：《辽史》卷10《圣宗本纪一》，中华书局2016年标点本，第119页。
[5] （元）脱脱等：《辽史》卷18《兴宗本纪一》，中华书局2016年标点本，第250页。
[6] 《耶律弘世妻秦越国妃墓志》（寿昌二年），参见向南、张国庆、李宇峰辑注：《辽代石刻文续编》，辽宁人民出版社2010年版，第230页。
[7] 《张让墓志》（乾统五年），参见向南：《辽代石刻文编》，河北教育出版社1995年版，第551页。

公始也"。[1]又萧万"自龙厢充二仪殿使，甚晓兵机，弘多武力"。[2]二仪殿为祖州城内建筑，"以白金铸太祖像"[3]，应属陵寝官。

三、奉陵邑的职能

辽代五座奉陵州属隶宫州，除须承担普通隶宫州的职责，因其奉陵属性，还具备一些特殊的职能。

首先，奉陵邑是辽帝举行祭祀活动的场所。辽帝谒先主陵前，往往先至奉陵邑驻跸。如天显四年（929）四月甲寅，"幸天城军，谒祖陵"[4]。天显七年（932）五月壬午朔，"幸祖州，谒太祖陵"[5]。统和元年（983）八月癸巳，"上与皇太后谒怀陵，遂幸怀州"[6]。统和十五年（997）十一月丙戌，"幸显州"；戊子，"谒显陵"[7]。大安元年（1085）八月丁卯，"幸庆州"；戊辰，"谒庆陵"[8]。大安七年（1091）八月壬寅，"幸庆州，谒庆陵"。[9]辽帝驻跸奉陵邑期间，谒陵庙是祭祀活动的重要组成部分。统和元年（983）十二月壬午，"谒凝神殿，遣使分祭诸陵，赐守殿官属酒"。[10]又统和三年（985）八月庚辰，"至显州，谒凝神殿"；辛巳，

---

[1]《韩匡嗣墓志》（统和三年），参见向南、张国庆、李宇峰辑注：《辽代石刻文续编》，辽宁人民出版社2010年版，第24页。

[2]《萧氏夫人墓志》（统和二十七年），参见向南、张国庆、李宇峰辑注：《辽代石刻文续编》，辽宁人民出版社2010年版，第48页。

[3]（元）脱脱等：《辽史》卷37《地理志一》，中华书局2016年标点本，第500页。

[4]（元）脱脱等：《辽史》卷3《太宗本纪上》，中华书局2016年标点本，第32页。

[5]（元）脱脱等：《辽史》卷32《太宗本纪上》，中华书局2016年标点本，第36页。

[6]（元）脱脱等：《辽史》卷10《圣宗本纪一》，中华书局2016年标点本，第119页。

[7]（元）脱脱等：《辽史》卷13《圣宗本纪四》，中华书局2016年标点本，第162页。

[8]（元）脱脱等：《辽史》卷24《道宗本纪四》，中华书局2016年标点本，第329页。

[9]（元）脱脱等：《辽史》卷25《道宗本纪五》，中华书局2016年标点本，第336页。

[10]（元）脱脱等：《辽史》卷10《圣宗本纪一》，中华书局2016年标点本，第120页。

"幸乾州，观新宫"；癸未，"谒乾陵"。[1] 重熙十二年（1043）九月壬申，"朝皇太后，谒望仙殿"；壬午，"谒怀陵"。[2] 陵庙中有僧侣，祭祀故辽帝。见《当寺则都和尚塔记》载"本师前望仙殿讲主辩智神变大师"。[3] 除陵庙，奉陵邑中还建有相关配套祭祀场所。史载：

> 西北隅有内城。殿曰两明，奉安祖考御容：曰二仪，以白金铸太祖像；曰黑龙，曰清秘，各有太祖微时兵伐器物及服御皮毳之类，存之以示后嗣，使勿忘本。[4]

这些殿堂与陵庙一样，属于祭祀前朝辽帝的场所，受当朝辽帝拜谒。道宗大安二年（1086）九月丙子，"谒二仪、五鸾二殿"。乙卯，"出太祖、太宗所御铠仗示燕国王延禧，谕以创业征伐之难"。[5] 除祭祀，此类建筑还被作为礼堂，用于宴饮群臣。会同元年（938），"册礼告成，宴百官及诸国使于二仪殿"。[6] 又天显四年（929）五月癸酉，"谒二仪殿，宴群臣"。[7]

其次，辽帝及掌权太后在处理宗室、后族及重大事务时，往往会借用前朝辽帝的权威，此时的奉陵邑往往成为其处理相关事务的重要

---

1 （元）脱脱等：《辽史》卷10《圣宗本纪一》，中华书局2016年标点本，第123页。
2 （元）脱脱等：《辽史》卷19《兴宗本纪二》，中华书局2016年标点本，第262页。
3 《当寺则都和尚塔记》，参见向南、张国庆、李宇峰辑注：《辽代石刻文续编》，辽宁人民出版社2010年版，第318页。
4 （元）脱脱等：《辽史》卷37《地理志一》，中华书局2016年标点本，第500页。
5 （元）脱脱等：《辽史》卷24《道宗本纪四》，中华书局2016年标点本，第330页。
6 （元）脱脱等：《辽史》卷76《高模翰传》，中华书局2016年标点本，第1376页。
7 （元）脱脱等：《辽史》卷3《太宗本纪上》，中华书局2016年标点本，第32页。

场所。史载：

> 置官属职司，岁时奉表起居如事生。置明殿学士一人，掌答书诏。每国有大庆吊，学士以先君之命为书以赐国君，其书常曰'报儿皇帝'云。[1]

而其书往往秉持应天皇太后之意，"其母述律遣人赍书及耶律阿保机明殿书赐德光"，以此手段干涉政务。此后，又常以"达语于先帝"的理由，处理政见不合者：

> 先是，后任智用权，立中子德光，在其国称太后。左右有桀黠者，后辄谓曰："为我达语于先帝。"至墓所，即杀之。前后所杀以百数。[2]

再次，辽帝还常以"守灵"之名义，将政敌囚禁于诸奉陵邑。如述律后与李胡在同辽世宗争夺政权失败后，被辽世宗囚禁于祖州。天禄元年（947）闰七月，"既而闻太后、李胡复有异谋，迁于祖州"。[3] "翰与兀欲相及，遂及述律战于沙河。述律兵败而北，兀欲追至独树渡，

---

[1]（宋）欧阳修：《新五代史》卷72《四夷附录一》，中华书局2015年标点本，第1014页。

[2]（宋）叶隆礼撰，贾敬颜、林荣贵点校：《契丹国志》卷13《太祖述律皇后传》，上海古籍出版社1985年版，第139页。

[3]（元）脱脱等：《辽史》卷5《世宗本纪》，中华书局2016年标点本，第72页。

遂囚述律于扑马山。"[1] 又承天皇太后长姐萧胡辇为齐王耶律罨撒葛妃。罨撒葛死，萧氏自称齐妃。统和十二年（994）曾"领兵三万屯西鄙驴驹儿河"。然而，"尝阅马，见番奴挞览阿钵姿貌甚美，因召侍宫中，后闻之，縶挞览阿钵，抶以沙囊四百而离之"，自此齐妃与承天皇太后有隙；后在征讨阻卜期间，"因谋帅其众奔骨历札国，结兵以篡后，后知之，遂夺其兵，命领幽州"。[2] 而后承天皇太后又于统和二十四年（1006）五月壬寅，"幽皇太妃胡辇于怀州，囚夫人夷懒于南京，余党皆生瘗之"。[3] 又重熙三年（1034），钦哀后"阴召诸弟议，欲立少子重元，重元以所谋白帝。帝收太后符玺，迁于庆州七括宫"。[4] 又辽兴宗"与耶律喜孙谋，率兵逐太后，以黄布车载送庆州，守圣宗冢"。[5] 庆州是辽圣宗的奉陵邑，钦哀后即法天皇太后，辽兴宗发动政变夺回政权后，将钦哀后囚禁于庆州，为辽圣宗守陵。

---

1 （宋）欧阳修：《新五代史》卷73《四夷附录二》。贾敬颜指出，扑马山即木叶山，或曰祖山；今林东镇以西乃至祖州及大祖陵所在之连山，均得谓之木叶山。（参见贾敬颜：《胡峤陷辽记疏证》，《史学集刊》，1983年第4期，第8页。）
2 （宋）叶隆礼撰，贾敬颜、林荣贵点校：《契丹国志》卷13《景宗萧皇后传》，上海古籍出版社1985年版，第142页。
3 （元）脱脱等：《辽史》卷14《圣宗本纪五》，中华书局2016年标点本，第176页。
4 （元）脱脱等：《辽史》卷71《后妃传》，中华书局2016年标点本，第1324页。
5 （宋）李焘撰，上海师范大学古籍整理研究所、华东师范大学古籍研究所点校：《续资治通鉴长编》卷115，"景祐元年（1034）八月壬申"条，中华书局2004年版，第1207页。

余 论

斡鲁朵是契丹统治者根据游牧政治统治的需要创立的政治制度，以政治统治中心的移动性为本质特征。其实际作用，在于管理以辽帝为中心的移动政体的政治、军事、经济、家眷等各类事务，在辽代历史中，斡鲁朵的功能和组织形式随着时间的推移而变化，实现了与朝廷管理系统的协调与配合。本书探讨斡鲁朵创立后各构成部分在斡鲁朵整体中发挥的功能，并试以阐释斡鲁朵的演变与辽代政治嬗变之间的关系，力求对辽代斡鲁朵的研究不断向历史的真实状况靠近有所裨益。

一、斡鲁朵的结构与功能

辽朝斡鲁朵机构由"行宫"、"隶宫部族"和"隶宫州县"三部分构成。

行宫是辽帝及其家眷的日常居所，跟随辽帝四时捺钵。斡鲁朵行宫的核心由大、小禁围两部分构成。小禁围内居住着辽帝及其后妃、子女等家眷。大禁围内是先帝的行宫。此外，行宫还包含服务于大、小禁围的职官及管理机构。首先，行宫负责供应辽帝及其家眷日常所需的物资。其中，饮食主要源自捺钵地，粮食蔬果等农产品由南京道等地输送。其次，行宫负责辽帝及其家眷的宿卫。辽朝前期，行宫的宿卫主要由皮室军等亲军负责。辽穆宗朝以后，宿卫措施更倾向于加强对辽帝御帐安全的保卫，构建了由殿前都点检司主管，由护卫司、宿直司和硬寨司共同组成的御帐的宿卫系统。再次，承担行宫近侍职能的是北面官系统中的北面著帐官机构和南面官系统中的内侍省。最后，大禁围内是先帝的行宫，是辽朝举行礼法活动的重要场所。斡鲁朵的管理机构是北、南面宫官系统。其最高长官为契丹、汉人行宫都部署。以下诸宫皆置都部署。作为斡鲁朵的最高管理机构，宫官需随帐迁徙，并对行宫、隶宫部族、隶宫提辖司和隶宫州县等斡鲁朵构成部分均起到管理作用。

隶宫部族户由"正户"、"蕃户"及"瓦里""闸撒"户构成。有相对固定的驻牧地，分布在"潢河""土河"沿岸的契丹故地牧场上，不跟随辽帝移动。其中，"正户"源自对契丹部族人户的析分，设置"石烈"及"抹里"两级行政建制加以管理。"蕃户"由战俘及依附的游牧、渔猎人户构成，设置"先离阅览官"加以管理。"瓦里"由因罪没入宫分的部族户构成。"闸撒"由从瓦里中析出的"著帐郎君""著帐户"构成。"正户"有出任宫分军的义务，"瓦里"户属被"籍没"的人户，"闸撒"户是行宫近侍人员的重要来源。

隶宫州县由隶宫提辖司和隶宫州县组成。隶宫提辖司是管理辽帝"分地"上农耕人户的机构，在辽太宗"会同改革"中被以新引入的中原州县体制为基准加以改造，在其体系内部建立科层式管理机制，以保证各级隶宫提辖司机构的顺利运行。辽太宗改革后，部分提辖司人户虽被析置隶宫州县，然而，因其所辖人户系辽帝的部曲，与普通州县户有异，隶宫提辖司因之得与隶宫州县并存至于辽末。隶宫提辖司人户有出任"家丁"配合"宫分军"作战的义务。隶宫州县制度是契丹引入中原州县制度后，对隶属斡鲁朵"私城"予以改造的产物。辽代中期以前，隶宫州县的地位处于"私城"与南面方州之间。隶宫州县的科层结构和人户性质与"私城"存在较大差异，同时又要接受所隶斡鲁朵的管理，并向行宫提供手工业品及赴捺钵地服劳役。辽圣宗即位后，对隶宫州县制度进行改革，使其趋向于南面方州，反映了辽朝地方行政建制向中原州县演进的大趋势。同时，新置地方行政机构对跨斡鲁朵的隶宫州进行管理，强化了辽朝对隶宫州县的影响。然而，终辽一世斡鲁朵对隶宫州县的影响始终未能消除。

辽代隶宫州中的祖、怀、显、乾、庆五州为奉陵邑。奉陵邑制度源自对中原汉制的继承，并结合契丹本民族制度加以改造，具有鲜明的游牧民族特色。与受中原农耕社会宗法制影响下的"族墓"制奉陵邑不同，辽代奉陵邑的分布特征与辽制中的"分地"和"私城"制度有关。奉陵邑城址位于其所在陵域内首位辽帝的"分地"上。前身是该辽帝的"私城"。五座奉陵邑皆为隶宫州。奉陵邑内部有独立的奉陵官制，是辽帝祭祀祖先、举行礼法活动的场所。辽代五座奉陵邑的前身皆是陵域内首位辽帝的"私城"，分部于其家族"分地"上。置州后归属于斡鲁朵，有独立的奉陵官制，是辽帝祭祀祖先，举行礼仪活动的场所。

二、斡鲁朵的演变与辽代政治

斡鲁朵是隶属于辽帝个人的组织机构。受到辽朝时局嬗变的影响，斡鲁朵内的各组成部分，在不同时期存在着不同的形态，发挥着不同的作用。斡鲁朵的存在为辽帝提供了维持其统治的重要政治、经济和军事保证。

在耶律阿保机"变家为国"的过程中，其部落首领地位受到来自以耶律阿保机诸弟为代表的迭剌部旧势力的重大挑战，因置"腹心部"，作为对抗契丹部族势力的重要政治力量。"腹心部"在平定"诸弟之乱"中起到至关重要的作用，此后耶律阿保机于天赞元年（922）

颁行"斡鲁朵法"，丰富了斡鲁朵的内涵。平定"诸弟之乱"后，耶律阿保机虽将"强大难治"的迭剌部析分为五院部和六院部，然而契丹原有部族依然具有较强的实力，对皇权构成潜在威胁。因此，通过"析部族"的方式，从契丹原有部族中析分出游牧人户，组建隶宫部族，以削弱契丹旧部族实力，并以隶宫部族户中的"正户"组建辽帝的私人武装——宫分军。同时推行"籍没之法"，作为打击政敌的重要手段。契丹贵族人户因罪没入隶宫部族中的"瓦里"后，则意味着失去其原有的部族成员身份。这些举措无疑是对原有部族实力的削弱。契丹人率兵入境中原地区期间俘获大量汉人，这些汉人在耶律阿保机夺取和巩固政权过程中起到重要作用。此时契丹地区的汉人被以"私城"的形式组织起来，设置提辖司加以管理，分布于耶律阿保机及其他契丹贵族的"分地"上，其中隶属于斡鲁朵者为隶宫提辖司人户。

辽太宗时期，随着与中原王朝的频繁接触，中原皇权思想为辽太宗所接受。而在接管燕云十六州以后，加强对新获土地及人口的管理成为迫切的需求。诸多因素推动辽太宗对契丹旧制加以改革。在此背景下，中原州县制的引入对斡鲁朵制度造成了巨大的影响。一方面，隶宫提辖司制度被以州县制为基准加以改革，纳入新州县体制内进行管理。部分原由隶宫提辖司管辖的"私城"逐步转化为隶宫州县。另一方面，改革也给隶宫部族管理方式带来了影响，确立了隶宫部族行政建制与州县制的对应关系。同时，通过将契丹旧部族从其驻牧地调离的方式，将隶宫部族安置在诸部族原有的驻牧地上，加强对契丹故地的控制。

辽世宗、辽穆宗时期，对中原王朝战争渐息，宗室、外戚诸王对皇权的威胁成为辽帝面临的主要问题。[1]辽世宗天禄二年（948）正月，"天德、萧翰、刘哥、盆都等谋反"。[2]天禄三年（949）正月，"萧翰及公主阿不里痪反"。[3]天禄五年（951）九月癸亥，"察割反，帝遇弑"。[4]辽穆宗应历三年（953）十月己酉，"李胡子宛、郎君嵇干、敌烈谋反"。[5]应历十年（960）十月丙子，"李胡子喜隐谋反，辞连李胡"。[6]辽代宗室、外戚诸王频繁叛乱是因皇权世袭制破坏了契丹人选汗的旧制，其叛乱所依仗的部分政治、经济、军事资本为其所掌握的头下军州。针对宗室、外戚诸王对统治权带来的威胁，辽帝对其斡鲁朵加以改造以应对。一方面，将反叛及绝嗣的宗室、外戚诸王的头下军州没入斡鲁朵，以削弱其势力。如耶律察割"以弑逆诛"，将其贵德州、双州以及其父安端的白川州没入辽穆宗延昌宫。[7]又遂州为"采访使耶律颇德以部下汉民置，穆宗时，颇德嗣绝，没入焉。隶延昌宫"。[8]按辽制，头下军州所在地为头下主的"分地"。由此推知，其"分地"应与头下军州一同没入斡鲁朵。另一方面，构建新的行宫宿卫体系，加强了行宫宿卫措施。如辽穆

---

1 辽世宗南征被耶律察割谋反打断。
2 （元）脱脱等：《辽史》卷5《世宗本纪》，中华书局2016年标点本，第72页。
3 （元）脱脱等：《辽史》卷5《世宗本纪》，中华书局2016年标点本，第73页。
4 （元）脱脱等：《辽史》卷5《世宗本纪》，中华书局2016年标点本，第74页。
5 （元）脱脱等：《辽史》卷6《穆宗本纪上》，中华书局2016年标点本，第80页。
6 （元）脱脱等：《辽史》卷6《穆宗本纪上》，中华书局2016年标点本，第84页。
7 《辽史》载，双州"初隶延昌宫，后属崇德宫"。而贵德州、白川州皆载隶属崇德宫。然考虑到三州因耶律察割谋反于穆宗年间同时没入宫分，则二州初隶辽穆宗的延昌宫更为合理，或为《辽史》漏载。
8 （元）脱脱等：《辽史》卷38《地理志二》，中华书局2016年标点本，第528、531页。（元）脱脱等：《辽史》卷39《地理志三》，中华书局2016年标点本，第552页。

宗即位之初，"疑诸王有异志，引夷腊葛为布衣交，一切机密事必与之谋"，任命其为殿前都点检。[1] 殿前都点检为行宫宿卫机构的实际长官，下辖护卫司、宿直司和硬寨司等宿卫机构。

辽景宗、辽圣宗时期，从辽朝内部角度看，随着辽穆宗死后无嗣，辽太宗家族的政治势力式微，失去争夺统治权的能力，而通过持续性地没入宗室、外戚诸王的头下军州，则使其无法对当朝辽帝统治构成威胁。[2] 从外部环境看，辽朝恢复对周边国家战事，对军队及战争消耗物资的需求激增。针对内部与外部环境的变化，辽景宗、辽圣宗两朝对斡鲁朵进行新的调整。在宫官系统上，设立契丹、汉人都部署司作为斡鲁朵的最高管理机构，下辖诸宫都部署，分掌诸斡鲁朵事宜。隶宫部族上，辽圣宗朝以后设置的隶宫部族，在建置时不再从原有的契丹部族中析分人户，而是以原有的隶宫部族的人户重置。宫分军则转为机动部队，参与对宋及高丽作战，并作为戍边部队，镇戍辽朝北部边境。在行政建制上，随着行宫保障制度的完善，行宫消费的粮食已"皆资于燕"。宫分军的功能逐步转化为戍边部队，其战略需求由诸"招讨司""统军司"等国家机构保证。契丹故地隶宫提辖司的存在意义进一步弱化，因此，进一步转化为隶宫州县。对隶宫州县进行改革：结束了斡鲁朵继承关系混乱的局面，不再出现州县分属不同斡鲁朵的情况，使之彻底南面州县化；减少斡鲁朵对隶宫州县的影响，加强南面官机构对隶宫州县的控制力，加速州县户向国家编户的转化；增设

1　（元）脱脱等：《辽史》卷38《地理志二》，中华书局2016年标点本，第530页。
2　"重元之乱"中，参与谋反的武装力量为辽帝的行宫宿卫，非重元等人头下军州的人户。

跨节度州机构，对隶宫州县实行跨宫管理。

辽代中期以前，斡鲁朵是辽帝对抗部族势力，维护个人统治的政治、经济、军事力量。景、圣两朝以后，随着辽朝王朝化程度的加深，辽帝作为辽朝君主的权力逐步强化，父死子继的"家天下"继承方式已成为定制。斡鲁朵作为契丹社会的"旧制"，在皇权与辽朝政府利益趋于一致的背景下，维护辽帝统治工具的功能日趋弱化，失去了辽帝私人领有的意义，而国家机构化的程度明显增强。然而，辽帝身为契丹可汗的身份与其辽朝皇帝的身份始终并存，并未放弃草原传统的游牧生活方式，"分地"及分布在其上的人口作为辽帝私人财产的性质依旧存在。因此，斡鲁朵作为维持辽帝生活方式的"旧制"，终辽一世始终得以延续。

参考文献

一、古代文献

[1] (汉)班固撰,颜师古注.汉书[M].北京:中华书局,1962年版.

[2] (汉)许慎.说文解字[M].北京:中华书局,2013年版.

[3] (唐)魏徵等.隋书[M].北京:中华书局,1973年版.

[4] (唐)李林甫等撰,陈仲夫点校.唐六典[M].北京:中华书局,1992年版.

[5] (唐)李延寿.北史[M].北京:中华书局,1974年版.

[6] (后晋)刘昫等.旧唐书[M].北京:中华书局,1975年版.

[7] (宋)薛居正等.旧五代史[M].北京:中华书局,2015年版.

[8] (宋)欧阳修.新五代史[M].北京:中华书局,2015年版.

[9] (宋)欧阳修,宋祁.新唐书[M].北京:中华书局,1975年版.

[10] (宋)司马光.资治通鉴[M].北京:中华书局,2012年版.

[11] (宋)王易.燕北录[M].说郛.北京:中国书店,1986年版.

[12] (宋)史愿.亡辽录[M].东北史料荟萃.金史辑佚.长春:吉林文史出版社,1986年版.

[13] (宋)李焘.续资治通鉴长编[M].北京:中华书局,2004年版.

[14] (宋)余靖.武溪集[M].影印文渊阁四库全书.台北:台湾商务印书馆,1986年版.

[15] (宋)叶隆礼撰,贾敬颜,林荣贵点校.契丹国志[M].上海:上海古籍出版社,1985年版.

[16] (宋)王溥.五代会要[M].北京:中华书局,1985年版.

[17] (宋)曾公亮,丁度著,陈建中,黄明珍点校.武经总要[M].北京:商务印书馆,2017年版.

[18] (金)王寂.辽东行部志[M].金毓黻编.辽海丛书(第4册).沈阳:辽沈书社,1984年版.

[19] (元)陈桱.通鉴续编[M].影印文渊阁四库全书.台北:台湾商务印书馆,1986年版.

[20] (元)脱脱等.辽史[M].北京:中华书局,2016年版.

[21] (元)脱脱等.金史[M].北京:中华书局,2020年版.

[22] (元)脱脱等.宋史[M].北京:中华书局,1977年版.

[23] (清)厉鹗.辽史拾遗[M].上海:商务印书馆,1936年版.

[24] (清)于敏中等.日下旧闻考[M].北京:北京古籍出版社,1985年版.

[25] (清)孙诒让.周礼正义[M].北京:中华书局,1987年版.

[26] (清)赵翼.廿二史札记[M].北京:中华书局,1984年版.

[27] (清)徐松辑.宋会要辑稿[M].北京:中华书局,1957年版.

[28] （清）李有棠.辽史纪事本末[M].北京:中华书局,2015年版.

[29] 金毓黻.渤海国志长编[M].长春:《社会科学战线》杂志社,1982年版.

[30] 陈述.全辽文[M].北京:中华书局,1982年版.

[31] 清格尔泰、刘凤翥、陈乃雄、于宝林、邢复礼.契丹小字研究[M].北京:中国社会科学出版社,1985年版.

[32] 向南.辽代石刻文编[M].石家庄:河北教育出版社,1995年版.

[33] 盖之庸.内蒙古辽代石刻文研究[M].呼和浩特:内蒙古大学出版社,2007年版.

[34] 刘凤翥,唐彩兰,青格勒.辽上京地区出土的辽代碑刻汇辑[M].北京:社会科学文献出版社,2009年版.

[35] 向南,张国庆,李宇峰.辽代石刻文续编[M].沈阳:辽宁人民出版社,2010年版.

[36] 赵永春.奉使辽金行程录[M].北京:商务印书馆,2017年版.

[37] 清格尔泰、吴英喆、吉如何辑译.契丹小字再研究(第2册)[M].呼和浩特:内蒙古大学出版社,2017年版.

[38] 陈述.辽史补注[M].北京:中华书局,2018年版.

二、近现代著作

[1] 罗继祖.辽史校勘记[M].上海:上海人民出版社,1958年版.

[2] 冯家昇.辽史证误三种[M].北京:中华书局,1959年版.

[3] 陈述.契丹社会经济史稿[M].北京:生活·读书·新知三联书店,1978年版.

[4] 杨树藩.辽金中央政治制度[M].台北:台湾商务印书馆,1978年版.

[5] 张正明.契丹史略[M].北京:中华书局,1979年版.

[6] 谭其骧主编.中国历史地图集.第六册.宋辽金时期[M].北京:中国地图出版社,1982年版.

[7] 舒焚.辽史稿[M].武汉:湖北人民出版社,1984年版.

[8] 杨树森.辽史简编[M].沈阳:辽宁人民出版社,1984年版.

[9] 傅乐焕.辽史丛考[M].北京:中华书局,1984年版.

[10] 陈述.契丹政治史稿[M].北京:人民出版社,1986年版.

[11] 杨若薇.契丹王朝政治军事制度研究[M].北京:中国社会科学出版社,1991年版.

[12] 林荣贵.辽朝经营与开发北疆[M].北京:中国社会科学出版社,1995年版.

[13] 田广林.契丹礼俗考论[M].哈尔滨:哈尔滨出版社,1995年版.

[14] 李桂芝.辽金简史[M].福州:福建人民出版社,1996年版.

[15] 于宝林.契丹古代史论稿[M].合肥:黄山书社,1998年版.

[16] 武玉环.辽制研究[M].长春:吉林大学出版社,2001年版.

[17] 张修桂、赖青寿.《辽史·地理志》汇释[M].合肥:安徽教育出版社,2001年版.

[18] 李锡厚.临潢集[M].保定:河北大学出版社,2001年版.

[19] 赵永春.辽宋金元史论[M].长春:吉林人民出版社,2003年版.

[20] 李锡厚,白滨.辽金西夏史[M].上海:上海人民出版社,2003年版.

[21] 何天明.辽代政权机构史[M].呼和浩特:内蒙古大学出版社,2004年版.

[22] 都兴智.辽金史研究[M].北京:人民出版社,2004年版.

[23] 易建平.部落联盟与酋邦[M].北京:社会科学文献出版社,2004年版.

[24] 贾敬颜.五代宋金元人边疆行记十三种疏证稿[M].北京:中华书局,2004年版.

[25] 宋德金.辽金论稿[M].武汉:湖北教育出版社,2005年版.

[26] 王明荪.辽金元史论文稿[M].台北:槐下书肆,2005年版.

[27] 韩茂莉.草原与田园:辽金时期西辽河流域农牧业与环境[M].北京:生活·读书·新知三联书店,2006年版.

[28] 张国庆.辽代社会史研究[M].北京:中国社会科学出版社,2006年版.

[29] 肖爱民.中国古代北方游牧民族两翼制度研究[M].北京:人民出版社,2007年版.

[30] 席永杰,任爱君,杨福瑞等.古代西辽河流域的游牧文化[M].呼和浩特:内蒙古人民出版社,2007年版.

[31] 刘浦江.宋辽金史论集[M].北京:中华书局,2017年版.

[32] 王善军.世家大族与辽代社会[M].北京:人民出版社,2008年版.

[33] 孙伯君,聂鸿音.契丹语研究[M].北京:中国社会科学出版社,2008年版.

[34] 刘浦江.松漠之间——辽金契丹女真史研究[M].北京:中华书局,2008年版.

[35] 漆侠.辽宋西夏金代通史[M].北京:人民出版社,2010年版.

[36] 王曾瑜.辽金军制[M].保定:河北大学出版社,2010年版.

[37] 孙勐.鲁谷金代吕氏家族墓葬发掘报告[M].北京:科学出版社,2010年版.

[38] 蔡美彪.辽金元史考索[M].北京:中华书局,2012年版.

[39] 余蔚.中国行政区划通史·辽金卷[M].上海:复旦大学出版社,2012年版.

[40] 任爱君.辽朝史稿[M].兰州:甘肃民族出版社,2012年版.

[41] 徐吉军.中国丧葬史[M].武汉:武汉大学出版社,2012年版.

[42] 武玉环.辽金社会与文化研究[M].北京:中国社会科学出版社,2014年版.

[43] 罗新.黑毡上的北魏皇帝[M].北京:海豚出版社,2014年版.

[44] 景爱.地域性辽金史研究[M].北京:中国社会科学出版社,2014年版.

[45] 肖爱民.辽朝政治中心研究[M].北京:人民出版社,2014年版.

[46] 林鹄.辽史百官志考订[M].北京:中华书局,2015年版.

[47] 杨宽.中国古代陵寝制度史研究[M].上海:上海人民出版社,2016年版.

[48] 王明珂.游牧者的抉择[M].上海:上海人民出版社,2018年版.

[49] 林鹄.南望:辽朝前期政治与制度研究[M].北京:生活·读书·新知三联书店,2018年版.

[50] [日]津田左右吉.津田左右吉全集[M].东京:岩波书店,1964年版.

[51] [日]白鸟库吉.白鸟库吉全集[M].东京:岩波书店,1970年版.

[52] [日]爱宕松男.契丹古代史研究[M].邢复礼译,呼和浩特:内蒙古人民出版社,1987年版.

[53] [德]傅海波,[英]崔瑞德.剑桥中国辽西夏金元史[M].北京:中国社会科学出版社,1998年版.

[54] [美]丹尼斯·塞诺.丹尼斯·塞诺内亚研究文选[M].北京:中华书局,2006年版.

[55] [日]爱新觉罗·乌拉熙春.契丹文墓志より見た遼史[M].京都:松香堂书店,2006年版.

[56] [日]岛田正郎.大契丹国:辽代社会史研究[M].何天明译,呼和浩特:内蒙古人民出版社,2007年版.

[57] [日]爱新觉罗·乌拉熙春.爱新觉罗乌拉熙春女真契丹学研究[M].京都:松香堂书店,2009年版.

[58] [美]狄宇宙.古代中国与其强邻[M].贺严,高书文译,北京:中国社会科学出版社,2010年版.

[59] [日]白鸟库吉.东胡民族考[M].方壮猷译,太原:山西人民出版社,2015年版.

[60] [日]箭内亘.元朝怯薛及斡耳朵考[M].陈捷,陈清泉译,太原:山西人民出版社,2015年版.

[61] [日]岛田正郎.祖州城:内蒙古满其格山辽代古城址的考古学历史学发掘调查报告[M].呼和浩特:内蒙古大学出版社,2016年版.

三、学术论文

[1] 李文信.义县清河门辽墓发掘报告[J].考古学报,1954(02).

[2] 邝又铭.辽史兵卫志"御帐亲军""大首领部族军"两事目考源辨误[J].北京大学学报（人文科学）,1956(02).

[3] 陈得芝.辽代的西北路招讨司[A],元史及北方民族史研究集刊（第2辑）,南京:南京大学历史系元史研究室,1978.

[4] 费国庆.辽代斡鲁朵探索[A].历史学,1979(03).

[5] 杨宽.中国古代陵寝制度的起源及其演变[J].复旦学报（社会科学版）,1981(05).

[6] 即实.关于山山二字[J].内蒙古大学学报（哲学社会科学版）,1982(01).

[7] 贾敬颜.胡峤陷辽记疏证[J].史学集刊,1983(04).

[8] 贾敬颜.《熙宁使契丹图抄》疏证稿[A].文史（第22辑）,北京:中华书局,1984.

[9] 赵光远,李锡厚.论契丹军队的给养来源[J].学习与思考,1984(02).

[10] 朱子方.论辽代柴册礼[J].社会科学辑刊,1985(01).

[11] 李锡厚.辽代诸宫卫各色人户的身分[J].北京师院学报（社会科学版）,1985(04).

[12] 林荣贵.辽"嵩德宫铜铫"及其有关的一些问题[J].北方文物,1986(03).

[13] 杨若薇.辽代斡鲁朵官制探讨[J].中国史研究,1986(04).

[14] 陈述.头下考（上）[A].历史语言研究所集刊（第8册第8本第3分册）,北京:中华书局,1987.

[15] 马正林.咸阳原与西汉诸陵[J].人文杂志,1987(02).

[16] 唐统天.辽金时代的小底官[J].辽金及契丹女真史研究,1987(02).

[17] 罗继祖.耶律阿保机的"腹心部"[A].辽金史论集（第1辑）,上海:上海古籍出版社,1987.

[18] 李锡厚.论辽朝的政治体制[J].历史研究,1988(03).

[19] 佟佳江.契丹的社会性质[J].内蒙古民族师院学报（社会科学汉文版）,1988(03).

[20] 漆侠.契丹斡鲁朵（宫分）制经济分析——辽社会经济结构研究之一[J].河北大学学报(哲学社会科学版),1989(04).

[21] 唐统天.辽代的禁军[J].军事历史研究,1990(01).

[22] 唐统天.辽代仕进补议[J].社会科学辑刊,1990(03).

[23] [美]魏特夫.中国社会史——辽（907—1125）:总论[A].辽金契丹女真史研究译文集,长春:吉林文史出版社,1990.

[24] 姚家积.辽代的蕃汉转户[A].宋辽金史论丛（第2辑）,北京:中华书局,1991.

[25] 王曾瑜.辽朝官员的实职和虚衔初探[A].文史（第34辑）,北京:中华书局,1992.

[26] [日]田村实造.辽代的移民政策和州县制的建立[A].日本学者研究中国史论著选译（第5卷）,北京:中华书局,1993.

[27] 李锡厚.头下与辽金"二税户"[A].文史（第38辑）,北京:中华书局,1994.

[28] 向南.辽代医巫闾地区与契丹耶律倍家族的崛起[J].社会科学辑刊,1994(01).

[29] 漆侠.从对《辽史》列传的分析看辽国家体制[J].历史研究,1994(01).

[30] 关树东.辽朝宣徽使初探[J].昭乌达蒙族师专学报（汉文哲学社会科学版），1994(01).

[31] 周建奇."女真"与契丹小字"山"[J].内蒙古大学学报（哲学社会科学版），1994(04).

[32] 关树东.辽朝的中央宿卫军[J].内蒙古社会科学（文史哲版),1995(06).

[33] 陈益民.秦汉陵邑考[J].中国社会经济史研究,1996(01).

[34] 任爱君.契丹四楼源流说[J].历史研究,1996(06).

[35] [日]高井康典行.东丹国と东京道[J],史滴（第18号),1996.

[36] 关树东.辽朝御帐官考[J].民族研究,1997(02).

[37] 乔幼梅.金代的畜牧业[J].山东大学学报（哲学社会科学版),1997(03).

[38] 即实.契丹耶律姓新探[J].社会科学辑刊,1998(04).

[39] 韩茂莉.辽代农作物地理分布与种植制度[J].中国农史,1998(04).

[40] 武玉梅,张国庆.辽朝军、兵种考探[J].黑龙江民族丛刊,1999(01).

[41] 朱子方.辽宋提辖官比较研究[J].社会科学辑刊,1999(02).

[42] 武玉环.辽代斡鲁朵探析[J].历史研究,2000(02).

[43] 刘浦江.辽朝的头下制度与头下军州[J].中国史研究,2000(03).

[44] 王善军.辽代籍没法考述[J].民族研究,2001(02).

[45] 李锡厚.关于"头下"研究的两个问题[J].中国史研究,2001(02).

[46] [日]高井康典行撰,何天明译.辽代斡鲁朵的存在形态[J].蒙古学信息,2001(04).

[47] 张国庆.论辽代初期的"腹心部"与智囊团[J].社会科学战线,2002(01).

[48] 张国庆.辽代社会基层聚落组织及其功能考探——辽代乡村社会史研究之一[J].中国史研究,2002(02).

[49] 武玉环.辽代的赋役制度[J].北方文物,2003(01).

[50] 关树东.辽朝州县制度中的"道""路"问题探研[J].中国史研究,2003(02).

[51] 谷文双,吴天喜.契丹族狩猎经济考略[J].黑龙江民族丛刊,2003(04).

[52] 韩茂莉.历史时期草原民族游牧方式初探[J].中国经济史研究,2003(04).

[53] 韩茂莉.辽代西拉木伦河流域聚落分布与环境选择[J].地理学报,2004(04).

[54] 张国庆.辽代牧、农经济区域的分布与变迁[J].民族研究,2004(04).

[55] 贾敬颜.路振《乘轺录》疏证稿[A].五代宋金元人边疆行记十三种疏证稿,北京:中

华书局,2004年版.

[56] 王小甫.契丹建国与回鹘文化[J].中国社会科学,2004(04).

[57] 任爱君.辽朝斡鲁朵的渊源[J].内蒙古社会科学（汉文版）,2005(01).

[58] 邵正坤.汉代国有粮仓建置考略[J].首都师范大学学报（社会科学版）,2005(01).

[59] 李桂芝.辽朝提辖司考[J].学习与探索,2005(02).

[60] [日]高井康典行.斡鲁朵与藩镇[A].10－13世纪中国文化的碰撞与融合,上海:上海人民出版社,2006.

[61] 吴树国.试论金代的桑税[J].黑龙江民族丛刊,2006(02).

[62] [日]爱新觉罗·乌拉熙春, 金适.从满文《辽史》的误译谈起——以"都菴山"和"陶猥思氏族部"为中心[J].沈阳故宫博物院院刊, 2007(02).

[63] 晓克.北方草原民族侍卫亲军制探析[J].内蒙古社会科学（汉文版）,2007(05).

[64] 肖爱民,李潇.辽朝境内市场探析[J].河北大学学报（哲学社会科学版）,2007(06).

[65] 向南.萧惠世系族属考——兼及《大辽故皇弟秦越国妃萧氏墓志铭》所记的几个人物[J].东北史地,2008(04).

[66] 杨福瑞.辽朝推行州县制过程考述[J].内蒙古社会科学（汉文版）,2008(04).

[67] 高井康典行,程尼娜.辽朝科举与辟召[J].史学集刊,2009(01).

[68] 杨雨舒.近30年唐代渤海国五京研究综述[J].社会科学战线,2009(02).

[69] 辛鹏龙.辽朝斡鲁朵户试探[J].东北史地,2009(02).

[70] 王德忠,李春燕.辽代斡鲁朵问题研究综述[J].东北史地,2009(03).

[71] 冯永谦.辽东京道失考州县新探——《辽代失考州县辨证》之一[A].辽金历史与考古（第1辑）,沈阳:辽宁教育出版社,2009.

[72] 郑毅.略论辽初中央军制的演变[J].黑龙江民族丛刊,2010(02).

[73] 余蔚.辽代州制研究[A].历史地理（第24辑）.上海:上海人民出版社,2010.

[74] 杨军.契丹"四楼"别议[J].历史研究,2010(04).

[75] 黄为放.诸行宫都部署院初探[J].黑河学院学报,2010(03).

[76] 任仲书.辽朝的地方制度建设与机构设置[J].内蒙古社会科学（汉文版）,2010(06).

[77] 康鹏.辽朝西北路招讨司再探——兼谈辽朝西北路的防御体系[A]. 宋史研究论丛（第11辑）,保定:河北大学出版社,2010.

[78] 陈述.契丹军制史稿[A].辽金历史与考古（第3辑）,沈阳:辽宁教育出版社,2011.

[79] [日]爱新觉罗·乌拉熙春.萧挞凛与国舅夷离毕帐[A].辽金历史与考古国际学术研讨会论文集（上）,2011.

[80] 程尼娜.辽朝黑龙江流域属国、属部朝贡活动研究[J].求是学刊,2012(01).

[81] 杨军."变家为国":耶律阿保机对契丹部族结构的改造[J].历史研究,2012(03).

[82] 王欣欣.辽朝皮室详稳探析[J].黑龙江民族丛刊,2012(05).

[83] 杨军.辽代契丹故地的农牧业与自然环境[J].中国农史,2013(01).

[84] 杨军.辽朝南面官研究——以碑刻资料为中心[J].史学集刊,2013(03).

[85] 康鹏.契丹小字《萧敌鲁副使墓志铭》考释[A].辽金历史与考古（第4辑）,沈阳:辽宁教育出版社,2013.

[86] 张国庆.石刻所见辽朝捺钵"随驾"官考探[J].赤峰学院学报（汉文哲学社会科学版）,2014(06).

[87] 张士东,彭爽.金代群牧考[J].古籍整理研究学刊,2014(05).

[88] [韩]罗永男.契丹的社会构造和两种支配体制的确立[A].宋史研究论丛（第15辑）,保定:河北大学出版社,2014.

[89] 夏宇旭.地理环境与契丹人四时捺钵[J].社会科学战线,2015(02).

[90] 余蔚.辽代斡鲁朵管理体制研究[J].历史研究,2015(01).

[91] 杨军.辽代斡鲁朵研究[J].学习与探索,2015(05).

[92] 张国庆.辽朝手工业门类与生产场所考述——以石刻文字资料为中心[J].辽宁工程技术大学学报（社会科学版）,2015(05).

[93] 孙伟祥,高福顺.辽朝奉陵邑初探[J].古代文明,2016(01).

[94] 许超雄,张剑光.唐代中期两税法"定额支用"下的国库与内库[J].南都学坛,2016(02).

[95] 杨军.辽代捺钵三题[J].史学集刊,2016(03).

[96] 万雄飞,陈慧.《秦晋国妃墓志》"有诏于显陵"解读——兼谈辽代寝殿学士制度[J].边疆考古研究,2016(01).

[97] 张国庆.辽朝"仓""库"功能探略[J].北方文物,2016(03).

[98] 苏航.糺音义新探[J].中国边疆史地研究,2016(04).

[99] 陈晓伟.捺钵与行国政治中心论——辽初"四楼"问题真相发覆[J].历史研究,2016(06).

[100] 杨军,王成名.辽代捺钵考[J].安徽史学,2017(02).

[101] 杨军.牧场与契丹人的政治[J].首都师范大学学报（社会科学版）,2017(02).

[102] 陈俊达,杨军.辽代节镇体制与地方监察[J].江西社会科学,2017(11).

[103] 杨军.辽代州县体制的形成及演变[J].学习与探索,2018(01).

[104] 李鹏,张宪功.辽代降圣州、永安县及龙化县考[J].中国历史地理论丛,2018(01).

[105] 宋叶,吴小平.说铫[J].华夏考古,2018(02).

[106] 乐日乐.辽朝郎君考述[A].辽金历史与考古（第9辑),沈阳:辽宁教育出版社,2018.

[107] 万雄飞.医巫闾山辽代帝陵考古取得重要收获[N].中国文物报,2018-09-21(008).

[108] 杨道.辽代斡鲁朵及相关问题辨析[J].内蒙古社会科学（汉文版),2018(06).

[109] 杨道.奉陵邑与"分地"关系考论[J].黑龙江民族丛刊,2019(04).

[110] 杨军.契丹社会组织与耶律阿保机建国[J].中国边疆史地研究,2020(06).

[111] 肖爱民.辽朝皇帝庙号三题[J].河北大学学报（哲学社会科学版)2020(09).

[112] 杨道.辽代提辖司探讨[J].中央民族大学学报（哲学社会科学版),2021(01).

[113] 彭泓博、李玉君.辽代《秦德昌墓志》补考及"幼养宫中"现象[J].西夏研究,2021(02).

[114] 高福顺.辽帝春捺钵频次及其嬗变[J].史学集刊,2021(03).

[115] 邱靖嘉.《胡笳十八拍图》所见辽金捺钵凉棚考[J].美术研究,2021(05).

[116] 谷峤.契丹人毡帐的形制布局与特点[J].民族学刊,2021(08).

[117] 孙大坤.辽代斡鲁朵官制考[A].宋史研究论丛（第28辑),保定:河北大学出版社,2021.

[118] 杨道.辽代斡鲁朵内的部族组织研究[J].史学集刊,2024(01).

四、学位论文

[1] 任爱君.契丹辽朝前期（907—982）契丹社会历史面貌解析[D].内蒙古大学,2005.

[2] 张宁.辽朝行宫宿卫制度[D].吉林大学,2009.

[3] 郑承燕.辽代贵族丧葬制度研究[D].南开大学,2012.

[4] 王茜.辽金宦官研究[D].吉林大学,2012.

[5] 王旭东.辽代五京留守研究[D].吉林大学,2014.

[6] 程嘉静.辽代商业研究[D].吉林大学,2015.

[7] 王凯.辽朝礼制研究[D].吉林大学,2017.

[8] 王立.诸史夷语音义研究[D].中央民族大学,2018.

[9] 陈俊达.辽代节镇体制研究[D].吉林大学,2019.

[10] 杨道.辽代斡鲁朵研究[D].吉林大学,2020.

[11] 吴翔宇.契丹国家与族群的形成[D].吉林大学,2021.

附 表

辽代诸宫都部署（宫使）表

宫号	姓名	民族	职官	任职时间	出处
弘义宫	韩橁	汉	弘义宫都部署	统和年间	《韩橁墓志》
	耶律赫石	契丹	契丹弘义宫使	一开泰八年（1019）三月	《辽史·圣宗本纪七》
	萧阿剌	契丹	弘义宫使	重熙六年（1037）—	《辽史·萧阿剌传》
永兴宫	高嵩	汉	永兴宫汉儿都部署	统和八年（990）—	《高嵩墓志》
	耿延毅	汉	永兴宫汉儿渤海都部署	统和年间	《耿延毅妻耶律氏墓志》
	吕士宗	汉	永兴宫汉儿渤海都部署	开泰年间	《吕士宗墓志》
	韩谢十	汉	永兴宫都部署	太平八年（1028）十二月—	《辽史·圣宗本纪八》
	韩绍勋	汉	永兴宫都部署	太平年间	《石经山韩绍勋题记》
	耶律裹里	契丹	永兴宫使	重熙十年（1041）十一月—十七年（1048）二月	《辽史·兴宗本纪三》
	萧福延	契丹	永兴宫使	重熙十五年（1046）	《萧福延墓志》
	萧撒八	契丹	永兴宫使	重熙年间	《辽史·萧撒八传》
	耶律和尚	契丹	永兴宫使	重熙年间	《辽史·耶律和尚传》
	耶律挞不也	契丹	永兴宫使	一清宁九年（1063）七月	《辽史·道宗本纪二》
	耶律大悲奴	契丹	永兴宫使	大康中期	《辽史·耶律大悲奴传》
	萧常哥	契丹	永兴宫使	寿昌二年（1096）—	《辽史·萧常哥传》
	萧孝资	契丹	永兴宫使	乾统年间	《萧孝资墓志》

续表

宫号	姓名	民族	职官	任职时间	出处
长宁宫	耶律庶几	契丹	长宁宫汉儿渤海都部署使	景福二年（1032）正月—重熙三年（1034）	《耶律庶几墓志》
	耶律合住	契丹	长宁宫使	重熙六年（1037）六月在任	《辽史·兴宗本纪一》
	耶律慧	契丹	长宁宫使	大安三年（1087）在任	《耶律弘世墓志》
	萧得里底	契丹	长宁宫使	大安年间	《辽史·萧得里底传》
积庆宫	王瓒	汉	积庆宫汉儿副部署	景宗年间	《王瓒墓志》
	耶律瑶质	契丹	积庆宫使	统和十年（992）—	《辽史·耶律瑶质》
	王说	汉	积庆宫汉儿渤海都部署	统和年间	《王说墓志》
	耶律控骨里	契丹	积庆宫都部署	开泰八年（1019）三月—	《辽史·圣宗本纪七》
	耶律和尚	契丹	积庆宫使	重熙年间	《辽史·耶律和尚传》
	萧纠里	契丹	积庆宫使	大安十年（1094）四月在任	《辽史·道宗本纪五》
延昌宫	耶律高家奴	契丹	延昌宫使	重熙十二年（1043）十月在任	《辽史·兴宗本纪二》
	耶律大悲奴	契丹	延昌宫使	大康中	《辽史·耶律大悲奴传》
	萧迭里得	契丹	延昌宫使	太平中	《辽史·萧迭里得传》
	萧孝资	契丹	延昌宫使	乾统年间	《萧孝资墓志》
	萧德恭	契丹	延昌宫副宫使	乾统年间	《义和仁寿皇太叔祖妃萧氏墓志》

续表

宫号	姓名	民族	职官	任职时间	出处
彰愍宫	姚衡之	汉	彰愍宫汉儿副都部署	统和二年（984）在任	《朝阳南塔定光佛舍利铭记》
	萧韩家奴	契丹	彰愍宫使	重熙四年（1035）—	《辽史·萧韩家奴传》
	萧素飒	契丹	彰愍宫使	重熙年间	《辽史·萧素飒传》
	耶律庆嗣	契丹	彰愍宫都部署	清宁九年（1063）—	《耶律庆嗣墓志》
	萧挞不也	契丹	彰愍宫使	大康元年（1075）～大康三年（1077）	《辽史·萧挞不也传》
	萧旻	契丹	彰愍宫汉儿渤海都部署	道宗年间	《萧旻墓志》
	萧德俭	契丹	彰愍宫使	乾统年间	《萧德恭墓志》
崇德宫	张德筠	汉	崇德宫都部署	—统和二年（984）四月	《辽史·圣宗本纪一》
	耿延毅	汉	崇德宫都部署	统和末—开泰初	《耿延毅墓志》
	耶律宗福	契丹	崇德宫使	太平七年（1027）在任	《耶律遂正墓志》
	康筠	汉	崇德宫都部署	太平八年（1028）十二月—	《辽史·圣宗本纪八》
	耶律仁先	契丹	崇德宫使	圣宗年间	《耶律仁先墓志》
	耶律马六	契丹	崇德宫使	重熙三年（1034）～五年（1036）四月	《辽史·兴宗本纪一》
	耶律永	契丹	崇德宫汉儿渤海都部署	重熙十五年（1046）在任	《秦晋国大长公主墓志》
	萧陶苏斡	契丹	崇德宫使	咸雍五年（1069）—咸雍八年（1072）	《辽史·萧陶苏斡传》

续表

宫号	姓名	民族	职官	任职时间	出处
崇德宫	萧福延	契丹	崇德宫使	重熙二十二年（1053）—清宁元年（1055）	《萧福延墓志》
兴圣宫	耶律赫石	契丹	兴圣宫都部署	开泰八年（1019）三月—太平六年（1026）	《辽史·圣宗本纪七》
	耶律寿宁	契丹	兴圣宫使	重熙二年（1033）正月在任	《辽史·兴宗本纪一》
	萧胡睹	契丹	兴圣宫使	重熙中	《辽史·萧胡睹传》
	萧乌野	契丹	兴圣宫使	兴宗年间	《辽史·萧乌野传》
	萧旻	契丹	兴圣宫汉儿渤海都部署	清宁四年（1058）在任	《萧旻墓志》
	萧德让	契丹	兴圣宫使	咸雍九年（1073）在任	《萧德恭墓志》
	奚谢家奴	奚	兴圣宫使	—大康元年（1075）七月	《辽史·道宗本纪三》
	萧药师奴	契丹	兴胜宫使	大康中	《辽史·萧药师奴传》
	耶律郝家奴	契丹	兴圣宫使	—寿昌五年（1099）六月	《辽史·道宗本纪六》
延庆宫	萧胡都姑	契丹	延庆宫都部署	重熙十四年（1045）在任	《秦国太妃墓志》
	萧福延	契丹	延庆宫使	重熙十九年（1050）—二十二年（1053）	《萧福延墓志》
	萧乌野	契丹	延庆宫使	兴宗年间	《辽史·萧乌野传》
	耶律吴十	契丹	延庆宫都部署	咸雍八年（1072）在任	《萧阐墓志》
太和宫	耶律弘益	契丹	太和宫副使	乾统年间	《耶律弘益妻萧氏墓志》

续表

宫号	姓名	民族	职官	任职时间	出处
敦睦宫	冯从顺	汉	敦睦宫汉儿渤海都部署	统和年间	《冯从顺墓志》
	耶律元佐	契丹	敦睦宫使	太平七年（1027）在任	《耶律遂正墓志》
	萧韩家奴	契丹	敦睦宫使	太平中	《辽史·萧韩家奴传》
	耶律良	契丹	敦睦宫使	清宁九年（1063）秋七月～重熙八年（1039）	《辽史·道宗本纪二》
	萧胡睹	契丹	敦睦宫使	重熙中	《辽史·萧胡睹传》